# 粤剧大师马师曾传奇

彭俐 ◎ 著
马鼎盛 ◎ 旁述

南方出版传媒
花城出版社
中国·广州

## 图书在版编目（CIP）数据

粤剧大师马师曾传奇 / 彭俐著；马鼎盛旁述. —— 广州：花城出版社，2020.12
ISBN 978-7-5360-9230-3

Ⅰ. ①粤… Ⅱ. ①彭… ②马… Ⅲ. ①马师曾（1900-1964）—传记 Ⅳ. ①K825.78

中国版本图书馆CIP数据核字（2020）第178608号

出 版 人：肖延兵
责任编辑：陈宾杰　李嘉平
技术编辑：薛伟民　林佳莹
封面设计：陆稼轩视觉传达

---

| 书　　名 | 粤剧大师马师曾传奇<br>YUEJU DASHI MA SHIZENG CHUANQI |
|---|---|
| 出版发行 | 花城出版社<br>（广州市环市东路水荫路11号） |
| 经　　销 | 全国新华书店 |
| 印　　刷 | 佛山市浩文彩色印刷有限公司<br>（广东省佛山市南海区狮山科技工业园A区） |
| 开　　本 | 787毫米×1092毫米　16开 |
| 印　　张 | 21　1插页 |
| 字　　数 | 324,000字 |
| 版　　次 | 2020年12月第1版　2020年12月第1次印刷 |
| 定　　价 | 59.80元 |

如发现印装质量问题，请直接与印刷厂联系调换。
购书热线：020 - 37604658　37602954
花城出版社网站：http://www.fcph.com.cn

# 回忆马师曾艺术创作点滴
## （代序）

红线女

2000年4月2日，是马师曾先生诞辰100周年，回忆我与他初次见面，已是近60年前的事了。

1941年底，太平洋战争爆发，日本侵略军侵入香港。靠演戏度日的我们这帮人，吃饭成了问题。我师父莲姐（何芙莲）和靓少凤三哥到澳门成立义擎天班，我在班中担任花旦。

后来，师父莲姐被太平剧的马师曾前辈聘请到广州湾（现在的湛江市，当时是法租界）演出，是1942年的3月间，那里有一座新建的约200平方米的砖木结构的两层半楼宿舍，可能是班主用来招呼外来的名演员们居住的，而我与莲姐则住在大中旅店里。我第一次跟莲姐到那座宿舍去排戏（其实过去所谓排戏只是主要演员向掌板、头架交代清楚自己的要求）。

我去那里主要是伺候师父，再则是带着好奇心，希望能一睹从未见面的大老板马师曾的风采。我站在莲姐背后为她扇扇子，不久听到三楼有人下楼的步履声。抬头望去，看见一位四十开外，方面大口，神采飞扬，十足广州"西关大少爷"样子的人。他还站在楼梯间，就向二楼坐着的人打招呼："各位辛苦！"声音虽带有"隔夜声"，听来却坚实有力。过去我在电影里看到的马师曾是戴眼镜的，此刻他脸上虽然少了副眼镜，我还是第一眼就认出这是马师曾，说时迟，那时快，我几乎跳起来叫道："呀，马师曾！"身旁的人也七嘴八舌地说："这就是马大哥，香港沦陷三天就偷渡到澳门，现在来这里演出，可能是想经过溪遂这条跳板到内地去吧。"这时，莲姐也高兴地走到马师曾跟前叫他"大哥"（这是班中人对马师曾的尊称）。当时马大哥给我的印象，是颇有点读书人的气质，同时我又看到了他不修边幅、趿着拖鞋下楼会见一班兄弟的样子。

这次排演的戏是《刁蛮公主戆驸马》。马大哥在排戏时总是严肃地教人："阿莲（对莲姐的称呼），不是这样，你应该带着刁、娇二气对我讲这句对白"，"喂喂，你应该从这边转身，生气地走过去才对"。面对这种排戏的情景，我心里高兴，因为很新鲜，又有东西学，但是，我也为莲姐感到为难。看到马大哥排戏和演出，我逐渐感到他和一些前辈大老倌有不同之处。他明明是马师曾，但演起角色就不是马师曾了，并且扮演的角色各不相同。在《刁蛮公主戆驸马》一剧中他扮演的戆驸马，既演出了虎将的威风，又表现了人物在特定情景下那种憨直、憨厚、调皮的性格。他在《苦凤莺怜》中扮演余侠魂这个市井底层的小人物，入木三分地刻画了他的无知却又有点小聪明，为了给苦命的被奸人所害的冯彩霞申冤，挺身而出，仗义执言，虽为此被打得几乎丧命也义无反顾。他的表演给观众带来了焦急忧虑，也带来了喜悦欢快。马大哥这种从生活中提炼，并进行艺术夸张的表演，毫无矫揉造作之弊。对马师曾前辈的这点深刻印象，一直成为我从艺60年来学习的榜样，我从中体会到，戏曲的唱、念、做、舞，都是为了塑造人物形象。

我们在广州湾演出了约两个月的光景，当时日本的文化特务禾久田来到广州湾，威逼利诱马师曾回香港。马师曾随即避入寸金桥华界，并决定进入广西演出。

我在莲姐的推介下，也受聘于马师曾剧团同行。此后，我有机会与马大哥同台合作，向他学习的机会更多了。

## 自编自导的粤剧奇才

马师曾在《审死官》中扮演宋世杰一角,在人物处理和表演手法方面,都与其他剧种迥然不同。宋世杰是一位放弃举业的秀才,为一位被奸人诬陷的寡妇申冤,拼死力斗几个高官,终于使冤情大白。马师曾以丑行应工,塑造了这个刚烈正直又颇具幽默才华的人物,他发挥嬉、笑、怒、骂的表演艺术,使粤剧《审死官》有别于其他剧种的《四进士》,成为粤剧特有的别具风格的喜剧,这是马师曾在舞台艺术中的一个杰出创造。过去,我看过粤剧名丑梁醒波演的宋世杰;20世纪90年代,我还看过青年演员张雄平演的宋世杰,他的演技虽尚稚嫩,但这个人物的轮廓还是让人觉得有点意思的。

马师曾演过一出时装戏《野花香》,他扮演的人物是大学文学教授姚其琛。

这个人物穿着布制的长衫马褂,手拿一根很有派头的文明棍,脚踏厚底的文明鞋。每次出现在家中的时候,他都教训妻儿子侄应该如何如何,特别要求子侄们目不视美色,口不饮美酒,读书要心无旁骛。后来姚其琛知道其子和侄都迷恋上一个妓女(野花),他便亲临妓女住处,准备教训那个被他视为有伤风化、道德败坏的女人。不料他自己也被妓女所迷,以致逐子出妻,家败人亡,流落街头,最后在幻觉中自责自咎而倒毙。

我与马老师同演《野花香》,少说也有五六十场,他扮演的姚其琛一角,从庄而重之地责妻训子,到初遇"野花"时的不屑一顾、目不斜视,后来被"野花"诱惑得欲火中烧,从而与他所谓的"尊严"在内心展开激烈的冲突,真如抽丝剥茧,层层深入。当"野花"拿起他的文明棍把他拖入内房去的刹那间,观众席上响起"伪君子"的满堂斥责和慨叹之声,于此可见马老师表演人物所产生的深刻效果。此剧演到姚其琛为把"野花"据为己有,迁怒于其子侄，最后责打家人甚至拿起文明棍驱逐其妻，每次我都站在上场门看舞台上的演出。我感到马老师演戏确实是投入了真情实感的，因而具有非常感人的艺术魅力。

他的表演手法是写实派，但是又融入了恰当的粤剧表演程序，所以，姚其琛这个人物的表演具有浓厚的生活气息，但其动作、语言又体现出他是舞台艺术中的人物，而不是自然主义地模仿生活中常见的人。从马老师塑造姚其琛一角的艺术表演，也丝毫看不到与他塑造宋世杰那个角色有任何相像的地方。

还有，马老师饰演《佳偶兵戎》的王子一角，充分表现出角色是威武英勇的战场猛将。

他还在剧中反串庙祝公的老婆，向王姑诉说一个妇女失婚的痛苦，此时他表现的却是一个令人同情的村姑，而不是那种令人讨厌的"八婆"。于此可见，马师曾老师即使扮演那些市井底层的人物，也在表演艺术上恰当掌握其层次内涵，极少卖弄那些无聊庸俗的噱头。

他还演过《三娘教子》的忠诚维护少主人的义仆薛保（公脚），演过降汉不降曹的关云长（红生），演过见利忘恩卑鄙无耻的洪承畴和《拾玉镯》中的刘媒婆……马老师演过的出色的戏和角色，不胜枚举。演出和自编自导过四十多出戏的粤剧艺术家马师曾，为岭南文化、为粤剧艺术留下了一份丰厚的文化遗产，堪称千人千面地把写实表现与粤剧表演程序融为一体的粤剧大师！

## 为塑造艺术形象改变声腔，成功攀登艺术高峰

1955年马师曾回到内地，在不到10年的时间里，他在粤剧舞台和电影银幕上演出了《搜书院》和《关汉卿》两个经典剧目。马老师在《搜书院》中创造

谢宝老师这一成功人物形象，经历了艰苦的创作过程。他无法从过去所演出的剧目中找到表演手段来借鉴，便经常站在镜子前沉思比画，煞费苦心地挖掘在书本上和生活中所接触过的可以激发创作灵感的素材。为了符合人物形象的需要，在《搜书院》这个戏中，马老师把角色的唱腔和发声处理改变，这种为了追求艺术更高境界而自我挑战的创作精神和勇气，使我佩服得五体投地。正是这种严肃认真精心创作的态度，使他把谢宝这位老师宿儒、慈祥长者的疾恶如仇、机敏幽默的动人形象，在粤剧舞台上栩栩如生地刻画出来。40年之后，这个形象仍为观众津津乐道，可见马老师的表演艺术魅力是何等深入人心！

1958年，广东粤剧院改编田汉先生的话剧《关汉卿》为同名粤剧，马院长也参与编剧工作。他因在剧中扮演关汉卿，被誉为扮演关汉卿的最佳表演者。当时曾有人说马师曾之所以演得好，是因为他演的是他自己。对这个说法，我不敢苟同。虽然马院长同关汉卿一样也是一位编剧行家，但他与关汉卿所处的时代不同，经历亦不同。我认为演员要成功地塑造人物形象，必须从剧本词曲中去寻找人物的表演根据并有深刻的理解，才能进行不同凡响的二度创作的准确设计，并在舞台实践中完美地体现出来。我很高兴看到马院长充分发挥他的多彩的粤剧艺术才华，在演出《搜书院》后短短的三四年间又再攀登上社会主义粤剧艺术的高峰！

近几年，广州红豆粤剧团重排了马师曾戏宝中的《搜书院》《刁蛮公主戆驸马》《苦凤莺怜》和《审死官》等戏，演出的场次达三百多场，马老师的舞台艺术能够传诸后代，并且受到今天观众的欢迎，说明马师曾的舞台艺术是具有强大的艺术生命力的。三四年间，能在祖国粤剧舞台上攀登一个又一个艺术高峰，这是客观给予他的创作条件和众多力量的支持，这一切又是在当时香港绝不可能得到的机会。

# 目 录

第一章　母亲教子有方……………………… 1

第二章　武昌"小小举人"……………………… 11

第三章　9岁临帖不辍……………………… 19

第四章　11岁初识红棉……………………… 27

第五章　西关少爷看戏……………………… 35

第六章　戏馆卖身画押……………………… 41

第七章　18岁闯荡南洋……………………… 55

第八章　做教师"一脚踢"……………………… 71

第九章　太平间诈尸案……………………… 83

第十章　拜师父靓元亨……………………… 103

第十一章　新加坡成名角……………………… 117

第十二章　跨海偷渡回国……………………… 127

第十三章　"人寿年"办婚礼……………………… 151

第十四章　"大罗天"遭炸弹……………………… 185

第十五章　赴西贡陷囹圄……………………… 195

第十六章　滞留旧金山 …… 217
第十七章　迎娶"马迷"少女 …… 229
第十八章　圣诞夜红线女 …… 241
第十九章　抗战粤剧巡演 …… 263
第二十章　回广州定居 …… 281
第二十一章　田汉赏剧赠诗 …… 289
第二十二章　《关汉卿》成绝唱 …… 297
第二十三章　粤剧魂人千古 …… 305
结束语 …… 313

**附录**　马师曾年表 …… 315

爱国爱民文艺人（代跋）/ 马鼎盛 …… 321

# 第一章
## 母亲教子有方

马师曾，字伯鲁，号景参，曾用艺名——关始昌、风华子，1900年4月2日，出生于广东省顺德县桂洲镇一个富裕的茶商家庭，书香门第。农历三月三，民谚"三月三，生轩辕"。

1900年，不同寻常的一年。

——这一年还是快点儿过去吧，因为八国联军侵略中华大地的记忆实在刺痛每一个中国人。而我们回过头来看，也正是这一年——20世纪的第一年，它好像把数千年古老中国的晦气带走了。那么，这就预示着我们的国家民族和我们的传主，将会一同迎来好运。

我们期盼着……

1907年，广州。

港口，南来北往的船舶蜂拥一处，有的忙着系缆，也有的急于起航。岸上的人流如潮，洋人和老土混杂在一起，各色人等，各地乡音，互不搭调，显出滑稽……

街市小巷狭窄，泥尘飞扬，石板路凹凸不平极易崴脚。然而，店铺毗连，顾客盈门，只见茶幌酒旗随风招摇，小摊小贩们也有进项，他们收了摊儿还能去看戏。

母亲王文昱戴一副眼镜，皮肤白皙、清清爽爽的样子，在人流中格外引人注目，回头率蛮高。小学校刚刚下课，她目送班里的学生，而后自己也匆匆往家里赶，小师曾和弟弟、妹妹还等着妈妈回来做饭。

临近自家庭院，儿媳王文昱，碰到了一身儒雅的公公——马肇梅。

马师曾的爷爷马肇梅，是一位茶商，鸠形鹄面眸子分明，年逾花甲，步履轻松。想来，他也算有福之人，膝下的四个宝贝孙子就是证明：马师曾、马师贽、马师奭、马师洵。尽管儿子马公权，并不让他省心，也不能给他安慰，但是，每每看到自己四个贵气的孙子，那种人生的满足感油然而生。

儿媳上前搀扶公公：

"您今天这么早就回家？茶庄的买卖，没有您掌堂，怎么能行？"

公公马肇梅低头叹气：

"唉，现在的生意不好做呀，弄不好就蚀本。出口东南亚的茶叶一上船，哪里还听我们指挥？天有不测，大海的飓风来了，船一翻跟头，大鲨鱼就能把

# 第一章 母亲教子有方

马鼎盛：我的祖母十分慈祥，教我写字谆谆教诲，用儿歌口诀教写"爲"字念念有词："一点一撇，扭扭趐趐，龙船转弯，咚撑咚撑。"最后四个音伴随着"爲"字四点。朗朗上口的儿歌让我们特别容易写好字。祖母又教古老的诗歌："北斗星高，单于遁逃，云旗沙场飘飘。"我犯了错也打，祖母拿戒尺轻轻拍打我的小手，一点都不疼。

马师曾（右二）、马师赞（左二）、马师奭（左一）、马师洵（右一）四兄弟和母亲王文昱（中）　（图片说明是马鼎盛编写，有时用第一人称）

马师曾父亲马公权，字慰侬

茶叶嚼了，还有海匪的劫持呢！"

"那——不会出什么岔子吧？"

"回去再说，回去再说吧！"

二人说着说着，踏进院门。

——好嘛，这是走错了家门吗？

怎么活生生一个"全武行"的打斗场？

——空中，正对着自己脑门，一张长条板凳——"嗖"地飞来，被公公先是一个"狐狸躲闪"，再接一个"猿臂轻舒"，将那板凳收拢在怀里，还不忘忙里偷闲地看顾一下饱受惊吓的儿媳。幸亏老人年轻时好歹当过几天武生票友，如今，功夫生疏，手脚还算麻利。

儿媳王文昱的一副金丝眼镜，已经在慌乱中跌落在地，又不幸被自己不长眼的一双玉足，在上面转着圈儿地踩踏两遍，变成了细细的"拔丝薯条"。

最搞笑的是，公公左手扶着儿媳，右手抱着板凳，正在忙乱之际，说时迟，那时快，又有一只大号的竹箩筐，犹如"天王盖地虎"一般，从天飞降——不偏不斜，正好扣在公公华发稀疏的头顶上。

马爷爷——马肇梅，只能透过竹箩筐的缝隙，看到他自己的大孙子——马师曾同样惊骇不已、惶恐不安的小眼神……

小马师曾，驰骋在幻想的粤剧舞台上，以天下名角的身份，身手矫健，打斗正酣，且赢得（亦幻想台下）喝彩声一片。

想象中，他可是"正印"武生，饰演的是《双侠记》，他身边的搭档，是清平路小学的同窗，平时最要好的陶哲臣，为他助阵、帮腔。可他万万想不到，自己第一次体验做戏班"班主"、做万世名伶的最为关键的一次出手——投出"打五件"之一——"竹箩"时，竟然一点儿都不糟蹋地好好款待了自己

# 第一章 母亲教子有方

的爷爷——马肇梅!

事发突然。

——这种尴尬万分的场景,定格了足足几秒钟。

爷爷马肇梅和母亲王文昱,才勉强缓过点儿神来,做出正确判断:

这不是海匪打劫船只,也不是黑帮打家劫舍……

这是马肇梅的孙子、王文昱的儿子——淘气的马师曾,带着邻家几个顽童,正在上演粤剧中最受欢迎的"全武行"(戏中大规模武打)。

与其他北方剧种不同,这种激烈的武打场面,尤其为广州下四府的观众所偏好。

小师曾,六七岁的髫龄,就学着舞台上的武生在自家院子里耍,让他的母亲——小学教师王文昱大为光火。

院子里,这几个大耍传统粤剧"打五件"的坏小子,颇为识相,一看扔出去的"桥凳""竹箩"惹了大事,立刻作鸟兽散……

只剩下屋檐下站立,呆若木鸡的小师曾一人。

母亲王文昱忘记了斯文,厉声训斥:

"今晚,你别吃饭!先给爷爷背诵《增广贤文》,一个字都不许错,错了重背!听见没有?听见没有……"

一连十几个"听见没有"的叫喊,已经没有丝毫语言沟通的作用,完全是母

1989年马鼎盛往澳门西洋坟场祭扫爷爷的墓,是三叔(右)引路。20年后马鼎盛在碑上补了爷爷的中文名字马慰侬

亲在发泄自己的怒火，其中一半是心疼那副金丝眼镜。

反倒是爷爷马肇梅怒都没怒，火也没火，他一看到自己的大孙子，小小年纪就这般勇武，有着《三国演义》中的北方大将吕布的膂力，不禁心生欢喜；但是，多少也得给儿媳一点儿面子，于是，咳了咳嗓子，装作嗔怒的样子，高声喝道：

"还不快快进屋，给我背书去！"

小师曾本就乖巧，从不顶撞长辈，且很有些眼力见儿，从来不说扫大人兴的话。他多聪明，一听爷爷说话的口气，悬着的心就放下了几分。

背书，可难不住他。

古文《增广贤文》有韵，且抑扬顿挫，顺着韵脚一路走下去，就不觉得有多难。比起扔板凳和投竹箩来，好像要更轻松一些。谁叫他天生记性好呢。

小师曾从小就会演戏，他故意尿头耷脑地站到堂屋的八仙桌前，一副委屈的样子，倒好像他的头上曾被扣过一个竹箩。他口中念念有词，声音不高不低，高了让人觉得自己"不服气"，低了使人听了"不爽快"。以此，表示自己悔改之心甚笃。

他还自己开导自己：败军之将不可言勇，干脆就这样服软吧。天也快黑了，老爸——喜欢喝酒、打麻将，脾气不好的马慰侬先生也快回了，还是乖乖的，免得再生事端。果然，老爸——马慰侬跟跟跄跄地进门，见儿子认认真真地背书，也顾不上吃饭，就一脸庄重地向他伸出大拇指。

掌灯时分，海天一色。

秋天的南海上，万顷白浪翻卷，海风格外清凉，扬帆远航的渔夫坐在甲板上呆呆地想家，岸上的渔家妇人则靠在窗前怔怔地思夫……

此时，天上的月牙仿佛在笑，也许是她听到一位嗓音洪亮的孩童书声琅琅：

"昔时贤文，诲汝谆谆。集韵增广，多见多闻。观今宜鉴古，无古不成今。……"

——听着大孙子，才7岁的马师曾摇头晃脑地背古文，倒背如流，爷爷马肇梅捋着颔下的胡子——雪白一缕，那叫得意，吧嗒了一口雄黄老酒，又用一双镶金的玉石筷子，满满地夹了一箸菜，送到嘴里……

## 第一章　母亲教子有方

人说，隔辈疼。

——这话真不假。小师曾都折腾到这份儿上了，爷爷还向着他的大孙子：

"书——就先背到这里吧！快去洗洗手。陪着爷爷吃好这顿饭，再去背《幼学琼林》也不迟……

"你妈妈不会再怪你了，她那副金丝眼镜也用了几年了，你有多大，它就多大。等爷爷茶叶销量好些，卖根金条，让金饰匠打造一架望远镜，就是洋人船长脖子上挂的望远镜，送给你母亲不就成了，那算什么呀？"

教书的母亲王文昱，的确教子有方。

为什么说教子有方呢？

母亲很会选择适合自己孩子的蒙学读物。

她不选《三字经》《百家姓》，也不选《千字文》和《弟子规》，却直接让儿子通读《增广贤文》与《幼学琼林》。这是非常有见地的做法，相当明智。

的确。《三字经》《百家姓》《千字文》是任何私塾必读，无须家长重复；而《弟子规》则有不少教育观念上的瑕疵，如虐待儿童之倾向。但是，《增广贤文》和《幼学琼林》则不同。人们都说，"读了《增广》会说话；读了《幼学》走天下"。所谓"会说话"就是情商不低，能够合群并与人合作；所谓"走天下"就是性格开朗，乃至"条条大路通罗马"。按照今天的话说，马母就是在强调人的素质教育，实乃颇有远见的教育理念和方法。

况且，在广州这地界儿，满清王朝的官员和孙中山组织的同盟会革命党人势不两立，传统私塾老夫子与洋教会学堂的教师讲的不是一种人生道理，中外大小商人为各自利益而争夺市场，讨价还价，土豪劣绅和地痞流氓欺压百姓，寻衅滋事……总之，政局不稳，难说太平，倘若，你不让孩子记住"逢人且说三分话，未可全抛一片心""贫居闹市无人问，富在深山有远亲"之类的自我保护意识、人情冷暖，那怎么能放心呢。

### 马鼎盛·旁述

从小就被人家问："你的父母都是名演员，你怎么不学唱戏？"我爹娘唱戏不假，可他们的父母也不是名演员。父亲马师曾的爸爸是商人，他爷爷也是商人,我们老马家可算是清朝晚期的"四民之末"。当年广州是全中国最商业化的大都市,做商人并不惭愧,何况马师曾祖父马肇梅还是有官诰在身的十三行"洋商"。马师曾不看重"荣华富贵",对我们子女从小教育"唯有读书高"。

子承父业的世俗眼光难免闹笑话。近年有人把马师曾和马鼎盛的故事搬上舞台,其中描述少年马鼎盛要求父母带他入行唱戏,甚至以绝食相要挟。可怜我8岁开始近视,小学生戴上350度眼镜,20世纪50年代没听说过隐形眼镜片,描写近视眼学唱戏不是痴人说梦?我好意提醒该编剧,被反驳"这是艺术创作"!庸俗商业化打败文化,令人啼笑皆非。再有,政治化压倒一切也是我亲历其境。在8个革命样板戏横行神州的年头,我插队落户的广东珠江三角洲也不能幸免。我们公社每个生产大队奉命排练演出革命样板戏,广东农民连广州话也说不好,让业余的乡村演员匆匆忙忙上演京剧,其难度差不多是叫农民大炼钢铁。这个任务当然由我这个知识青年担当。北京高中生谁不会唱两段《红灯记》?乡下姑娘十七八扮演李奶奶和小铁梅,一个星期就演出"刑场斗争"折

马鼎盛专访黑龙江省抚远县中俄黑瞎子岛界碑

子戏，大家都说是"马师曾红线女的儿子亲手教出来的"，在我们大队彩排由党支部书记验收，这村唱罢那村和，到公社礼堂扬名立万。直到20年后，我们公社荣升全国"百亿镇"的第一梯队，盖起五星级规格的豪华剧院，请红线女莅临剪彩，当地老领导还记得我演过"李玉和"，说是红线女化的装。我连忙解释，那是后来回到广州说起在农村唱样板戏的笑话，妈妈一时性起，在家给我勾了个脸。不知怎么误传到乡下。真正的笑话是我800度大近视，摘了眼镜走路都成问题。剧情要求李玉和在舞台上戴着手铐脚镣骈腿搓步，同李奶奶和小铁梅眼神交流，怒视日寇鸠山，最后登上刑场高坡，我一不留神铁链卡在小学校桌椅搭成的高台，可以想象革命烈士的英雄形象被名演员之子破坏无遗。

不管怎么说，父母的戏剧基因在我这儿多少存了点。

自幼听得父亲称祖母做"二婶"，长大才知道父亲从小过继给他大伯为子，虽然还是跟亲父母过日子，但是一辈子都称呼为"二叔""二婶"，可见传统文化的烙印。祖母是广州第一代女性学校校长，兼任父亲启蒙老师。

# 第二章 DIERZHANG
## 武昌『小小举人』

爷孙俩——马肇梅和小马师曾,于秋夜的窗前月下,同桌共进晚餐。孙儿的小手拿着兰草青花小酒杯,不断为爷爷斟酒。此时爷爷喝的便不只是老酒,而是含饴弄孙的天伦之乐。一个中国传统男人的花甲、古稀、耄耋乃至期颐之乐,莫过于此。

小马师曾问:"爷爷,您最喜欢哪一出戏?"

爷爷喝得多了点儿,嘟嘟囔囔:

"爷爷最喜欢'三雪'!"

慰侬爷爷抱着孙子在香港家门口

孙儿问:"不是《六月雪》吗?"

爷爷说:"是'三雪',三出广东大戏:一是《一捧雪》,二是《雪重冤》,三是《六月雪》。"

孙儿说:"广州不下雪,你才喜欢'三雪',是吧?"

爷爷说:"对了!我的孙儿最灵光!可是,你不知呀,'三雪'这三出戏里的人,都冤枉啊!"

孙儿哪里看过这三出戏呢,他只和爷爷一起看过"半捧雪",不是《一捧雪》,因为那晚他看着看着就睡着了,只看了一半……

"爷爷说都冤枉,那就冤枉!"

"对了,要让爷爷说,那就是——冤!冤!冤!和你爷爷一样!"

这时,母亲的火也消了,看到爷孙这么高兴也脸上放光,红润润的。

母亲问孩儿他爷爷:"您怎么就冤了呢?"

原来,马肇梅的一船茶叶,在运往新加坡的途中,被海上的一阵"水卷风"吹到天上去了。

内陆人不大明白,沿海的水手们又把"水卷风"叫作"龙吸水""龙摆尾",它在水上的风速,最高可达每小时150公里,水柱直径从几米到几百米不等。

那是发生在马六甲海峡的海运事故,船长、船员落水,生死不得而知,确切的消息是,上百吨广东珍品茶叶——鼎湖茶、观辣树茶、罗浮茶和玻璃茶,全都变成了"天女散花",随风飘散……

茶商马肇梅可惨了,欲哭无泪,只觉得自己比那窦娥还冤,真是六月飞雪。

人家外商的货物预付款早已经到手,而且老马还用它还了先前欠了别人的一笔账。因此,手里再没有闲钱可以抵货。这一船货物却已经见了海龙王,新加坡的买主等着茶叶货船,先是着急,后是焦躁,最终光火,不胜暴怒,最后的最后,放出一句狠话:

"货再不到,要用茶商马肇梅全家的人命相抵!"

事已至此,马肇梅也彻底想开了,干脆让孙儿陪着,痛快饮酒,大碗吃肉,再在广州爽快这最后一天。明天一大早,就起身赶路,带着一家老小北上,去投奔湖北武昌的叔父马桢榆。

小马师曾的曾叔祖(也称曾叔祖父,即父亲的叔祖父)、爷爷马肇梅的叔父——马桢榆,是武昌两湖书院经学馆的馆长。

设立在武昌的两湖书院,作为晚清时期湖北省最高学府,是"四大中兴之臣"之一——张之洞于1890年创办,10多年后,先后改为两湖大学堂、两湖总师范学堂。

这一书院与茶商马肇梅虽然没有直接关系,却有间接渊源。它是由两湖的茶商们捐赀兴建,专取两湖士子肄业于此。为报答茶商资助,预留40个名额给茶商子弟。

生逢乱世,南北飘零。

马桢榆、马肇梅,叔侄二人,一见惊喜,未及多言,早就以泪洗面。

马肇梅知道叔叔爱鸟,千里迢迢,提着鸟笼,带来一只广州画眉。

爷爷马公权同孙辈马淑逑(后左)、马淑明(后右)、马鼎昌(前左)、马鼎盛(前右) (马鼎昌供图)

## 第二章 武昌"小小举人"

叔祖母拉着孙媳妇——文雅的教师王文昱说话，掏出一把银元装进曾叔孙子马师曾的口袋，权当见面礼。

小马师曾，不等父母发话，乖巧地跪在地上，磕了几个响头，郑重地谢过曾叔祖母。

曾叔祖母看着马师曾的一张小脸，白净、俊俏，格外喜欢、疼爱，揽在怀里，让保姆拿来一大盘糖果给他吃……

一块糖含在嘴里，嘴就更甜。

小师曾发表了一番高论，把所有大人都逗笑了：

"快看呀，曾叔祖父的胡子，长得茂密、茁壮，如同千里马的马尾巴一样；爷爷的一撮山羊胡，可就惨了！营养不良似的，稀疏得要命，掰着手指，就能数出有那么几根来……"

"哈哈哈哈哈哈……"

"哈哈哈，哈哈哈哈哈哈……"

叔侄两人，都下意识地捋了捋自己的胡子，开怀不已。

贵为两湖大学堂经书院院长的曾叔祖父——马桢榆，当即拍板：

"今天，我们家来了个7岁的'小小举人'，出口成章！我就收下这个'关门弟子'了！将来，这孩子必定虎步龙骧，前程无量！"

自此，小师曾在整整4年间，得到武昌经学大师马桢榆的亲授真传，把个"四书五经"念得滚瓜烂熟，不仅烂熟于心，还能别有心得……

小师曾过目成诵，悟性极佳。

他居然领悟到以上这些汉文化经典的精髓，即许多成年人都总结不出来的微言大义。虽然在表述时显得稚气未消、天真无邪，令人忍俊不禁，却多少也对人有所启发：

"《春秋》这本书呀，写得真好，真是按照《礼记》所言'大道之行也，天下为公'，你看它别的不讲，只讲'王公'的事情。可'王公'不是'公众'呀！我听广州街头大人们演讲，老说'公民''公众'，不提'王公'的。从公元前722年到前481年，除了鲁国12个王公，就没有别人的故事吗？这12位王公——隐公、桓公、庄公……认都认不全，记也记不住。真正的'天下为公'，应该是孙逸仙先生的意思，要我解释就是'天下为共'。孙先生说，国家是公民'共有',政治是公民'共管',利益是公民'共享'。'三共'说的就是'三民'！孙先生的'三民主义'是——民族、民权、民生,我大概都说清楚了吧。"

曾叔祖父一听,这哪里是咱家的"小小举人"呀,这活脱脱是一个"小小同盟会员""小小革命党人"啊！他心里实在有些害怕,赶紧关窗户,拉窗帘,制止反清言论:

"我的小祖宗,快快打住！快快打住！不能再乱说！你这是从哪儿听来的？现在清政府到处搜捕孙中山的同盟会员、革命党人,悬尸城头,格杀勿论！说这些话可是要掉脑袋的！你知道不知道？"

小师曾想起琼剧《搜书院》台词:

"不准歇息,休多开口！走！大人,人心肉造,他他非是马牛！"

曾叔祖父无奈地摇摇头,自言自语:

"这小脑瓜儿,能想这么多问题,提出这么多疑问,恐怕是大多数内地孩子做不到的。这大概都是因为,近80年来,神州陆沉,国祚衰微。致使西学东渐,洋人入驻,西方文化、思想给你们这些人洗了脑筋了……"

虽然,经学大师马桢榆嘴里说是历史大背景使然,但我们还是要说那句人们常说的话:

"名师出高徒。"

小师曾在武汉,从曾叔祖父那里受到中国古典文化的熏陶和浸染,让他一生一世怀抱一颗中国心。

## 马鼎盛·旁述

我3岁时,父亲请来一位老师,给我们兄弟启蒙。老人家教我俩背书——《孟子见梁惠王》。王曰:"叟！不远千里而来,亦将有以利吾国乎？"孟子对曰:"王！何必曰利？亦有仁义而已矣。"——也不管你认识几个字,更不用明白梁惠王是什么东西,当然孟子是一定知道,那是祖母毕恭毕敬地告诉我们:孟老夫子是天字第二号圣人。祖母不轻易批评人,只听说三叔被她叫作"生锈铁"——做什么都不成。我们倒是觉得三叔很好玩。他见我们背书背到"王曰：叟！"就用手指比作手枪对准我们喝道："搜身啊！"读了两年家塾，《孟子》似懂非懂，没想到二十多年后"发市当三年"。在中山大学开古文课，一次小测验"古译今"，老师在黑板写"孟子见梁惠王。王曰：'叟……'"我暗暗好笑，不假思索地一会儿就翻译完了。译文从"孟子拜见梁惠王。梁惠王说：老先生，你不远千里而来……"到"大王只说仁义就行了，何必说利呢？"走上讲台交卷，老师的黑板刚刚抄完。新时代的学生不喜欢背书，家长唯恐苦读委屈了孩子。中华传统文化有断层的危机。

马师曾、红线女酷爱粤剧，他们唱了一辈子的戏；马师曾把编剧成就放在他表演艺术成就之上。父亲一颗爱国爱民的心跃然纸上，融入名剧《关汉卿》《屈原》之中。红线女引吭高歌《昭君出塞》时，可以听出日寇轰炸广州令他们邝氏家族破产流亡的"马上凄凉、马下凄凉"。父母亲能够把毕生事业同职业共冶一炉，实在是造化。我在报纸杂志电台电视台点评新闻、解读历史；母亲在86岁高龄题字"鼎盛我儿：为人民讲历史是最大的幸福"，其实是沾了父母造化的光。

我从小就喜欢《三国演义》，学龄前听收音机讲三国故事。初小看三国连环画，高小可以看大部头的《三国演义》了。同母亲在北京颐和园长廊漫步，两旁壁画中的三国故事信手拈来。在父亲面前讲赤壁之战滔滔不绝。"刘备有几多兵？"父亲好像随口问，我眨眨眼说："关羽有水军一万，刘琦一万，张飞赵云也有两三千吧。"父亲数着手指说："赵云夺桂阳郡用三千精兵，张飞取武陵郡也是三千人，关公打长沙郡只要五百校刀手。你不觉得刘备拿下这三个郡太容易了？"我暗暗好笑："关、张、赵有万夫不当之勇，守军只一个老黄忠，还有叛徒魏延做关公内应，刘备不赢才怪。"父亲微微摇头说："年轻人好勇斗狠，就爱看打仗场面。你不留意战前的外交？鲁肃来讨荆州九郡，说我东吴杀败百万曹兵，救了刘皇叔，你们不知恩图报。诸葛亮说我们帮刘琦看管荆州，名正言顺。遂表奏刘琦为荆州刺史，令东吴政治被动。又招揽荆州名士马良献策，制定南征零陵、武陵、桂阳、长沙四郡的方略，正是'运筹帷幄，决胜千里'的典范。阿盛你读书不能贪过瘾，看戏看全套，文戏比武戏更有学问。"这些道理，我慢慢领会，受益终身，逐渐追求"于无字句处读书"的境界。

马鼎盛（右一）拍摄香港电台电视剧《借东风》剧照，同时有顾美华（左二）、林威（右二）、张之亮（左一）。马鼎盛：第一次面对摄像镜头，对手是大明星顾美华，我不是走错了位置就是忘记对白，眼神隔着眼镜片乱转也会被导演笑骂，创下NG17次的个人纪录

# 第三章 DISANZHANG
## 9岁临帖不辍

9岁时,小师曾跟随曾叔祖父临帖习字已经两年有余,他钟情书法一如他痴迷戏剧。书法技艺,曾经在他投身梨园行的过程中,起到杠杆一般的作用。这是他和他的家人都万万想不到的。

何止艺不压身,才艺随处抬人。

曾叔祖父,乃教育行家,善于培养孩子兴趣,兴趣一来,学习就简单、容易多了。他知道,小师曾7岁离开广东到湖北,却还一直念念不忘乡音,想念青梅竹马的玩伴,于是就从乡情开始诱导,给他讲述两位了不起的"乡贤"——康有为、梁启超和"戊戌变法"的故事。等到这孩子开始崇拜康、梁二人,再拿出他俩的"绝活儿"刺激他的神经,到时候孩子会追着你问这问那,学犹不及,你的教育计划就可以按部就班地实行,一切都是水到渠成。

小师曾和所有孩子一样,最爱听大人讲故事。

1898年全国各地3000名举子联合起来闹事,"公车上书"让皇帝坐卧不宁,慈禧太后为之恼怒发狠,康、梁二人流亡海外,"戊戌六君子"北京菜市口被杀头……他被这一系列比"广东大戏"更像是戏的事情所迷住,总是拽着老人的衣袖不撒手,恳求:

"再讲!再讲!"

曾叔祖父看到时机成熟,就先拿出古代经

抗日战争时期,马师曾剧照赠二弟马师赞

典法式碑帖，让曾孙眼观手写，在泛黄的毛糙纸页上涂抹，每天不多不少三五十字。小孩子每天写字太多，注意力下降，兴趣降低，心生烦躁，习字效果不佳，适得其反。倘若写字太少，又不能达到习书效果。就这样，两个"三百六十五天"过去，小曾孙的大字已经有了些模样，孺子可教是最让老人开心的事。

曾叔祖父对小曾孙说：

"楷书是站立，行书是行走。隶书是仰卧，草书是筋斗。"

因此，小师曾练了两年楷书之后，开始临摹一些行书碑帖，首先要临摹的就

红线女在家中书房写书法

是晋代王羲之的"天下第一行书"珍品《兰亭序》。况且，中国历史上的"书圣"，又是文章家，《兰亭序》作为千古美文同样令人赏鉴不已，咀嚼不尽。髫龄孩童一边落墨，一边吟哦：

"天朗气清，惠风和畅，仰观宇宙之大，俯察品类之盛，所以游目骋怀，足以极视听之娱，信可乐也……"

小师曾耳濡目染，对翰墨的门道渐渐熟悉。

马家的窗前，有个小小庭院。

盛夏里骄阳似火，一丛翠竹摇曳生凉。几款太湖石错落有致，紧临碧绿池塘。池边安放着石桌、石凳。此时，石桌上，一张古色古香的楸木棋盘已经摆好，一颗

马鼎盛和父亲书法"惟大英雄能好色,是真名士自风流"。父亲解释此处"好"字为"作育"之意

颗晶莹剔透的云子,黑白鲜明。茶汤鼎沸,雪乳飘香时,曾叔祖父就召唤他的小对手马师曾,纹枰手谈。不能说"棋逢对手,将遇良才",这只是小师曾必修的一门课业。

自古传统士大夫家庭的教育内容,少不了四门功课——琴棋书画。

每当习字过后,笔、砚、纸、墨收拾停当,就到了曾叔祖父与小师曾的对弈时间。

落子之前,小师曾照例要通过两项"棋诗"测验,先是背诵古诗,后是即兴赋诗。

"你还记得唐代爱下木狐狸(古代围棋别称)的诗人——杜牧的那首诗吗?"

"记得!《送国棋王逢》:玉子纹楸一路饶,最宜檐雨竹萧萧。羸形暗去春泉长,拔势横来野火烧。守道还如周伏柱,鏖兵不羡霍嫖姚。得年七十更万日,与子期于局上销。"

说来也巧,像是天庭有耳,刚才还晴空万里,此时一片淅淅沥沥……

正当小师曾背诵杜牧诗句"玉子纹楸一路饶,最宜檐雨竹萧萧"的时候,细雨滴滴,就开始敲打竹叶……

现在,该轮到第二项,测试"即兴赋诗"的能力了。

曾叔祖父说道:

## 第三章　9岁临帖不辍

"就用'木狐狸'为题吧，作诗一首，绝句、律诗都行；五言、七言自选！"

小师曾沉默片刻，朗声吟诵了一首打油诗——《咏木狐狸》：

> 木狐狸不木，
> 迷惑人有数。
> 偷鸡常打劫，
> 拐羊头劲足。
> 躲角落安稳，
> 拔朵花踌躇。
> 走险能得势，
> 命好赢半目。

——曾叔祖父听完，哭笑不得。

## 马鼎盛·旁述

马师曾出演《鸡鸣开虎口》一剧，现场大书古文"义"字，笔力雄迈。上演《呆佬拜寿》一剧时，在舞台上即席挥毫写"金、寿、铸"三个大字，同时有句口白"你要金钱我要寿"，引得观众连声惊叹。不少人愿以高价买下他的"铸"字书法。近年有朋友在澳门买回马师曾"书有未曾经我读，事无不可对人言"的对联，问我是否真迹。我不懂书法，只是觉得同我手上的先父手泽神似。

玉不琢不成器，马师曾年幼时苦练书法，师从教育家、书法家梁鼎芬。两湖大学堂经学馆馆长马桢榆是小师曾的曾叔祖，严师出高徒。我相信调皮捣蛋的马师曾当年少不了被体罚。我记忆中的祖父马公权不苟言笑，对长子马师曾不假辞色，对嫡长孙我哥哥马鼎昌温言有加，同居一个屋檐下6年，我只记得爷爷对我说过一句话"脚踭（跟）不踮（点）地，鬼鬼祟祟"。真是冤哉枉也，自打我记事起，祖父就因为不良于行而足不出户，连家族拜祖先大典也是祖母领衔磕头。他的寝室门前是我拜见祖母卧房必经之路，怕惊动他老人家，比暗度陈仓更小心翼翼地踮着脚溜过那禁区，本来是一片孝心反倒赢来钦定考语。

想来马师曾在武汉那四年庇护在曾叔祖的慈爱下,有一个海阔天空的童年。

我记得父亲的脾气大,可能同他的脚痛有关。马师曾早年被炸伤尽人皆知,他屁股割伤则是私隐。咔嚓一声巨响伴随爸爸惨叫,全家大地震,我们孩子的房门封闭免得添乱。原来坐厕爆裂,瓷片插伤了父亲的臀部,血流如注,一向贫血的爸爸头晕目眩,电召家庭医生抢救。此后一支"士的"就常在家中嗒嗒作响,我从小对棍子敏感,跟猴子差不多。其实挨爸爸打的次数有限,一次冤案却刻骨铭心。那时读"培英幼稚园"二年班,下课后回家练习毛笔字,感觉是父亲走到背后,我心想会不会来玩"拔毛笔"的游戏?爸爸试过冷不防抽起我手中的笔,如果抓不牢,说明执毛笔的功力差。谁知后脑勺啪地一巴掌,那力度绝对不是开玩笑。父亲轻声呵斥:"边个叫你讲乜你老母乜?"我吓得马上跪地,又喝道:"鸡毛扫!"我急忙去大门口两旁的戏箱背后,拿出准备已久的鸡毛掸子,照顾哥哥的女佣汉姐诚意推介,这是全家最柔软的鸡毛扫。双手奉上"家法",乖乖褪下裤子趴在椅子上。鸡毛掸子带着飕飕风声抽在瘦小的屁股上,我咬紧牙关把尖叫闷成呜咽,剧烈的疼痛告诉我,父亲今天腿伤发作,打在儿的身,减轻父的疼。祖母颤颤巍巍赶到,"阿曾"一声,父亲垂手肃立,恭恭敬敬称呼"阿大"。祖母是东莞名门王孝廉之女,后来作为知识青年下乡东莞才知道原住民恭称母亲叫"阿大"。父亲禀报责子的罪名是"乜你老母乜"。祖母无语,哥哥扶着她一步一顿走回卧房。我终于懂得这句国骂犯了天条,抱着脑袋挨足五藤条。

我们战后一代少年,师长体罚是家常便饭,无分男女。小学一年级一位女生,罚站,我辈淘气男生经常罚站,站上凳子也有,但是像任小姐站上桌子则是异数。我回到家立即同哥哥分享八卦新闻:任小姐可能心里有鬼,大热天穿长裤,据说是腿上有鞭痕!她可是一流明星任剑辉的内侄女呵。"阿盛!"父亲一声断喝,我的脚比耳朵反应更快,话音未落已经立正在爸爸眼前。"静坐常思己过,闲谈莫论人非,认真去抄写。"我哪里敢问抄多少遍,就当是练字吧。抄了一张、两张、三张纸,机械地"手挥五弦",一直抄到哥哥来喊我吃饭,我才发觉一张纸写满了"任剑辉"。

三十多年后,任剑辉的大号黑体字又映入眼帘。我已经在香港的报社供职,看见任剑辉去世消息,好奇的是红线女专程从广州疾驰香港吊唁任剑辉。

我们从小知道，因为马师曾、红线女以香港演员的身份上广州义演支持抗美援朝，更捐出巨款给中国人民志愿军买武器，所以备受港英政府打压。香港八和会馆秉承当局的意旨，开大会批判马师曾、红线女，不提同行如敌国的社会因素，光是这一政治事件，足以让我们感到任剑辉不会是红线女的知交。1989年底，妈妈突然得知任剑辉过世的消息，马上要求去香港告别故人。要知道红线女根本没有去香港的出入境证件，一时半会儿也不可能补办临时通行证。省市领导可能考虑到省港文化交流等因素，特事特办，专门由省公安厅、海关等火速协调香港相应部门，陪同红线女全线开绿灯，无证通关，及时赶到香港殡仪馆，送任剑辉最后一程。时值1989年，中国在柏林墙推倒之际，国际制裁甚嚣尘上时，特批红线女通关拜祭故人，缓和罗湖桥两头紧张气氛，向西方释出向前看和为贵的信息，这是当时人们不易察觉的深意。

第四章
DISIZHANG

11岁初识红棉

小马师曾,一语成谶。

当他在曾叔祖父的指导下,执一管上等紫毫,一边习字一边纵横议论,抨击时政,称此《春秋》中"天下为公",非彼《礼记》中"天下为公"时,武昌就真的出事了!而且,出了大事!

1911年10月10日,武昌起义爆发。在武昌城居民的眼里,没有人知道,在革命党人和清政府中,到底哪一方能够取胜,只知道激烈的枪炮声不断,危险近在眼前。

因躲债而寄宿在叔父马桢榆府上的茶商马肇梅一家,午夜惊魂,惊慌失措。

马肇梅徒叹自己命途多舛,躲债躲得几年安稳,偏偏又遭遇一场战乱,后者比前者还要吓人,到底是炮弹和枪子都不长眼睛。于是,再一次打点行囊,南下广州,带着自己的一家老小返还故乡。"锦城虽云乐,不如早还家",况且这"锦城"一时间是当兵、拿枪杆子的人最乐,老百姓最怕……

回到广州,安宁无事。

马肇梅一家,安顿在西关曾家大巷,日子过得悠闲。

人闲看戏,鸟闲叽叽。

马肇梅爷爷或是外婆,都愿意带着小师曾去东堤看粤剧,或"文明戏",反正十六甫的私塾老师潘晓征对

马师曾给母亲王文昱立的碑,上面有他三兄弟及孙辈名字。后因墓园迁址,原碑不知所终。三叔(立者)建的新碑不见马师曾名字。王文昱在得长子10年后才得幼子,不免溺爱。马师曾在香港的黄金十年,"包银"交给母亲持家,比他年幼十岁的三弟入读香港"皇仁"之类的名校,与何鸿燊的大姐同班,下课开着带拖斗的摩托车载女友兜风。后来在南京念大学期间,专门交高昂学费学驾驶飞机

孩子们并不严厉，只要你能把书背好了，早走无妨。那时广州人看戏一绝，从正午开始泡在戏院，大白天的戏码票价低，而晚场戏的座位则贵一些。甲乙丙丁戊，座位分五等，而座位号按照《千字文》中的文字来排序，对字入座，透着有文化，而且有创意。如果你读不通文言文，看戏还真是个麻烦。唯一明显不靠谱的是，不允许男女同座，而两个大老爷们儿挤在一起，肩挨肩、肉贴肉地观看思春戏——《琵琶行》《牡丹亭》《灵犀一点通》《谁是负心人》却没关系，妥妥的。

小师曾，十二三岁，半大不大。

在他眼里，最棒的粤剧名角是靓元亨。每次看过他的表演，兴奋不已，回家的路上就要模仿，一边哼唱一边端着功夫架……

当时，25岁的靓元亨刚刚成为"祝华年班"班主、正印小武，其武艺精湛、唱功讲究。由他主演的《西河会》《凤仪亭》《蝴蝶杯》《五郎救弟》《大闹狮子楼》《可怜闺里月》等剧目，场场观众爆满，剧场效果甚好，要么鸦雀无声，要么喝彩声不断。就连一次地震使得戏楼颤抖，坐客喧哗，也被他出场亮相的英气逼人所震慑，立马安静下来。一时间坊间争颂，传为美谈。

无巧不成书。马师曾出生那年——1900年，12岁的靓元亨从禅院步入梨园，考进"采南歌剧学校"粤剧学员班；马师曾20岁的时候，在新加坡的新埠，拜32岁的靓元亨为师，同台演出粤剧《海盗名流》。——这是后话。

转眼，小师曾上了中学。

小师曾和大多数男生的课余爱好，就是两样：踢足球，看大戏。

当时，广州有好几所中学是教会学校，西化教育理念重视竞技体育，因此校园大多拥有田径场、足球场。

再说初中生小师曾格外好动，从不消停，整天课余不是和学生剧团排演"文明戏"，就是踢足球。他所在的业勤中学足球队，经常与西关培英中学足球队进行友谊比赛，赛事一起，校园沸腾，因为无论专业还是业余，自古绿茵场上从来不乏球星、帅哥。于是，踢球的人就是"名角"，看球的人如同"戏迷"。

这是花城春日的一个艳阳天，抬眼望去，校园足球场的草坪绵柔、平整，油油的，苍翠欲滴，四围看台由高大茂密的乔木构成——红棉树、榕树、大花紫薇……枝丫纵横权当座椅，男生女生坐得满满当当。只见赛场上奔跑的男孩

马门三代及祖母王文昱（前排右二）及广州的王家表亲，马师曾（后排中）手扶马鼎昌（左）、马鼎盛（右），次女马淑明（二排右三），侄女马品端（二排右二）、马淑英（二排右一），何少仪婶婶（前排右一）

子们生龙活虎，观看赛事的校园女花们则个个打扮得花枝招展。看球是假，看人是真，她们笑语声声，唧唧喳喳……

小师曾本来就是替补队员，而且，是基本能把板凳坐穿的那种板凳边锋。因为他长得比同龄人瘦小，而且球风也偏软，尽管速度挺快，身子也算灵活，但是拼抢和对抗就麻烦了，撞不过对方。也许是戏剧票友的台步改不过来吧，他总是比别人慢半拍，等他把亮相的姿势摆好，球已经到了人家的脚下。这回，球队的主力选手突发高烧，教练不得已，就让他来顶替。

他没跑几个来回，就上气不接下气。

他心想："这球场比戏台不知大了多少倍，即便是跑龙套，也跑得好辛苦，看台上的人倒不少，但捧角儿的就真懂'戏'吗……"正在走神，忽然同伴一个长传，从几十米远的后场，把球准确、舒服地送到他的脚下。这回可是

## 第四章　11 岁初识红棉

轮到他出彩的时候了。哪个踢边锋的球员都喜欢这样难得的机会,只要一加速,把对方的后卫甩掉,再用一个假动作晃过守门员,自己可就面对空门了。

我们的替补边锋也的确是这样做的,而且一切都很顺利。

他带球疾进,足下生风……先是防守他的后卫有点儿大意,被他闪在身后;后是守门员又有些冒失,被他灵巧的身子晃过。现在,眼前一马平川,就剩下一个空旷无比的大门了……只要他轻轻地推射或有力地劲射,就会大功告成,射进奠定胜利基础的宝贵一球,也是他平生的第一个比赛进球,还能赢得观赛男女生们的一片欢呼、喝彩。可是,让他露脸的舞台还真不是球场,他居然把球踢飞了,足球和他踢球的那只鞋子比翼齐飞,直奔着球场边的一棵百年古树飞去。

可爱的边锋,一脚把自己的鞋子踢到高大的木棉树上,坐在树杈上的一位婀娜少女,身姿轻盈、摇曳,盛开得像木棉花一样鲜明、灿烂。她能躲过一个足球,却躲不过一只臭球鞋……在球鞋穿过枝叶婆娑的树冠时,刮了不少残红,只见鞋帮上挂满了红艳艳、柔嫩嫩的木棉花,乃至变成了一只"绣花鞋"。

戏剧的高潮出现了。

——一个清秀的妙龄女子,举着这只"绣花鞋",从老远跑过来,她用双手郑重地递给睫毛上闪烁晶莹汗滴的大眼睛男孩儿——冒失的、不称职的边锋。这位女生像是天使飞来,从天而降。

当她和他,相互交接

翩翩少年马师曾

这只"绣花鞋"的时候,一个满面红晕,一个手足无措……

这一幕,引来球场内外的一片嘘声和哄笑声……

"哈哈哈……你们看他俩的样子,就跟在领奖台上似的,那叫一个庄重!"

"吻奖牌,吻奖牌……"

年轻的呼喊声,响成一片,回荡在足球场上……

——这位"颁奖"女生,名字叫红棉。

就是这位红棉女子,在10年后,当马师曾在新加坡的监狱里蹲班房的时候,她像天使一样地出现了。这是只有在小说或戏剧里才会出现的故事情节,而生活比艺术更加艺术。

## 马鼎盛·旁述

武昌起义推翻两千年封建王朝,同时打倒历代王朝的精神领袖孔夫子。不过"孔家店"除了维护封建统治,孔孟之道、儒家思想也是中国传统文化的结晶。马师曾接受反封建思想,也承传祖国优秀的传统文化。

父亲有空就给我们讲故事。

话说在乾隆十七年(1752)点了个状元秦大士,他自幼聪明好学,10岁便能写诗作文,23岁考中举人,乾隆皇帝欣赏他的才学书法,但是怀疑他是秦桧的后裔,于是亲口询问:"你是不是秦桧的后代?"秦大士壮起胆子答:"回万岁,一朝天子一朝臣!"马师曾用典故教导子侄辈,皇帝若是有道明君,必然喜欢用忠臣,即使有大臣心术不正,皇帝也会限制使用,不给他陷害忠良、贪赃枉法的机会。父亲说得兴起,还指出有些坊间误传的故事,说乾隆皇帝对秦大士说,秦桧是状元,你也是状元;赵构是高宗皇帝,我也是高宗皇帝,你们秦家够有意思。这种故事只能糊弄不读书的人。乾隆皇帝的庙号高宗是他身后由王公大臣建议嗣皇帝敬上的。说乾隆皇帝自称高宗就闹大笑话了。

父亲的故事听得多了,我也见猎心喜。近年母亲红线女常提起我三四岁时讲一个兔子的故事,讲得眉飞色舞手舞足蹈,结局的高潮是口沫横飞地比画"轰隆一声跌下地来"。如今凤凰卫视给了我讲故事的广阔天地,我的历史学专业一直有用武之地。对于一般中学生来说,历史课是敬而远之的冷门,青年人最怕"老土";我被采访时少不了要回答:"你怎么会选中历史专业?"其实很简单,咱们中华四大名著有两部都是历史文学,莎士比亚、雨果、歌德、托尔斯泰、马克·吐温、安徒生等写的我青少年时代喜爱的书也用历史题材。马克思、恩格斯说:"我们仅仅知道一门唯一的科学,即历史科学。"将近而立之年,我考大学就是冲着历史科学去的。父亲知道我喜欢历史书,用唐太宗的话鼓励我:"以铜为鉴,可以正衣冠;以人为鉴,可以知得失;以史为鉴,可以知兴替。"

## 第五章
### 西关少爷看戏
DIWUZHANG

广州民间俗谚："东山少爷，西关小姐。"

——说的是清代晚期羊城的一道人文景观，也可称一种权贵文化。

东山一带多居达官贵人，于是说"有权住东山"；西关地界云集商贾大亨，所以说"有钱住西关"。

初中生马师曾，是家住西关的少爷，常去东堤玩耍。

其时，通宵观看粤剧，是广州人的一大爱好和享受！

马师曾和他的同窗伙伴，总会利用寒暑假，过足"戏瘾"。他们结伴去看大戏，各自有喜欢的剧目和崇拜的名角儿。

这晚，马师曾等伙伴刚刚在剧场坐定，就发现事情有些不妙。

他们闻到气味不对，空气中弥漫着一种淡淡的焦糊味儿。

开始，这几个中学生还相互开玩笑，马师曾学做黑帮老大的样子，揪住一个长得就像丑角的同学衣领，哼着鼻子，用本来就很浓重的鼻腔吐脏话，他现编的几句台词还真符合无恶不作的歹徒口吻：

"怎么？就是你吧？你自己偷吃榴莲了——不是？要不，怎么会那么臭呢？呛我们鼻子！你吃仙果儿，也不知道先来孝敬孝敬我——老大？快，快把

香港大戏院，几丈见方花牌大书马师曾、红线女头牌

你裤兜里的那个'软家伙',又软又臭还长歪了的家伙,给我们掏出来吧,让我们好好验验你的货!"

旁边,一个同学也把一只手,搭在"丑角"的肩头,附和着说:

"对啦!验验你的货!老马,马大哥说得对,快掏出你的那个'软塌塌'还'臭烘烘'的东西来!掏出来呀!"

此时,另一个顽皮的同学,已经把手伸向了"丑角"的裤裆……

几个人,都"哈哈哈"笑着……

——"别笑了!着火了!还不快跑?一班小子!"

——突然,一位壮汉声色俱厉地嚷嚷,狠狠地推了一把马师曾。

马师曾一下子怔住了,只见来人杏眼圆睁,目光射电……直击得他浑身打战……这就是戏剧演员平时练就的带着超高电压的双瞳吗?当他认出面前人就是最新上演的粤剧《海盗名流》的小武主角——靓元亨时,马上兴奋不已,心想,什么着火不着火,我可碰到最火的粤剧名角了!

一时间,他顾不得许多,凑上前去,对着身材高大的靓元亨恳请道:

"别光推我,踹我一脚吧!快点儿,狠狠踹我一脚!"

小武名角靓元亨,自幼得少林武术真传,他飞起单脚,迅捷如风,呼的一声,在空中摆动了

马师曾年轻时的造型

一下，算是满足了少年马师曾的迫切愿望。

原来，广东人有一个算一个，若不是粤剧戏班的行家——演员，就是半个粤剧行家——戏迷。

尽人皆知，靓元亨在舞台上的扮相英俊，武功了得，他最著名的就是左右单脚站桩基本功，站如劲松，行似罡风，功夫架子甚美，粤剧管这叫作——"定金力"。

马师曾这么容易地零距离见识了舞台名角的"定金力"，剩下的，就是他和伙伴们如何逃离这金光闪闪、火星乱窜的戏院火场了。

——只可惜，好景不长。

这座投巨资建造的偌大的"广舞台"开业没两年，就被一场大火吞噬。

还有更倒霉的，是保险公司赖账，偏说保险合同上写着为"广舞台"的三字招牌投保，不是为有2000多座位的剧院投保，既然招牌未损，他们就不负责赔偿，于是3万元保金就这样打了水漂儿。

1948年，马师曾（左）、红线女（中）在香港接待京剧大老倌马连良（右），背景是马师曾书赠马连良"帝曰夔诗言志歌永言声依永律和声" （马鼎昌供图）

## 第五章　西关少爷看戏

——要说，这真是粤剧行和保险业的一桩无头冤案。

### 马鼎盛·旁述

父亲是小戏迷，我们小时候难得上后台，偶尔钻上去也是捡烟盒，父亲抽的"大中华""牡丹""凤凰"都是上等货色。祖母是民国初年广州第一批新式学堂的女校长，父亲遵母训不准马家子弟再入戏行。

马师曾幼承庭训，想必知道"父母在，不远游，游必有方"。后来他阴错阳差卖身到南洋学唱戏，实在是少年轻狂的一着险棋，命运之神略施薄惩，已经令他饱尝鬼门关的苦楚。马鼎盛在知识青年上山下乡时期，同几千万中学生，流放到做梦都想象不到的地方。承蒙父亲在天之灵庇佑，后来终于"投亲靠友"跟随哥哥马鼎昌的华南师范学院附中插队落户在鱼米之乡东莞。

# 第六章
## 戏馆卖身画押

在20世纪初叶，不好伺候的清朝皇帝已经不在，轮流执政的军阀也不是省油的灯。孙中山先生所倡导的国体——共和制，有点儿四不像，既非传统封建帝制，又非现代民主共和；既非议会君主立宪，又非特权寡头政治。总之，即便司马迁这样的"史笔"再世，也很难给这段历史下个确切的定义。

1917年，广州，石室圣心大教堂新年的钟声刚刚敲响，不愉快的消息就传到马师曾的耳边。

当时的广州，和其他许多城市一样，受累于国事不宁，南北动乱，战祸频仍，经济萧条。市民中因家道中落而不得不辍学的孩子不在少数。马师曾就赶个正着。17岁，他从业勤中学肄业，投奔香港远房亲戚，在一家金属店铺"安泰铜铁店"当学徒。

少年马师曾可没有嵇康的打铁嗜好，也没名士那样高大强壮的身板。想必他对敲打金属发出的单调声音——一成不变的"叮叮当当"一定感到乏味，甚至焦躁。比起粤剧棚面（乐队）融合东西的乐器——横笛、洞箫、胡琴、扬琴、吉他、木琴、提琴、小提琴和萨克斯管等的和声齐奏，其听觉效果就差得太远了。可以说，100年前，唯有粤剧具有这种海纳百川的戏剧音乐襟怀，艺人有祖国，乐器无国界。

好在20世纪的繁华香港，毕竟不是铜铁时代的乡村。

马师曾落脚的铜铁店锻铁的炉火不燃，而小五金的买卖兴隆。不仅经营金、银、铜、铁、锡等各色金属，还捎带收购各种山货，包括中草药、土特产，甚至连牛骨、鹅毛之类也一并低价买进，高价倒手。店内伙计十数人，年纪长些的经验丰富，最为识货，一打眼就知价值几许；年龄小些的自然是青瓜蛋子，不知买卖深

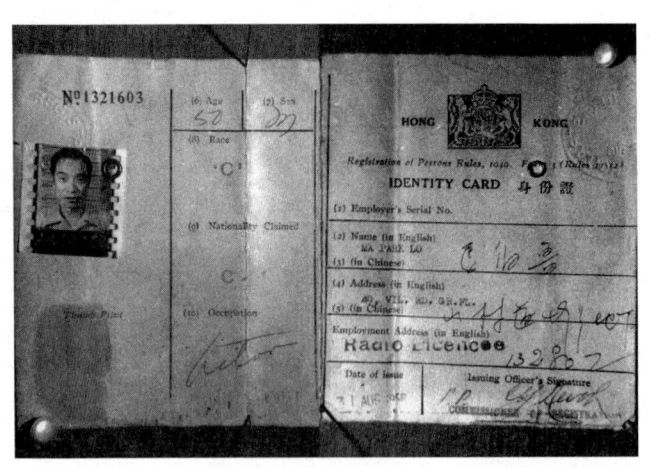

马师曾（马伯鲁）的香港身份证，身高5英尺6英寸（165厘米）在当年广东人中不算矮

浅，也看不出行情。初来乍到的小马，就更不用说，两眼一抹黑。

应该说，小马学徒的差事还算不错，他跟着懂行的"买卖手（操盘手）"实习，这可是最轻省也最有技术含量的活儿，别的徒弟求之不得。柜台的业务繁忙，客商人来人往，一会儿一大堆废铜烂铁要你相面、称重、估价；一会儿有一大筐菌类植物、香料让你精挑、细嗅、辨识。总之，卖家与买家，两家商量来商量去，都是一个固定的程序或套路——出价、议价、定价，实为你来我往、分毫不让地讨价还价……

然而，这哪里是一个标准粤剧小戏迷、自命业余名角的马师曾的爱好和梦想啊？

他闲着没事儿，自编一首《废铜烂铁歌》，用粤剧的"马派（自命）"声腔一板一眼地哼唱，甚至一边进货称重一边小声吟哦，像是嘟囔：

> 铜锤花脸扮须生，
> 铁青面色赛包公。
> 可怜老朽无身价，
> 论斤要来论斤称。

——铜铁店老板的一生，对"铜铁"一词最为敏感，只要从谁的嘴里吐出这两个字，他就一定小心谨慎，听个仔细，生怕人家暗地里打他生意的主意，那可是他的身家性命！

他一听面相机灵无比、像是总有心事的小徒弟马师曾，不时地小声嘀咕"铜铁""铜铁"……不禁心生疑窦，老想弄个清楚。他就问那几个靠得住的老师傅，这个广州来的娃仔整天想什么。其中，有老奸巨猾者，正在嫉恨新来徒弟，占了他们这些老者收入的份额，很是不爽。这回可找到排挤他的理由了，于是一一告状。从他们歹意告发的内容看，原来也多少都算是粤剧"行家"，说着说着就说到"戏路"上来：

"他整天神游，不知在想些什么！经常货物进仓时，在货架上颠倒次序，乱码乱放，害得出货时，查找不到客户的订货。导致货品错发，惹恼客户要求退货的事，也是有的……"

马师曾（中立）、红线女（后右）、母王文昱（坐）、长女马淑逑（后左）、次女马淑明（前）

## 第六章 戏馆卖身画押

"没见过他好好验货、存货，只听他摇头晃脑地唱：'斜阳画角哀，诗肠愁满载，沈园非复旧池台；红酥手，黄縢酒，泪湿鲛绡人何在……'"

"我也听过，倒不是这段，他可没有那么雅的趣味！唱词俗得不得了，唱的是——'查真我，有桃花命，那堪得配红颜，系有喇，都系盲眼单眼与盟鸟眼，至配得我个衰人叹……'"

"你听听这戏词！估计，这是在挂念你家的千金哪，要不，干吗整天'桃花命''桃花命'的……这不是犯神经吗？"

"对呀！"

——这些人，你一言，我一语……

铜铁店老板怎么能高兴呢？

他也没有把事情做绝，只是扣钱，罚站……并不想把小师曾逼走，内心还是欣赏他的聪慧、机敏。

3个月的学徒生活，像是30年的牢狱之灾。

马师曾跑了。

他果断逃离了不属于他的铜铁店。

临行前，他在盛怒中还和店主、店员大吵一架。

他的胸腔底气足、嗓音本就洪亮，叫喊起来简直是麦克风效果，声震屋瓦。邻里受惊，引颈观望；英国巡警前来，以为内地来了江洋大盗正在打家劫舍。其实，小马"嘶鸣"，虽似烈马嘶风，却不过是出口恶气，对

马师曾"年少气盛"

那些奸佞小人，发泄一下早已压抑了许久的不快与愤懑。

马师曾独自提一个小箱，仅放进简单的几件衣物。学徒挣的钱不多，被罚的却不少，只剩下一二十元，暂且压箱底。买张廉价船票，只需几个时辰，很快就从香港回到广州。

船一靠岸，满心欢悦。

行走在自己熟悉的故乡的街道上，不光古老的樟树、榕树慈祥地敞开怀抱，风中的栀子花也抖动洁白的裙裾，就连小商小贩推车挑担的叫卖声也透着亲切，举世游子尽管语言肤色不同，谁能不爱自己的美好家园。

马师曾感到自己心里也畅快许多，但就是不愿意回家。

不回，是要面子！

男孩子到了十七八岁，变成了大小伙子，不知不觉唇上生髭，腋下长毛，再不想听家长的训斥，看长辈的脸色。一心想展翅高飞于辽阔、浩瀚的苍穹，纵览山海，如隼如鹰……

——马师曾暂时还不能太过诗情画意，要先找到一个住处才好在夜晚推窗看星星……

"有家不能归，那不是浪子是什么？"

——他心里这样想着，刚才还欢喜、兴奋的心情没了。

他不禁眉头紧锁，又开始犹豫起来。

年轻人的情绪就像海潮涌动，即使是在一天之内，也会起伏很大，低潮与高潮分明。

作为中国乃至亚洲最大的商埠，广州那时不乏高档旅馆。

但是，那不是他所能选择的，有时候羽毛艳丽的鸟儿，未见得能马上找到精致华丽的窝儿。良禽择木而栖，架不住迫不得已。

天色已晚，饥肠辘辘。

他走街串巷，想寻一家普通一点儿的旅店，但即使普通的旅店价格也并不普通。进门一看价钱昂贵，马上就因警觉而精神起来，旅途的倦意全无。他知道，不能把仅有的这点儿钱全花在住宿上。

自古饥肠出奇策，马师曾忽然想起小时候，和邻家几个淘气鬼，大半夜，跑到破庙旧庵旁的墓田坟地去"捉鬼"。那时，经常见到蜷缩在檐下廊间过夜的流浪汉，那可是免费"旅馆"呀！

终于，他在老城郊外一个黑黢黢的尼姑庵找到落脚处。

这座废弃已久的尼姑庵早已没了"尼姑"，只剩下断壁残垣。他对这简陋得四面漏风、沐浴一天繁星的"丙舍"，甚为满意，就连现编的戏词都有了："天无绝人之路，地有留我之庐。"

这叫什么？

——这叫"死人"救活人。

"丙舍"，是那个时代广州的特殊产物，广州人给它起了一个十分丧气、恐怖的名字："死人旅馆"。

为什么叫"死人旅馆"呢？

——古人云："亥为天门，巳为丙舍。"

若看十二地支，"巳"为阳尽之时，"阳气毕布已矣"，"巳"后是"午"，"午"时阴生，称为"地户"。而"地户"是专门与死人打交道的地方，例如"停灵室""祭祀堂""陵墓屋"之类。

三国时期书法家钟繇写有《墓田丙舍帖》；元代诗人乃贤诗句："墓田丙舍知何所？一夜令人白发长。"

马师曾最喜欢戏剧中出现的两位古代英雄——赵云和林冲。

一出《风雪山神庙》，万世铭记一英豪。他伸了伸腿脚，望了望星空，学着饰演八百万禁军教头、豹子头林冲的武生功夫架，面对一片荒野独自唱道：

　　大雪飘，
　　扑人面，
　　朔风阵阵透骨寒。
　　彤云低锁山河暗，
　　疏林冷落尽凋残。

> 往事萦怀难排遣,
> 荒村酤酒为愁烦……

第二天,清晨。

他被一阵像花旦吊嗓一般的清脆鸟鸣所唤醒。

四围植被茂密,花草繁盛,侧过身来倾耳细听,远处居然有溪水潺潺的声响……

白茫茫的薄雾也逐渐消散了,隐约可见阳光的金线一缕一缕,粗细不同,正从树林的枝叶间穿过,如同一把把亮闪闪的金梭……

昨晚,仿佛陪伴林冲一起在山神庙里睡了一觉,梦里还跟这位梁山好汉学了一阵刀枪棍棒和拳脚。

一觉睡香,心情大好。

知道自己该去找点儿营生了,总要自己养活自己呀!

对,去码头看看,打零工也成!

不知不觉,来到广州西南部的黄沙地段。

广州知名的旅游景区沙面与黄沙相隔一条马路,南濒珠江碧波荡漾的白鹅潭。

沙面,作为小岛,曾有个美丽的名字——"拾翠洲"。这里是宋、元、明、清历朝历代与国内外通商的要津,自1861年后成为英、法两国租界。当时,十多个国家领事馆、八九家海外银行,加上粤海关会所、海员俱乐部、西式医院、大教堂、酒吧、网球场、邮局、电报局等西洋建筑林立,多达一百五十余座,让这一小小洲岛俨然是一片欧陆风情,浪漫有加。

然而,附近码头旁边就是另一番景象。中国岭南风格的传统民居错落,尽管有些拥挤,却也热闹喧哗。想当年,粤剧戏班的红船就停泊在此,岸上慢慢形成戏人聚居的地方,坊间丝竹不绝于耳,清唱之音随着珠江口的海风飘散……街巷深处,"戏馆"散落。说是"戏馆",并无剧场和观众,只有老戏人为师,新学员为徒,确切说是"戏剧培训班"。

广州街头这些"戏馆",大多由年迈、落伍的粤剧伶人开办,专门招收倾慕梨园的半大孩子,收费不多,管吃管住。

## 第六章　戏馆卖身画押

但是，天下哪里有免费的午餐呢，凡是踏入这个门槛的孩子，必须签订一份合同，名曰"头尾名"，其条款无异于卖身。之所以叫"头尾名"，是因为合同的一头一尾都有签约者本人的记号——"头"有自己的名字，"尾"有自己的手印。合同内容大致如下：

"某某某今日拜某某某为师，专门学习粤剧表演艺术，待他日积学成才被戏班录用，或登台演戏一举成名，甘愿向恩师奉献所得酬劳或年薪若干成……直至某年某日为止，空口无凭，立此字据。"

是时，走投无路的马师曾，明知这是"卖身"之辱，却也无可奈何。

好在这"戏馆"对外声称，学员一律待遇优厚，既不收取住宿费，也不用交伙食费，这对一个流落街头的孩子来说，诱惑实在巨大。再加上，他本来就是戏迷，一心想进修粤剧，渴望着有朝一日成为天下名角儿。这又是多好的一个机会呀！

就这样定了！

他一头扎进"戏馆"！

对于此类"戏馆"，外面的明眼人和内部的学员们有着异样的称呼，有的叫它"清衣馆"，也有的称它"尖头馆"。

入馆不久，马师曾就有了自己的切身体验。

人与人之间必须共同经历些事情才能认清彼此，一个人与一个团体相交相处的情形也大致如此。

他所在的"戏馆"，位于黄沙区域清平路牛奶桥附近。

这是一座老旧得颤颤巍巍的二层小木楼，馆主自称"师父佳"。

事实证明，"师父不佳"，人品难说"上佳"，但教徒弟唱戏却真有两下子。

"师父佳"的年龄比木楼小几岁，而身体却还不如这座木楼结实，走起路来晃晃悠悠，要散架的样子。学员总共才五六人，他们都比马师曾大几岁，有的被"师父佳"索要财物却拿不出，只得剥下衣服去典当，"清衣馆"中的"清衣"就是这么来的。

当然，"师父佳"也不容易，他教的这些学员都没有一点儿科班或戏班经验，全都是对粤剧"不识之无"的"剧盲"，全都是从头学起。而将来，一旦有那么一天能在梨园冒头，甚至成为名伶，那也要感谢"师父佳"的点拨，再加上学员本人的造化。真若如此,这个"戏馆"当然可被誉为"尖头馆","尖头"就是冒尖的意思,这里学戏的孩子,谁不想明日"冒尖"或拔尖呢。

马师曾,身在曹营心在汉。

粤剧《搜书院》马师曾(右)饰演谢宝,红线女(左)饰演翠莲

"戏馆"只是他不得已时,暂时的栖身之地,正是"勉从虎穴暂栖身,说破英雄惊煞人"。

这从他签名画押时就能看出端倪。

他没有在合同上签署自己的真名,而是给自己起了一个别名——"关始昌"。

——这一化名的意思是,只要过了这一"关",我就开"始昌"盛;另一个含义,是他自恃家学渊源,曾在"武昌"跟随曾叔祖父研习国学,自信绝非庸庸碌碌之辈,而深厚文化根底也让他底气十足。——如若发达,始于"武昌"。

前三天,"师父佳"什么都不教,不教唱曲,也不教功架,更不教戏路之类。他只让小学员马师曾从早到晚站在门外面,如同婚丧嫁娶时特邀的乡村乐手,一刻不停地敲锣打鼓。

一会儿敲锣:

"咚咚锵,咚咚锵,咚咚锵锵咚咚锵……"

一会儿打鼓:

"咚咕隆咚,咚咕隆咚,咚咕隆咚咚咚咚……"

一直敲打得双手掌虎口发麻,神经瘫痪;两条胳膊僵硬、酸痛,几乎不能打弯儿。

就这些锣鼓,也算是粤剧"棚面"中不可少的打击乐吧。

等到第四天,"师父佳"不但什么都不教,反倒向他要钱,声明这可不是交学费,是锣鼓乐器使用损耗费!

马师曾有理说不清,干脆不说。

他暗自盘算,自己兜里满打满算只有这十几块银元,那小箱子里也只有两套换洗衣服。要么花光银元,要么典当衣服。到最后,还能有什么结果?

"师父佳"眨着一双绿豆大小的眼睛,又说了一遍:

"给钱!"

——谁让我寄人篱下呢?马师曾只好委屈着,好不情愿地从口袋里掏出5元,无端地孝敬了自己敲打的锣鼓。

由此,让马师曾机灵起来,私下里向老学员一打听,才知道,这里的水好深,江湖不太好混。

学员中,不是被扒光衣服成为"清衣"人,就是被没收所有物品,身上再无长物,变成"赤子"——"赤条条之子",却做不到"来去无牵挂"。因为签了"头尾名"合同,盘剥你还不到家,所以不会放你走。

公平说,学员们受虐待,也不能全怪罪"师父佳"。他也是被人雇用,只做"先生",并非"掌柜"。这"戏馆"的真正主人是当地一霸,姓薛,薛霸王,他有自己的旅馆、烟馆,早年在码头欺行霸市起家,现在捎带着经营这么个小买卖,也是他爱听粤剧的缘故。只是见钱就不认祖宗的毛病,一辈子也改不了。

——这不能不让马师曾再想着跳槽,就像从香港的铜铁店逃离一样。

"师父佳"狐假虎威地拿了钱,倒还办事。

从第二周开始,他亲自教马师曾唱戏的基本功,练习发声。

每天黎明即起,教他吊嗓子。

师徒一起在僻静的林间散步,边走边唱,为的是浑身肌肉放松,嗓子的声带也随之舒展。松弛自如才能吐气流畅、自然。

马师曾只听"师父佳"不住地唠叨:

"看似喉咙吐音,实为胸腔共鸣,从头到脚都要发力。上接天风,下接地气,人体是气流运行的一个有机物体。先是深吸慢呼练气为主,后是凭气发声逐步练音。气、声、腔、字——四者都要学,以气导声,以字行腔。唇、齿、舌、喉——四者都要灵,发音才准,声音才美。而且,吟诗、吟唱都要学会,两者使用声带的部位和振动的程度、频率也不尽相同——这里面学问大了。"

师徒二人仰起鸿颈,竞相引吭。

只听一阵阵"咿咿咿——啊啊啊——""啊啊啊——咿咿咿——"的声音,震撼了林莽,使得树上的鸟儿——面面相觑,有些发呆,都不敢妄开尊口了,觉得自己遇到了歌唱的高手。

"师父佳"说:

"嗓子和身子一并松弛,不是松懈。吊嗓子的关键是外松内紧,真等到你走上舞台唱戏时,就必须反过来,那时你要外紧内松,台下的观众看你在额头沁汗,浑身用力,其实你的内心安然、笃定,一派祥和。"

马师曾自己默默重复着,一遍又一遍:

"走上舞台唱戏时,外紧内松,内心安然、笃定,一派祥和。"

第二个月开始,"师父佳"动真格的,吊嗓子之外,还教徒弟一些传统剧目中的唱词,虽属老套陈词,无甚新意,却也遵规蹈矩,并非乱来:

> 一品翰林宫院,
> 许多吏部文章,

## 第六章　戏馆卖身画押

有忠有孝有贤良，

许多公侯宰相。

——有唱词好玩呀，这让马师曾兴趣大增。他的记性本来就好，不管什么样的戏词，唱上几遍就能背诵下来，不知何时就能派上用场。于是，学唱时得意忘形，欢蹦乱跳，滑了一跤，险些掉进路边的池塘。沾一身泥巴却狂喜，就势用泥巴给自己涂了一个大花脸：

"'师父佳''佳师父'，你再教教我《八仙贺寿》吧！"

"师父佳"见徒弟爱学，心里像吃了蜜。自己的那点本事往下传，不烂在肚里，能不高兴？哪一个教学生的老师不是如此。于是话也多了，不再藏掖：

"《八仙贺寿》《六国大封相》《玉皇登殿》《天姬送子》……这些都是例戏。一年之中，凡是'庆升官''祝佳节''拜大寿''酬神仙'等大事小情，人们都会来找像戏班，找像我们这样的人……你讲的啱，那一出《八仙贺寿》场面多大呀，戏词也讲究，只开场一句，就羞杀李杜，盖过苏黄……"

徒弟问："李杜，就是李白、杜甫；苏黄，是说苏轼和黄庭坚吧？"

"师父佳"颔首："孺子可教！"

徒弟说："那您快教我唱啊！"

"师父佳"只唱了一句"碧天一朵瑞云飘"，就再不唱了。

徒弟马师曾干瞪眼。

——这真可谓：响遏行云。

### 马鼎盛·旁述

马师曾幼年奉祖父命过继给大伯父，伯母关氏，晚辈尊称"关太"。马师曾17岁时突然跌落到社会底层，我一直不明白厄运的来龙去脉。父亲在20世纪50年代的自述中语焉不详。我想，即使是我祖父辈破产，长子嫡孙必须离家去香港做鸡毛小店学徒；而次子马师赞仅仅小马师曾一岁，三子马师䡱已经7岁，都可以继续读书，马慰侬还养得起小妾生的幼子马师洵。按照常理，马师曾在香港小店被"炒鱿鱼"大可以回广州生活，何必卖身做"戏子"？可见"年少气盛"害人不浅。

我17岁碰上"文化大革命",失学12年后才读大学,其间在农村及山区饥寒交迫的经历不能比先父九死一生的戏剧性生涯,却不枉父子同属牛的性格和命运。1961年我小学毕业考中学,之前妈妈红线女打长途电话问我暑假回家吗,升中学回广州读吧。那年头打长途电话要跑到大邮局排队,妈妈的声音不清不楚断断续续,我支支吾吾一句"不回去"就挂了。多年之后,妈妈给我看一封信,是我当年写在厕纸上,没头没脑一句话:"妈妈你不要结婚。"记得有一位文化界领导人给我做思想工作说,"你妈妈还年轻",我才不管他多大的官,只拿眼角回敬他"多管闲事"。1964年我考高中,暑假回广州吃白米饭,一边等待入学通知书。到了8月底还没有通知,妈妈急了说,北京考不上就在广州读吧。我才不相信北京没书念,万一不行还有6个中专的志愿保底哪,开起重机、挖掘机、铲车的工作也好玩,还是响当当的工人阶级呢。北京配给70%粗粮,没有红线女高级知识分子的鱼、肉、蛋、糖、油补贴,减少家庭管束也不错。年迈的外婆一直劝我"唔好咁硬颈喇",老人家一针见血揭开我逆子心态,无非是讨厌妈妈身边苍蝇样的男人。

当家方知柴米贵,养儿才懂父母恩。我过了耳顺之年,看到母亲病痛缠身,三个子女不在身边,逐渐自责有亏孝道。妈妈属于"三高女性",名气、收入、眼光都不是一般地高,择偶从来难于蜀道。不孝男再从中作梗,岂非"生人勿近"。我当年大闹父亲的灵堂,蛮力推搡林汉标叔叔等人,拒绝站到继母王凤身旁,使参加马师曾遗体告别的官员和文化界好友侧目,令父亲蒙"养不教"之羞。在"王同志"临终前几个月,见到她在香港九龙一家护老院4平方米的木板间房,全副身家是破皮箱里的旧衣服和70年前的剧照。她诉说已经买好墓地。后来有报道称她的骨灰一撒了之,并未入土为安。好歹也是马师曾遗孀,人走茶凉何至于此。

第七章
DIQIZHANG

18岁闯荡南洋

当人们赞美一位伶人时,总爱说他"浑身是戏"。

殊不知,"浑身是戏"的代价,是历经坎坷,非常人能及;困顿艰辛,非中人能忍。

广州黄沙码头"戏馆"的日子过得也快,珠江口的太阳从升起到落下,只在吊吊嗓子、背背戏词之间。

刚刚吃过午饭,学员们就见柜台前出现一位头戴鸭舌帽、枣核儿身材的中年人。他的西装随腹部突兀、前挺后撅,头发像抹了猪油似的锃亮、晃眼。听口音也是广东人,却在新加坡做生意。作为有经验的捐客,专门在中国广东和新加坡两地"贩卖"粤剧演员。

——他的名字也谐谑,叫作"牛大叶"。

"师父佳"和这位老友牛大叶——曾经著名的"二花面(即花脸,京剧中净角)"演员,打过招呼后,就一一介绍徒弟,特别推出得意门生——马师曾。

他让徒弟们管牛大叶叫"南洋伯",大概因为"南洋伯"三字好听一些。

"南洋伯"牛大叶,可是粤剧市场经营方面的行家里手,十分熟悉市场行情,也精通营销策略。既能让两地买家、卖家都满意,还能让他自己赚得盆满钵满。这全凭他鬼头鬼脑,会打小算盘。

他从新加坡来干吗?

——来广州捕"新雀"呀!

他们都将年幼年少、尚未入行的粤剧学员、徒弟叫作"新雀",至于将来能不能成为"孔雀"谁也说不好。

这一次,牛大叶是新加坡知名的庆维新戏院的代理人。

粤剧行将代理人称为"大旗手"。

"大旗手"的工作,就是帮助戏班、戏院四处收购戏人,招兵买马,并根据业务效益从中提取一定佣金。

简单地说,"大旗手"的意思是:

"大旗"一挥,"新雀"来归!

原本,庆维新戏院托付牛大叶,为组建一个新戏班并上演新戏而来羊城选材、招人。但是,这牛大叶呢,他对庆维新戏院的事情粗枝大叶,却怀揣顺手牵羊的心理办自己的私事。捐客的心思缜密,他想,若去专业戏班招人,价码势必要高,不像到街头"戏馆"招学员价格低廉。这样的话,他就可以从中赚差价,而且赚头很大。至于这些刚刚学会粤剧表演"ABC"的学员,能不能在新加坡的舞台上挑大梁,那根本就不在他的考虑范围。

马师曾听到牛大叶对"师父佳"小声嘀咕:

"喂,有好徒弟吗?推荐个最能唱、能演的,好让我带回新加坡——演戏!"他故意把"演戏"两字的声腔拉高,为了吸引徒弟们的注意。

"师父佳"顺手指了指立在一旁、默不作声的马师曾:

"正好,我这里演丑生的,很不错,是我看中的小徒弟!人虽小,心气可不小,他的主意大了,恐怕整个狮城都罩不住他,你们那里真要有狮子,吼起来时,也不是他的对手,嗓子亮啊……"

牛大叶多精明的一个人,听都不听:"你就说价钱吧!"

"师父佳"伸出5个手指头:"50元!"

牛大叶说:"20元,不再讨价还价!"

"师父佳"也爽快:"谁让咱俩是老朋友呢,就30元了!"

——就这样,"大旗手"的买卖30元搞定。

于是,署名"关始昌"的马师曾的一纸合同——"头尾名",就由"师父佳"手递手地转交给了"大旗手"牛大叶。

幸亏,可爱的"大

马师曾西洋戏装

旗手"牛大叶只图钱财，才给了快18岁、没有任何舞台资历、学徒才不过半载的马师曾在南洋星岛一展身手的机会。

这一天，对马师曾来说，可谓大喜，也是他人生中的一大转折。他的传奇般的人生"折子戏"，或许从这里才开始渐入佳境。

学徒这半年，"师父佳"和这个戏馆带给他的，无论精彩不精彩，生动不生动，也不论内容和质量如何，也许只是一出人生大戏前的"垫场戏"。

行前，"大旗手"牛大叶照例给新买断的马师曾和其他戏馆——十几个"尖头班"学徒生，都置办了一身得体的行头。

其实，每人花费六七元，就可以笠衫短裤地装扮，洗浴、理发，进行一番形象管理。之后，对这些年龄不大的孩子来说，牛大叶做事还算漂亮，他带着这一干"新入伍"的粤剧远征兵，找了一家宽敞、干净的餐馆，美美地打了一回牙祭。一是为了以壮行色，二是为了留个好念想给后生，江湖的风景、气候变化无穷，兴许这群孩子中就有未来的名伶。

"大旗手"带队，乘上一艘中型的客货两用轮船，需要取道香港，才能驶向他们的目的地——新加坡。

此时，正是大自然的春日来临之时，也是马师曾生命的春天生发之际。

呜——呜——汽笛鸣响时，海日正在缓慢地升起，金色的光芒如注，投射在船舷的金属栏杆和木质甲板上，星星点点，像是飞溅的火花……

海鸥鼓翼，殷殷送行，蒸汽发动机在船尾划出一道醒目的、翻卷着的浪涛，如同富饶的珠江三角洲的土地上，农人的犁铧耕过留下深深的印记……

望着眼前的一切，辞别故土的不舍，对梦幻星洲的向往，一同搅扰着青葱岁月的马师曾，他不由得热泪盈眶……

站立在甲板上，凭栏远眺，不一会儿，人的头脑就变得清醒，随着阵阵海风吹来，一股股又腥又咸的味道扑鼻，马上会使人的思绪回到五味杂陈的现实生活中，不再漫无边际地陪伴海鸥在半空里翱翔……

即便是海鸥，在云中翱翔得久了，也要回归坚实的陆地。

赤贫者被人小心防范，常如囚徒。

马师曾的眼睛多有神，所处环境的细部都会看个仔细。

他发现船舱的大门上，居然备了一把大铁锁，沉甸甸的，表面泛着一层厚厚的铁锈，很像是哪一个囚牢使用过的，看了吓人。他用手摸了摸这把冰凉、无情的铁锁，想到1908年广州遭受罕见的南海台风，无数生命连同房舍一起被吞噬的悲惨景象。假如类似的事情发生，这轮船底舱的人可就没命了。那倒也好呢，底舱的人被海水灌入淹死，头等、上等、中等舱的人干脆被台风卷走……

这可不是矫情，而是事实。

马师曾和十多个学徒生，宿住的正是再廉价不过的下等船舱，即底舱，幽默的广州人把它称作"猪崽舱"。

他还发现，和他们同在这憋闷的舱内，同睡席地大通铺的"猪崽"们，足足有一百多号人，大多衣衫褴褛、面色不佳，无精打采，说话时也没个笑意。也难怪，他们都是被骗或被卖去岛国——新加坡当苦力的，不是去烈日下割橡胶，就是去深山老林里采矿……也有人是从"两广"侨乡出远门，去南洋寻亲，想着发财致富……这些出去奔命、打工的人，上船前可没洗澡，大多光着黑黢黢的双脚，嘴里还大嚼自家腌制的小咸鱼，那气味很盛。于是，舱内的臭汗味、脚丫味和菜肴味，混合成为一种化学实验室的怪味，空间本就狭小，令人无处躲，无处藏，只觉得鼻子多余，大鼻子更是多余。

鼻子是惨透了，那就让耳朵舒服一些吧！

——马师曾这样想着，就对戏班学徒生们提出了一个建议：

"我们每个人都有故事。何不把这个'猪崽舱'变成一个'故事舱'，一人讲一段奇闻趣事。免得大家这么沉闷，也好打发时间！"

一个面目白皙、性格绵软的师兄弟，外号叫"肠粉"的立刻应声说：

"大家都是粤剧人了，都吃粤剧饭，就从红船说起……"

马师曾说："'肠粉'说得对，话糙理不糙。说到'红船'，还真是粤剧人的吉祥物。"

小白脸"肠粉"，知道马师曾的国学底子最厚，出口成章，即兴编词，朗朗上口，全无半点磕绊，七步吟诗也不是什么难事。于是学着曹丕对付弟弟曹植的方式出题：

"你就用一个'红'字,来写一段唱词呗!你写,我就马上谱曲,跟唱!"

只见马师曾耸耸肩,甩了甩一双长臂,像是清理一下自己的思绪,又像是故意逗逗一群师兄弟。然后,不紧不慢地用曼陀铃一般的嗓音低吟:

  一艘红船满载红伶,
  两岸珠江木棉花红。
  红萼红蕊红枝红干,
  红词红曲红班红种。
  红巾匝头李云茂盛,
  红染黄花岗上红松
  红色粤海红火粤剧,
  红润大地红透苍穹。

这时,擅长作曲、操琴的"肠粉"来了兴致,即时、同步地一边演唱,一边伴奏……

——"好!""好!""好!"

只听"猪崽舱"里一片叫好声,喝彩声此起彼伏,犹如舷窗外那连绵不绝的海浪。

不知不觉,船已靠岸。

一踏上新加坡的土地,年轻的师兄弟们感觉眼前的一切都很新鲜。

港口海关,到处是身材高大、军服笔挺、头戴高冠的英国军人。

一切行政管理都带有不列颠王国的色彩,相比其他非殖民地的亚洲国家更讲究公共秩序和环境卫生。

这是一个热带国家,北纬1度左右,几乎就在赤道上。

赤道带多雨,天气炎热。好在来自亚热带北纬23度的广州人马师曾,基本还能够适应,只是在炎热程度上高了一个级别而已。

这时,在船上一直不露面、住在舒适客舱的"大旗手"牛大叶,突然出现了,他招呼这些小伙子去边境检疫站,只说是去"冲澡"。

马师曾抬头一看,全部是同住客船底舱的穷小子,在烈日的灼烤下,一个个瘦弱的小排骨都快烤焦了,垂头丧气又有些无奈地排队接受安全检疫。

岛上主人毫不客气,给每一个外来者的胳膊上都扎了一针。据说是接种一种有利健康的疫苗。接下来,更加令人尴尬,所有人被扒光衣服,过一道消毒程序,一支粗大的水管子对着身子狂喷,目的是消毒。只要谁的动作稍慢,屁股上就有边检员的皮靴伺候。

这样的下马威,有点儿猛了。

马师曾知道了新加坡不愧是"狮城",这里的戏饭不一定那么好吃,戏也想必不是那么好唱。

马师曾和一干师兄弟为粤剧而来。他们听"师父佳"说过,早在半个世纪前,尤其在国内禁演时期,一批又一批粤剧伶人就漂洋过海,来到这里避难,同时也创办剧社。此地的粤剧戏班和戏院以及名角一点儿不比国内少,甚至只多不少。

人生的缘分真是说不清,道不明。

"大旗手"牛大叶,把他从中国广州用低价买来的粤剧演员们(实际上是粤剧学员)分别以高价卖给新加坡的一些剧团老板,马师曾被"倒卖"到庆维新剧团。

而凑巧的是,马师曾与庆维新剧团同庚,二者都是1900年出生。

光绪二十六年(1900年),可谓新加坡的"戏剧年",一连诞生了"四大戏院"——庆维新戏院、庆新平戏院、怡园戏院和梨春园戏院。

仿佛前缘已定,与"庆维新戏院"同年出生的马师曾,在他18岁的时候来到这个戏院举行一场隆重、庄严的人生典礼——成人礼。

在这个仪式上,人们将会看到他的成年人生的起点,就是大戏院,就是粤剧舞台,就是粤剧演唱……

而他作为职业演员的粤剧生涯也从此正式开始,大幕拉开,就不再落幕,因为他的戏剧人生实在是太过精彩,早先是戏迷们看不够,如今是读者们看不够……

这出至关重要的粤剧人生的开场戏,留给马师曾的准备时间只有短短的三天。

年轻人啊,当你还青葱懵懂、不谙世事的时候,就要好好地贮备能量、做好准备，那个叫作"命运"的女神，也不知她何时会心血来潮，在你毫无预感或毫无防备的情况下，点着名要你登场亮相，其结果是——要么你精彩亮眼，要么你慌乱出丑。

1918年4月2日，正是马师曾的18岁生日。

这一晚的星洲，夜幕中星光格外灿烂，像是在为中国剧坛一颗新星的升起而庆贺，也为他的生辰而高唱赞歌。

他正式出演了自己漫长粤剧生涯的第一出戏——《六国封相》。

戏中，他被分派以马旦的角色登场。虽然老大不情愿，与他签订的丑生合同有些出入，戏路两岔，却也还算初试过关。"花满企堂"的台步像模像样，一改登台表演粤剧的初衷。

传统粤剧戏班的行话是——"朝廷论爵，戏班论位"。

戏班中，等级、序列森严。

说的也是，就连宋代梁山泊好汉还要讲究个"座次"呢。

20世纪初叶，粤剧中有"海报十二类行当"，是指城市戏院演出时，刊登在海报上的角色。其中，并没有马旦一说。那时因为马旦在行当中属于"杂类"，扮演宫女、仙女之类，相当于走过场的群众演员，没有唱词，也无须念白，动作难度不大，一般是初入行的演员所为。

例如，马师曾这次出演的《六国封相》，在程序化的"胭脂马"表演中，只是做做骑马的样子，身段、台步讲究一些即可。当粤剧迫于电影等新兴艺术冲击而压缩编制，将众多行当缩减为"六柱制（文武生、正印花旦、小生、二帮花旦、武生、丑生）"时，也就不见了马旦这一角色称谓。

马师曾不喜欢扮马旦，他不甘于做一个无足轻重的配角，他要在舞台上表现自己，张扬个性，施展才华。这是他的天性决定的。对于像他这样雄心万丈的年轻人来说，活着，就是一个目的——追求卓越。

一连数日，戏是演了，但是总跑龙套谁受得了？

18岁，是一个喜欢交友、容易交友的年龄。

这个年龄的男孩、女孩，真可以说见面就是朋友。因为他们有着同样的年龄，同样的好奇心和求知欲，同样的生命活力与激情，因荷尔蒙过剩而具有同样的冒险精神和牺牲精神，而闯荡世界、成就自我所必需的无私品格也在自觉和不自觉地锻造着……

在戏班里，马师曾就毫不费力地找到一位铁哥们儿，外号叫作"小生全"的同龄"老演员"。

一天，"小生全"一脑门官司，急匆匆找到马师曾求助：

"你从大广州来，一定读过几天书吧？能帮我写一封信吗？这可是有关我一生的大事！"

马师曾没二话，一口答应：

"写一封信算什么？还值得你这么夸张！怎么就成了影响你一生的大事？快快拿笔来！"

"小生全"满脸放晴，立马笔墨伺候，笑嘻嘻地说：

"这可是一封情书啊，你得写得有文采，特煽情。让女孩子读了就再也放不下我，这辈子就跟定我了，天涯海角，万死不辞……起码得有这个效果。你行吗？"

"怎么，看不出啊，'小生全'！你还这么浪漫呀？二武生了不得，一心想抱得美人归啊……"

"小生全"向马师曾如实招供：

"我这事，谁也不知道。你是一个新来乍到的外来人，反倒让我信得过。看你面相，也还端端正正，不会太离谱。我爱上一个书香之家的小女儿，她还在上中学，常和她爸爸妈妈来看戏。她不看别人，不看一号武生，专看我这二武生。就是我不太识字，才求你写信。"

马师曾就不解了，赶忙问：

"有话直说，去找女学生面谈呀！写信、寄信又麻烦又耽误时间，干吗这么啰唆，直接去约她出来，把心里话都吐出来……"

"小生全"垂头丧气：

"我们没少见面，可现在她不见我了！她说是她父母不让她理我。还说给她找个家世体面的书生，诗礼传家！对了，还说唱戏的男孩儿都不愿意读书，不然怎么会堕落到走江湖，进戏班？——你听听，这是什么话！多么不把咱们放在眼里？看戏时，他们那么享受、那么舒服，怎么不说看着我二武生别扭呢？有本事，别来给我捧场、鼓掌，别搭理我，别来戏院买戏票呀！还有更过分的话呢,她老妈嘴最狠。看到她女儿和我在海边玩耍,就发火了。喝令她与我绝交,说什么——'别看大武生、小武生,都是台上风光,台下窝囊!会念曲词,不会写字'!我一时心急,怕失去她,就拍胸脯说大话。我说:'虽说我读书不多,可我也不是白字先生!我文笔还不错呢!诗词歌赋,也知道不少……'她本来就受她爸妈影响,怎么约她,她也不出来,还嘲笑我,说有本事就写一封信,想看看我能认多少字……这可真难住我了!"

听到这儿,马师曾把刚刚拿起的笔又放下了:

"这可不行!这不是骗人吗?糊弄人家大家闺秀!别人不知道,我还不清楚吗?你就会那么几句台词、念白,说到文章、辞赋,你可是真不通,也真不会呀!我不写……不管写……"

"小生全"急得抓耳挠腮,急得快哭了:

马师曾(饰演屈原)、红线女(饰演婵娟)演出粤剧《屈原》。战国时期楚怀王忽视强秦的侵吞野心,拒绝屈原忠心谏言,被放逐的屈原投江殉国。1958年,马师曾编写排练粤剧《屈原》,具有强烈的时代意义,其后在小范围内做汇报演出  (红线女艺术中心供图)

## 第七章　18 岁闯荡南洋

"什么骗人？要说是骗人，也是我，不是你！你的小老弟——我，容易吗？我们家里孩子多，不可能让每个孩子念书。再说，我老爹早就知道我心上长草，不是读书的苗子，他说得对呀，'多一个不会念书的，就耽误了一个放猪的'。他老人家心疼猪，赛过心疼儿子！"

——听到这里，扑哧一声，马师曾被"小生全"给逗乐了。

看到事情有缓，有商量，"小生全"就更加来了精神，鼓动三寸不烂之舌，大打兄弟一场的感情牌：

"你还没有谈情说爱，哪里懂得我的军情吃紧！你知道——情场如战场！我那个她，她身边总围着好几个酸文假醋的白面书生，长得文文静静，像你，总向她大献殷勤。我的竞争对手不少，敌强我弱，战事正酣。先人有言，兵不厌诈！难道你不想帮帮我？"

几句话，说得马师曾心也软了：

"好吧！不就是嫌弃没文化吗！你那个——她，她叫什么名字？我给你露一手！我们出一奇兵，一招制胜！"

"小生全"这个二武生一高兴，变成了满脸堆笑的"丑生"。他也颇有眼力见儿！4月的新加坡已经很热，他拿来一条湿毛巾给马师曾擦汗，又奉上一盏香茶给这"大恩人"。然后，才恭恭敬敬地小声说：

"她叫梅香。"

不一会儿，毛巾未干，茶盏未凉，一封满纸戏剧《西厢记》中张生语气、情调，且意绵绵、情拳拳、火辣辣的求爱信已经写好。

"小生全"读完，不觉喜上眉梢。

信尾，附有一枚情感的重磅炸弹，能把闺房小姐炸昏。那是一首表白浓浓爱慕之情的藏头诗，标题是——"小生全非梅香谁也不娶"：

小雨知春三月来，
生生不息百花开。
全世界上寻一遍，
非你无人是乖乖。
梅枝雪片同清爽，

香溢酒窝挂两腮。
谁说戏子没文化,
也能赋诗赛李白。
不有精诚开金石,
娶得娇妻赴蓬莱。

"小生全"好生念了一遍又一遍,摇头晃脑,连连叫好:

"别看我不会写诗,我可会评诗啊!一开头,这'小雨知春'就有味道,我记得戏词:'常时车马之客,旧,雨来;今,雨不来。''旧雨'是老友的意思。那么'小雨'就是说,我和她已经是老友。'梅枝雪片'也好!是在说她身姿瘦弱,玉洁冰清。'香溢酒窝'就更形象了,四个字就能把人灌醉。结尾说'赴蓬莱',那是人间仙境啊!你看,这首诗的左边——藏头;后边——押韵;中间——内容扣题,写人写情。好诗,好诗……"

"小生全"从小在戏班浸淫,背诵过许多戏词,还有剧本中比较讲究的韵文,尽管他自己不会吟诗作赋,却还有些鉴赏眼光,所以说得头头是道。说完了,还不忘表达感激之情:

"你这个朋友,我认定了。将来,你有事,可别瞒着我!如果你也认我做朋友,你就不要和我客气。你的事,就是我的事!"

——有了这样有文采的兄弟出手相助,"小生全"解了燃眉之急。

俗话说得好,救急不救穷。马师曾特意叮嘱"小生全":

"私下里,你要赶紧多买几本书,恶补一下文化知识。一定要赶在'老底'被揭穿之前,让自己的文字水平大致与这封求爱信相称。否则,一旦让梅香知道实情,定会凶多吉少,前功尽弃。"

"小生全"当然知道轻重。他连连点头,发誓从此发奋读书,要效法当年东汉末年三国时期的东吴大将吕蒙,以勤补拙,笃志力学。再不做吴下阿蒙,让人耻笑。

脑子灵活的"小生全"心想:

既然,发现了一块宝贝金子,何不充分利用,别让它浪费呀!

本来"小生全"就想着在剧团巩固自己的地位,总想露一手,贡献个新剧本给戏班,关键是他拿来戏本,他就有权利演个好角色。于是,他求马师曾帮助他实现这个愿望,后者一口答应,了了他一个愿。

在那个年代,年纪轻轻的粤剧演员,又有几个读过书呢,大多都是大字不识几个的穷孩子,实在找不到出路才寄身梨园,混口饭吃。

时间一长,戏班的人,都知道马师曾文笔了得,且善书法,具有"教书先生"的才具却做着"粤剧伶人"的美梦。

"小生全"实在太仰慕、太佩服有文化、通文墨、懂诗词的马师曾了。这新来的伙伴,可是他从来未遇的不穿长衫的"大先生"!

眼见"大先生"每天晚上在戏台上扮演一个"小角色",不光马师曾本人,就连戏班其他人也感到身份错位,大材小用。

"小生全"忍不住对马师曾说:

"你可是一个大人物啊,你和我们不一样,满腹诗书,一开口就透着文气。干吗在这戏班混呢,你应该是个教书先生才对!"

年岁更大一些的演员也好心劝说:

"做戏,是我们这些江湖人干的事,可不是你这样的斯文人该做的。读书人自有发达的职业,你有才学,就该在学界谋个职位,远比卖面相、卖身段、卖嗓子强得多……这戏班里的水有多深,你哪里知道……大鱼吃小鱼,小鱼吃虾米,虾米吃滋泥……"

说得马师曾有点儿犯蒙,脖颈子冒凉气。

他除了粤剧嗜好,也的确有另一打算。

"我有一个发小,名叫陶哲臣。我们俩是广州的小学同学,前些年,他跟随父母迁居新加坡。我很想去找他,听说他是一所小学校的校长。也许,我能在他那里教书,当个教书匠也不错啊!只是我脱不了身,我卖身契在人家手里攥着!'大旗手'牛大叶放不过我,挣够了钱赎身还可以,那得等到猴年马月?"马师曾一边自言自语地念叨,一边唉声叹气。

"小生全"是新加坡的华裔,在此地居住已久。虽说不算太富裕,但是,从艺多日,多少也有些积蓄。他对刚刚结交的兄弟马师曾,以亲兄弟相待,慨然相助,掏出一大沓新加坡现钞,真诚说道:

"大丈夫在世,一分钱难倒英雄汉!我先前,你都看到了,也曾犯难,真正体会一个子儿难倒英雄汉的滋味。我们两人可算是同病相怜，患难与共啊。我这里能拿出的钱不多，却也足够给你赎身。剩下的零钱，你置办一身像样的衣服，到学校当老师要穿着得体呀！再买一个皮箱，打点行装、物件……"

马师曾眼含泪花，收好救命赎身的钱款。

他用手拍了拍"小生全"的肩膀，什么也没有说，又好像什么都说了。

——这就是男人和男人的交往，一切尽在不言中。

## 马鼎盛·旁述

历史充满着偶然性，书香门第少爷沦落到"卖猪崽"跑龙套。同时也存在必然性；泱泱大中华落魄到同小邦签订不平等条约，马师曾可算与祖国同甘共苦。

东西方的风俗习惯千差万别，本来是全世界人类发展的常态。可恨的是当局将自己的风俗强加于中国人，如港英政府立法，禁止在街巷"倒提家禽"。我们唐人去街市买活鸡回家，不就是用水草扎起鸡脚倒拎着回家吗？我们小时候有鸡吃可是逢年过节拜祖先的大日子，拎两只鸡贴上红纸那是办喜事咯。那鸡也规规矩矩不会挣扎不乱叫，洋大人操的哪份心呢！父亲最不接受的是当局的征服者心态，说你自由平等博爱没有问题，所谓人道主义泽及动物也无可厚非；但是英国皇室垄断猎鹿专利，以猎狐为贵族高尚游艺，甚至将香港新界的华南虎赶尽杀绝，还当我们本地人是不开化的野蛮人。听得大家开心，爸爸再来一个西洋人买甘蔗笑话，游客问："How much？"香港小贩也懂几句洋泾浜，但是不知道英文没有量词，只好答"Ten sents one 碌（谐音'look'）"，洋人一听，丢下10仙硬币就跑，他不敢再"look"。

爸爸在新加坡认识个魔术师，跟他握个手，爸爸的金表就不翼而飞。说是没有留意，人家让你重新戴上，甚至往上撸紧了，全神贯注再来握手，劳力士丢了毫无知觉。父亲学他的手指技术，把小杂技用在舞台上，一顶礼帽耍起来得心应手，随便一抛飞挂一丈开外的衣帽架，塑造风流倜傥的公子哥儿。南洋盛行"国技"麻将，爸爸见识过高手不看牌，也不砌牌，打乱章，等到和牌时一翻，让输家慢慢去算。所谓不看自家看三家，何止一心二用。

## 第七章　18岁闯荡南洋

父亲晚年患喉癌，同亲友打个小麻将消遣，在北京的连襟钟元昭是常客，他们早在香港时期就很熟。这个五姨丈是福建大家子弟，少年负笈东洋，通俄文、英语，是桥牌高手。侥幸逃过"反右倾"运动，卜居东郊三元里。当年文化部的司机对一片"大跃进"楼盘不熟要我带路。父亲步履艰难爬上楼梯，进门打趣说："四哥，你搬到咁远系唔系避朋友？"我不明白五姨丈是邝家五女婿，怎么又叫四哥？如果不按连襟的辈分称呼，父亲年长钟家老四17岁，这哥字何来？爸爸临终前晚还打麻将，手风顺畅精神不差。翌日突发心脏病，送近在咫尺的同仁医院抢救不治。父亲患喉癌医治经年，最终是死于心脏病。

母亲对我打扑克管束甚严，小学三年级的最后一次体罚就是扑克牌招灾。"文化大革命"后母亲有一段精神压抑时期，找来一副麻将排解郁闷，和三个子女开台。哥哥经商有年，麻将搓得入型入格，喜欢打英雄牌，高歌奋进，不大顾家。母亲说："你学赌神周润发？那是拍电影。"姐姐平时不怎么打牌，只是看准妈妈叫胡马上送章，得到嘉许，"明明（马淑明）乖起来都几识做。"我为了入门，买了本《麻雀须知》，逮空和一把冷门小牌。母亲评价我："拉拉杂杂，广东牌、上海牌、台湾牌什么也叫和。"我凑趣说，还有东北牌，"中、发、白"也算一坎，可以碰，不许上。妈妈笑笑指着我们说，你们三个也算"中、发、白"？"家姐是名正言顺的红中，红虹嘛。哥哥发财，下海多年了，"我两手一翻说，"小弟是一穷二白呀。"姐姐撇嘴说："你早就是业主了，姑奶奶我还是租客，穷什么呀你。"哥哥接着说："加拿大的亲友都说我沾了弟弟光，你红过太平洋啦。"妈妈望着五十上下的儿女道："马师曾、红线女都是白手起家。"

其实早年我也问过爸爸："妈妈打牌厉害吗？""她哪有时间打，有时要陪那些太太，输得多。"日本人在牌桌选女婿，官商勾结开台起承转合，人生如戏，如牌戏。我的牌技不入流，人际关系也不及格。

我们父子同南洋有极深的渊源。父亲混迹新加坡、马来亚各埠四个年头，历尽人间沧桑，含辛茹苦，岂止是"苦其心志，劳其筋骨，饿其体肤，空乏其身，行拂乱其所为"，百炼成钢，终于出头。父亲从30元新加坡币身价被人买来卖去的剧团杂役，到以"声震南洋七州府著名丑生"进军广州，迈出振兴粤剧的万里长征第一步。我则以香港民间军事评论员被特邀为广东省政协委员，我争取八次大会发言及历次港澳联组、小组发言，紧扣南海相关的议题，反复强调海洋国土对于中国国防的必要性。

# 第八章
## 做教师『一脚踢』
DIBAZHANG

马师曾,来到驻扎新加坡的一家广东会馆,打听同乡陶哲臣的消息。

很快,马师曾就找到了小学同窗陶哲臣所在的小学校。

这是一家私立小学——畲街进取学校。

陶哲臣未及弱冠,却担任了校长一职,那时的年轻人全都早熟。否则,十八九岁的孩子怎么可以担此重任。而且,在当时这还真不算什么新鲜事。18岁的企业家、18岁的将军、18岁的总编辑、18岁的名演员……全都不让人感到惊讶,20世纪是一个18岁当家做主的世纪!

对于马师曾来说,天掉馅饼砸脑壳,人生中的幸运总是躲也躲不过。

千里万里辞乡远游;一朝一夕得遇发小。

陶哲臣一身笔挺白色西装,一顶遮阳帽,还配一副黑边眼镜,俨然绅士派头。见到发小自是喜不自禁,寻一家上等餐厅,好好地款待了一番小学最要好的同学。

二人多年不见,有说不完的话。主人殷勤,斟酒满满:

"快尝尝这道菜!这是本地最有名的美食——鸡肉沙爹!"

马师曾一脸疑惑:"'鸡肉'就'鸡肉',还'沙爹'?你没开玩笑吧?怎么能随便叫'爹'?"

陶哲臣笑了:

"你怎么还是改不了'老学究'的毛病。我们当时叫你'老学究'真没错!较什么真儿呢?!咬文嚼字的!人家新加坡人愿意叫'爹',就叫'爹'。其实,这是引进新加坡的马来西亚名菜!香香的炭烤鸡串,搭配爽口、开胃的黄

一表斯文的马师曾

瓜、洋葱，再浇上一点儿精心调制的黄梨花生酱。太可口，也太馋人！"

马师曾指着另一盘菜问：

"这又是谁家的'爹'呢？"

"咖喱鱼头！印度人的做法！香辣口味！不香不辣，不辣不香；越香越辣，越辣越香。今天，这里的石斑鱼卖没了，我们只好吃红鲷鱼头了。"

"深海红鲷，可是名贵的鱼！那不是更好吗！更好！红红火火，有头有脸，说的是你，说的是我。"

"来，干一杯！祝我们星洲相会！"

"祝重逢！""祝重逢！"

眼见一桌丰盛酒席，马师曾有些过意不去：

"只是让你太破费了！"

陶同学不以为意：

"哪里哪里，虽说我不算富裕，不闻古语'自奉必须俭约，宴客切勿流连'！"

"这么说，你还是把我当外人了！我算是什么客人，我俩可是同学！发小！你是光说上句，没有说下句。古人还说：'饮食约而精，园蔬愈珍馐。'你看看你点的这么多山珍海味！"

"对，对，同学！老友！你说得都对！我说不过你！"

两人开怀大笑：

"好好，为我们南洋相会干杯！"

"干杯！"

马师曾见老友心切，竟然忘了和庆维新剧团打招呼。

天色已晚，干脆就听从老同学陶哲臣的劝说，在他家留宿。

但见同窗所住的房屋高大，亭轩宽敞，不像剧团宿舍那样狭小、拥挤。这时，还管他什么"维新"不"维新"，"剧团"不"剧团"；也不管什么"六国"不"六国"，"封相"不"封相"了。陶兄的妻子为万里来客安排好床铺，还准许她的夫君多陪陪天涯孤客，让他们两个发小再多多叙旧。

他们又喝了些酒，聊天继续……

最终，两人做出了一个重要决定：

马师曾改换"行头",脱离戏班和舞台,做一个教书匠。就在陶哲臣当校长的这个学校——畲街进取小学教课。

新加坡小学上课有华文课本,新任教员马师曾甚至无须备课。

况且,当时,这里的小学校最欢迎能够"一脚踢"的教师,那就是"万金油",既能够教学生语文、历史、地理等基础课,又能够兼任体育、音乐、美术老师。这样的教师一专多能,一身多任,能给私立学校节省开支。而办学并不赚钱,尤其是开办小学,顶多算是小买卖,至少不如当地的橡胶种植业、稀有金属业、旅游餐饮业。

走马上任。

马师曾当了三个多月的孩子王。

孩子们倒也听话。老师不算严厉,在课余和学生们有说有笑。师生相处,其乐融融。

班里的学生,大多是华人子弟,汉语教学也就成为重要课程。这时,马师曾从小跟曾叔祖马桢榆学习传统国学打下的扎实基础,派上了用场。

马师曾拿出了自己祖传的汉语"秘方",自编自写小学语文讲义,每天给孩子们讲一首语言浅显、通俗易懂的古诗,正好凑足了一小本中国汉语古诗小学读物,共计100首诗,书名曰——《小学生古诗必读100首》。

——正当如此尽职尽责的马老师讲到第100首古诗的时候,小学的暑期到了,学生们该放假回家了。

一个不好的消息来了。

长期以来,畲街进取学校经营不善,经费总是入不敷出。

校长陶哲臣和妻子早有"关门"的打算,如今另有高就,即将离开新加坡。

陶哲臣对马师曾说:

"老弟,你怎样打算呢?要不,这个学校由你接管?"

马师曾说:

"这么个摊子,你都弄不好,我哪行?你别管我,要走就走吧!"

万般无奈之下,马师曾只好再去庆维新戏院探班。再去找慨然散金、为自己赎身的好兄弟"小生全"。

人活天地间,做事莫拘泥。

## 第八章 做教师"一脚踢"

尽管古训说得明明白白，什么"凡事当留余地，得意不宜再往"之类，恐怕是当事人没有体味过山穷水尽的滋味。

再见"小生全"，马师曾有些尴尬，有点儿"败走麦城"的羞怯。

虽然学校关门不是他能够左右，但是想当教书先生、想脱离梨园行当，确定无疑——是他自己三个多月前的想法和决定。

人家"小生全"还是"小生全"，又见好友欣喜若狂！他看出马师曾的心事，就笑哈哈地说天说地，并若无其事地调侃：

"我没有诸葛孔明的脑子，没有他那么能掐会算，可我就知道你会回来！你是想我啦，对不对？"

马师曾知道"小生全"在给自己台阶下，也就领情，接茬儿说：

"是呀！能不想你吗？没有你，就没有我的自由身！我是一个老黑奴，你就是美国总统林肯！"

俗话说得好，"天无绝人之路"。

万事谁能料？人有稀世福。

算是马师曾交到真朋友，又是仗义的"小生全"为他解了难，找到个粤剧班演小生的差事。

文冬埠，这个华侨聚居的小市镇，是一个丘陵地带。

那里的矿工很多，全都是粤剧的拥趸。一个名叫"尧天彩"的剧团正在招聘小生演员。虽是第三号小生，座次低一些，也还是个挺不错的营生。至少有吃有住有补贴。

在"小生全"的大力推荐下，马师曾顺利地与剧团签了合同。

临行前，马师曾的心里七上八下，好不安生！

他知道自己什么都不会，来到新加坡后，总共登台演过两三晚马旦的角色。台步都没走顺，曲调也没记熟。至于小生的戏，那就更是擀面杖吹火——一窍不通！压根儿就没学过！签了合同就得上台表演，那可不是闹着玩的！

"小生全"想得周全，他给马师曾一人办了个"小生强化训练班"。总计也就是三天"培训"时间。

听说马兄在唐山（不是国内河北唐山，而是指中国，华侨称祖国为大唐江山，所以叫"唐山"）吊了几天嗓子，"小生全"就让他喊两嗓子，喊什么都行。

马师曾气运丹田,铆足了劲儿,大喊大唱了几句。他的看家本领也就这几句——

> 一品翰林宫院,
> 许多吏部文章。
> 上奏龙颜大悦,
> 赏赐黄金万两……

——前面两句是在广州跟戏班师父学的,后面两句是自己临时胡诌的。

没想到,"小生全"一听,高兴得直鼓掌。大加赞赏不说,还笃定马兄日后会红得发紫,名满天下:

"你的声音好得很哪!不得满堂彩才怪!什么样的角色担当不起!让我先教你两度'散手'招数,保管你登台不会'撞板'!"

马师曾学会了《大贺寿》等几出戏的关键场次中的主要段落,主要是掌握小生表演的台步和唱词。而第三小生一般都是扮演"雪楼书童""太子下渔舟"等陪衬角色,唱、念、做、打的程序清晰、套路分明,因为戏份不重,学也不难。

细心的"小生全"还额外地教会他《游花园》的唱段,以备万一。万一上演观众看好的折子戏《西厢记》,需要扮演公子的第三小生在游花园遇美人时,也能从容应对。

三天,仅仅三天。三天不短,能做许多事情!

马师曾与尧天彩剧团签订合同,原本月薪32元,薪酬已经不少。

但是,后来的加码全靠"小生全"的极力推荐:

"这位马师曾先生可是大才子,大陆戏班都称呼他为'文学家'!不光会唱戏、能演小生,还是兼做'师爷'!人家自编了华文课本。自己也能吟诗作词!更写得一手好毛笔字呢,写个剧本、唱段也行……"

一听这来头,是个大人物啊!

尧天彩剧团老板、班主简直乐坏了。

这不是正和了剧团"天彩"的大名,无意之中,中了一个天大的大彩吗?

## 第八章 做教师"一脚踢"

——于是,人还没到,再加2元,月薪就变成了34元。

去剧团报到时,马师曾突然发现自己还没有戏装。

几个月黑板加粉笔的生涯,已经让他落得"清苦"二字,一文不名,再置办两套像样的戏服谈何容易。

他的踌躇犹豫,早让"小生全"看在眼里。当初马兄代笔吟诗,让自己抱得美人归的幸福感,使他那救人救到底,送佛送到西的慈悲心再度爆棚。就再掏腰包购置了一件小生戏袍、一对小生靴、大小两条毛巾……件件是估衣店里的二手货,却也不显陈旧,很拿得出手。

马师曾将衣物全都塞进自己的一只破皮箱,衣服不多,是因为这里一年四季平均温度,总是保持在23至34摄氏度之间,只穿一身单衣即可。

梅兰芳(左三)成名比马师曾(右一)早很多,1916年第三次南下演新戏《黛玉葬花》等,连唱45天。1919年应日本帝国剧场邀请,同"喜群社"访日,到东京、大阪、神户等地演出,闻名遐迩。图为1960年"全国表演艺术研究班",梅兰芳、马师曾任导师,学员包括红线女(前排右三)等年轻名演员 (红线女艺术中心供图)

他搭乘一辆汽车，赶往文冬埠的剧团。但见沿途植被丰富，风光旖旎，中式亭台楼阁与欧洲式花园交相辉映，错落有致。海上帆樯林立，岸边绿草茵茵，不时有野生动物出没，而名花异卉更是鲜艳。直让人不错眼珠，只觉心旷神怡。

滨海的一座山峦之上，东西两尊海口炮台巍峨雄壮，算是从海上眺望星洲的标志性建筑。驻守的英军士兵持枪而立，大不列颠王国蓝底红白相间的"米"字国旗甚是招摇。

自19世纪60年代新加坡成为英国殖民地以来，这里的道路交通已经非常现代化。代步工具五花八门——有帆船、小艇，有马车、牛车，也有手推车和自行车、摩托车和小汽车……自来水管通到各个城镇街区，煤气灯则把夜晚的街市照得通亮。城市街道上，随处可见不少西式医院、银行、教堂、博物馆、图书馆、动物园、植物园、影剧院、邮电局和棒球场……

当地不乏经营广东风味饮食的酒楼，其间的酒品可谓中西合璧，既有岭南的糯米酒、江浙一带的绍兴酒，也有法国香槟、白兰地以及英国的威士忌……其时，害人的鸦片烟同样在这里大有销路。那些洋车夫十有八九是瘾君子，他们将辛辛苦苦挣来的血汗钱用以自戕。当然，各个城市都有一些专门上演中国地方戏的剧院，主要演出粤剧，也有闽剧和潮剧。

马师曾来到尧天彩剧团。他给自己起了个艺名——"风华子"，意思是"风花雪月，才子多情"。

剧团里的人，个个名字好奇怪，要么像日本人名字，要么像韩国人名字，就是不像中国人名字。班主是小武，名叫"英雄信"，其妻子是正印花旦，人称"扬州妹"。女小生大号"新太子友"，男二小生名曰"小生贞"，公脚子（末角，专演白须白发的唱功戏）叫作"牙达"，丑生绰号"婆嬭（粤语上年纪的女人）良"……

戏班同人大多是认字不多、科班出身的江湖艺人。

一个月来，每晚演出的剧目，既有传统的旧戏如《江湖十八本》之类，也有当时较为流行的剧作《六国封相》《八仙贺寿》《天姬送子》等，再加上一些观众爱看的连本戏《东周列国演义》《三国演义》《封神榜》……

"风华子"作为第三小生，尽管天天亮相，在舞台上晃悠几下，但毕竟戏太少，难给观众留下深刻印象。这就像一个合唱演员天天亮嗓，却到底不如独唱演员一经引吭就获得千人瞩目、万人欣赏。

世界上，每一个天赋异禀的人，在人生路上沉寂的时间都不会太长。

这一天，西天的云霞格外火红、明亮，雨后的山峦万木滴翠，好像是有贵客临门。

真是这样！广州粤剧名流"老新华"走访新加坡，莅临文冬埠。

他的到来给了马师曾一个崭露头角的机会和来自观众的认可。

按照一般老旧的戏行规矩，已经成名的戏剧大老倌（今天叫大咖）到访，剧团要让出一两场戏给大老倌来演。这是基于两种考虑：一是借助大老倌的名望来"旺台"，也就是撑场子；二是借机封个"大礼包"给大老倌（羊毛出在羊身上），以表示江湖义气。

大老倌"老新华"点着名要唱粤剧传统名剧《苏武牧羊》，这是他自己编剧自己主演的拿手戏。其中的唱词十分讲究，显示出相当的文学功底：

> 苏子卿，苏子卿，
> 困在那匈奴北海边，
> 冰天雪地，将廿年。
> 忘不了锦绣，山川。
> 我朝也思，我暮也想，
> 我的好祖国，你常在我的梦魂巅。
> …………
> 谁料秋复秋，年复年，
> 雁来雁去，徒令我望眼，将穿。
> 你是有心，抑无意，
> 雁呀你惯学洪乔，辜负了相思，不浅。
> 何以十九年，消息断，
> 唉！等同异世，此身如隔，云天。
> 莫非是，我同胞，当我在匈奴，遇险。
> 莫非是，当我苏子卿，尸骨，无存。

疑我死，疑我亡，疑我失德，叛变。

因此上，不来理会，视我作缥缈，轻烟。

第三小生马师曾，在这出戏中饰演"猩猩子"。

但他戏龄太短，所学不多，又非科班出身，对许多曲调和唱段都很陌生。

他自己是一个生手、菜鸟，而与他同台对唱的却是粤剧名伶。

剧中的"猩猩子"，习惯上总是演唱"乱弹（一种曲调）"，他哪里会唱啊，真是急煞人！

眼看《苏武牧羊》就要开演了，"风华子"还没有找到调门。无奈之下，情急之中，他只好硬着头皮开口，向前辈"老新华"请教"乱弹"唱法。并匆匆忙忙地学了一遍曲词，就随着锣鼓点儿，粉墨登场了……

或许是他真有些本事，才敢凭借急就章式的讨教而做戏；或许是他灵性过人，过目不忘，才能闯过这样的难关。

总之，当他饰演的剧中小人物"猩猩子"一亮嗓，只一句"孝敬只因从父命"，就博得满堂彩。观众对这位初来乍到的年轻演员"风华子"开始好奇，只见他看似新手又不像新手，功架沉稳，唱腔饱满，动作利索，吐字清晰。就这样丝丝入扣、阵脚不乱地把一整场戏演了下来。

台下的人们窃窃私语：

"这'风华子'是哪儿来的？还真有模有样！"

"听说是从广东来的，岁数不大，也就十八九岁，是一块唱戏的好材料！"

主演大老倌"老新华"也对他大加褒奖，说他聪明伶俐，孺子可教。

马师曾得到这样的夸赞，也受宠若惊，一再表示要向粤剧老前辈多多请教。

失败太多会成为习惯，成功不少会引来成功。

这次，金宝埠的"庆维新剧团"的掌门人姓崔名贤，诨号"盲公贤"，就看中了这个"风华子"的能力和才华。仅从这一点看，"盲公贤"先生可是一点儿都不"盲"，而是心明眼亮。

老板崔贤，我们就叫他"盲公贤"吧，他来文冬埠延请演员加盟，甫一露面，就被"尧天彩剧团"的一张商业海报惊着了，墨迹未干而字体遒劲：

"这是谁的大手笔呀？大字竟然写得这样有筋有骨有力度，既潇洒又得体，一看就有功底，好字！好字！好字！"

"盲公贤"一连说了三遍"好字"，也就忘了他来干吗了。好像他不是来招聘演员，而是来聘请一位书法家。

戏班主"盲公贤"非常喜欢招贤纳才，一打听，这写海报的人，原来是第三小生"风华子"，就不再多说什么，马上邀请他加入自己的团队——金宝埠"庆维新剧团"。

通文墨、善书法，这事放在中国算不了什么，可在星洲就大不一样了，尤其是在戏班就更属凤毛麟角。马师曾——第三小生，仅仅凭借书法功夫，就坐上粤剧剧团第一或第二小生的席位。

## 马鼎盛·旁述

马师曾教书，可谓书生本色，家学渊源。新加坡的华人社会，同祖国同声共气，息息相关。不过命运安排他入戏行，踏上"学而优"的人生路。我中学的志愿是人民教师，成人后上讲堂乐此不疲。

马师曾的一方闲章"学而优"，阳文。这应该是抗日战争胜利时刻，老马的连襟叶思永送的纪念品。子修是他的别字，伯鲁则是马师曾别字。父亲对我解释这并非"学而优则仕"的意思。书香门第的马师曾本是莘莘学子之一员，身处山河破碎风飘絮的时代，造化弄人沦落梨园。旧社会优伶之辈是下九流，《红楼梦》中晴雯"心比天高身为下贱"，马师曾则是"位卑未敢忘忧国"，他所唱所编的粤剧，时刻不忘忧国忧民，兼知劝惩之义。有机会步入教坛，马师曾一展胸中才学。马鼎盛中学时被母亲批评好为人师，成人后一登讲堂则全情投入乐在其中。在中小学阶段，"自由散漫"是前后五六位班主任对我的共识，加入少年先锋队难于上青天，一直到五年级最后一天才勉勉强强戴上红领巾，见到爸爸忙不迭地炫耀。当时得意忘形，少先队辅导员建议唯一的新队员给大家讲个故事，我顺口就是"文若虚遇巧洞庭红"，全班同学听得津津有味，辅导员表扬说，马鼎盛能看《初刻拍案惊奇》，这是高中的课外读物。说到这里，哥哥哼一声说"贪天之功"。我那时不过看看《西游记》

闲章"学而优"

《水浒传》和《三国演义》,"三言二拍"的故事从小听父亲讲不少。在中队会上我得到鼓励就像脱缰之马,把《说岳全传》《杨家将演义》《东周列国志》和《克雷洛夫寓言》的精彩片段和盘托出,一口气讲到吃晚饭。爸爸先列举我有记性、不怯场、有点儿口才,然后教训我:说话是给人家听的,你一下子讲这么多,同学们都愿意听吗?二十多年后我有机会登上讲台,无论是几百人的图书馆、大学阶梯教室、香港大会堂、省人大会场、警方学习班还是几十人的"狮子会"聚餐,甚至仅仅有几个听众的澳门文化讲座,我事先都会征求主办方意见,务求"看人下菜";开讲期间不忘察言观色,鼓励观众互动,牢记父亲的秘诀:听众是上帝,不是填鸭。

马鼎盛的军事讲座。秉承父亲爱国主义精神,马鼎盛一直关注国防建设,同有识之士探讨中国的国防策略,与广大观众、听众和读者一起分享国防知识

# 第九章 太平间诈尸案

俗话说"水涨船高",人世浮沉亦如此。

金宝埠"庆维新剧团"的演员阵容相当不错,他们大多具有多年戏龄,唱做俱佳,这也让"风华子"能多与高手切磋、过招,从而多长见识和本事。

其正印小生——"风情郁",正好与马师曾的艺名"风华子"形成一种排行关系;正印花旦——银飞凤,也是从广东来淘金;第二小生——"风情锦",功夫不让头名;二帮花旦——仙花明,则是"风情郁"之妻;还有大花面——曹操耀,二花面——大牛水,武生——声架悦,正印小武——赵云笑,丑生——生鬼操等一干实力派角色。

对于一位刚出道的戏剧演员来说,别人的缺席就是你的机遇。

——其实,各行各业,都是如此。

这晚戏要开场,由名角银飞凤主演的《杜十娘怒沉百宝箱》一剧中,前面说的正印小生"风情郁"和第二小生"风情锦",二人竟然同时病倒,不能出演。

假如临时改换剧目,想必观众会鼓噪闹事。

这让戏班主急火攻心!

万般无奈人生豹胆,走投无路敢出险着。

按照戏行惯例,很少有第三小生代替第二小生乃至正印小生出演。弄不好,第三小生在台上有个闪失或荒腔走板,砸了人家第二小生或正印小生的牌子,你说这罪过该算谁的?!再说,"风华子"入行不算久,戏码也生疏,倘若演得不好,也给整个剧团丢脸呀。可是,梨园界都知道,救场如救火,也只能冒一回险了。班主"盲公贤"令旗一挥,"风华子"领命,饰演剧中头号人物薄幸郎。

"风华子"——马师曾兴奋异常,跃跃欲试。

女主演银飞凤私下担心,"怕他拍档不来",毁了自己的名声;众演员觉得有些荒唐,却慑于班主威势,敢怒不敢言……

银飞凤终于忍不住,揪住"风华子"的衣袖小声问:"你有把握吗?"

"风华子"——马师曾是谁,未来的粤剧泰斗,生来就是个顶好强的人。哪有犹豫、含糊、怯场、筛糠的道理?再说了,没吃过猪肉,还没见过猪跑?小时候没少看戏,也会唱一些经典唱段,其中就包括这出"杜十娘"。他不仅不打磕绊,还脆生生地说:"没问题!"

——说是没问题,还是要格外认真、谨慎地对待。

于是,两人一起,认认真真地蹚了蹚戏路,走了走台,对了对台词和唱词……

此时的"风华子"马师曾之所以能轻易超越梨园侪辈,全在于他少年时代接受的古典文化教育,使他的文化水平和内在修养鹤立鸡群,独步艺苑。他对于戏剧剧本和人物的深刻理解,直接表现在舞台上人物塑造的过程中,表情语言合乎身份,举手投足有根有据,一个不经意的眼神也具有心理层面的含义,不会乱来。

杜十娘是青楼女子,但不是一般的风尘女子,她对绍兴富家公子李甲——薄幸郎的一腔爱恋,具有舍命"豪赌"的意味,却终究拗不过命运的无情,纵身葬入茫茫大海。而薄幸郎的性格与杜十娘的爽朗刚烈截然相反,他在懦弱中有些无奈,也在退缩中有些苟且,因此目光含情而又躲闪,举止文雅而又畏缩……所有这些人物内在感情的微妙之处,都逃不出会演戏人的方寸……

他的扮相没有变,穿的是正印小生——"风情郁"的全套戏装。

但是,他对人物的处理却翻出新意,让观众感到新鲜有趣。他有意使唱曲飘飘忽忽,连同眼神也在蒙蒙眬眬中游离,而肢体语言则以棉絮之轻显得没着没落,用以表现薄幸郎李甲的不可

马师曾早年女装剧照。后来他反串饰演粤剧《拾玉镯》中的"刘大娘",与红线女合作,该剧成为广东粤剧院青年训练班教材

靠、不担当、不靠谱。这样做的效果奇妙，台下一片叫好。

这种台上台下的良好互动，正是戏剧演出的佳境。

原本心情紧张的老板"盲公贤"，面部表情松弛了许多，也跟着观众鼓掌。于是，演唱者也就更加精神，嗓门也好像涂抹了润滑油的金属，那叫一个响亮……

——戏唱罢，马师曾仰天大啸，畅快不已，体验了一回李白"我辈岂是蓬蒿人"的得意。

少年南洋得志，星洲升起粤剧未来之星。

在他自己有点儿趾高气扬时，同戏班伙计们的嫉妒也随之而来，且来势汹汹……

人，有时要为自己的高调行为付出代价。

这次，对马师曾来说代价有些大。

就在班主"盲公贤"为业务前往唐山（中国）的时候，戏班的人发动了一起"政变"。

他们把"破坏戏行规矩"的罪名加在"风华子"马师曾的身上，说他从第三小生在一夜之间升为正印小生，是钻了人家突然患病的空子，乘人之危！这种"越级"犯禁的事情，不可饶恕！且犯了众怒，不得在此从艺！

而闹得最凶的，当然是利益和面子受损最大的正印小生——"风情郁"。他的艺名中的一个"郁"字，本来是指林木丛生的茂盛或满腹经纶的，这时却只剩下一个解释：郁闷！

郁闷和愤懑至极的正印小生在班主不在时，暂时担任戏班班主。

一朝大权在握，他哪能轻饶了"犯上""造反"的异国他乡的无名后生呢。他勒令马师曾卷起铺盖，马上离开！

马师曾被这帮同行排挤，在戏班混不下去，失业在街头，流浪在人间，四顾茫然，不知所措！

此时的马师曾也知道，和尚化缘离不开富人聚居地，流浪汉乞食必须在繁华街区，于是他从这小地方——金宝埠出发，来到大霹雳埠（又称"怡保""坝罗"）找机会。

大霹雳埠确实有一个戏班，马师曾读过戏班演出的海报后，按图索骥，前来找营生，幸遇曾在新加坡"庆维新剧院"同台演出的小生"银牙超"。

## 第九章 太平间诈尸案

那时马师曾演马旦，与其有点头交情。

"银牙超"还认旧人，对马师曾说：

"现在找事做很难！戏班人满为患！要不，你先委屈一下，在这里做一个'挂单和尚'？"

——事到如今，哪还能讨价还价呢，马师曾只能是千恩万谢呀。

外人，恐怕不知道戏班里这点儿事。

所谓"挂单和尚"，就是失群的孤雁或离群的孤狼。您都"挂单"了，意思是说庙里已经没有和尚陪您念经了。放在戏班，就是说没人伴您唱戏，您就扫扫地，倒倒茶，递递毛巾，干些杂务。

打杂的日子很不好过，可以说颜面丢尽。

别人吃完了饭，有剩的，才能轮到你进食，常常是杯盘狼藉下的一些残羹剩饭，要么就是清汤寡水。住呢，你只能住在戏棚下，披星戴月一点不假，碰

马师曾（坐）、红线女演出粤剧《桂枝告状》 （红线女艺术中心供图）

到野狗还有危险。戏班人管这叫作——"朝卷晚铺"。睡觉或休息时,不能阻碍旁人走路,如果太靠近甬道,人家经过时会顺便踢你一下,这还算礼貌,当众呵斥和辱骂你也不稀奇。

然而,即使是"挂单和尚"的日子也过不长久。

还不到一个月的工夫,戏班出去巡演,"银牙超"一挥手和马师曾就拜拜了。

这下,马师曾又流落街头了,只是从金宝埠的街头,挪移到了大霹雳埠的街头。城镇的规模和繁华程度是提高了一些,可是,流浪汉的处境却丝毫没有变好。

一个戏班底层的"挂单和尚",此时变成了地道的乞丐。

十字路口,就是乞丐背负的十字架,假如能把这十字马路立起来的话。

这里过往穿梭的车多人多,穿戴时髦或得体、举止优雅且风度翩翩的人也多,一句话,腰包鼓的人多呀……

马师曾往这里的电线杆一靠,清闲自在得不得了,有一句没一句地行乞,像是在台上演戏,一点儿也不觉得难堪。他手里捧着一顶干干净净的白色礼帽,总是姿态优雅地躬身说道:

"小姐,先生,弟弟饿了,弟弟饿了,你看,小弟弟瘦成这样,真的饿了……赏一顿饭吧,或赏一杯饮料……"

看到这乞丐长得英俊,浓眉大眼,声音还好听,就像在唱戏一样,也就不时地有先生、小姐停下脚步,潇洒地往他的白色礼帽里扔钱,或是钞票,或是银元……

他一看,日进斗金不敢想,日有零钱还不少呢。于是随兴编了一首乞丐歌,使他的乞讨变成了艺术,而且收获颇丰。

人在绝境时的幽默,才是真正的幽默。

马师曾原创的《乞丐歌》谐谑调侃,虽然身无分文,却没有半点寒酸相,让人听了开心,不掏钱接济一下,自己都不好意思:

> 星岛天热雨水多,
> 花儿渴了有水喝。
> 一年四季产鲜果,
> 鸟儿吃饱才唱歌。

## 第九章　太平间诈尸案

椰子榴莲波罗蜜,
山竹毛丹奇异果。
石榴多子您有福,
手指葡萄好施舍。

哈哈哈,哈哈哈,
花儿渴了有水喝。
哈哈哈,哈哈哈,
鸟儿吃饱才唱歌。

先生小姐心眼好,
听我唱支乞丐歌。
人生低谷没着落,
我有古琴弦已瑟。

一滴露水润润嗓,
一叶青草解了渴;
一块小小面包渣,
一只蚂蚁就能活。

哈哈哈,哈哈哈,
一叶青草解了渴;
哈哈哈,哈哈哈,
一只蚂蚁也能活。

先生小姐心眼好,
你能见我不管吗?
各位心眼实在好,
哪能见我不管呢!

——意想不到的是，马师曾的"化缘乞食"成果不小，进项不少。

他每天上午八九点钟，赶在上班时间，按时"上岗"。

不一会儿，礼帽里的镚子和现钞就装得满满，只恨帽子的凹槽太浅。

一天甚至好几天的食宿款，全都有了。他就买一张报纸，寻一处幽静的茶馆坐下来，细细地品他最爱喝的一种"爹爹茶"。一饮就是一整天，直到落日染红了西天和港埠的海滩，椰子树的树梢上挂一弯银钩。

没想到，麻烦又来了。

马师曾每天在这里演唱《乞丐歌》，已经成为街头一景。只要他一开口，十字路口就开始拥堵，人流就开始聚集，一时间，闹得风生水起，甚至惊动了当地警务人员，前来劝阻他发声。

马师曾创"乞儿腔"的余侠魂角色　（马鼎昌供图）

一次劝阻不行，两次；两次不行，三次……

最终，终于把警察惹急了。

他被警方以妨碍交通、破坏秩序、有伤风化、误导青年等"四项罪名"逮捕，双手被戴上手铐，蹲了英国人的班房。

我们在小说、戏剧、电影、电视剧等艺术作品中，常见英雄救美，唯有现实生活能够提供给我们美人救英雄的故事。

你一定还记得，前面提到过马师曾的中学同学——绰号"绣花鞋"的红棉同学吧？

马师曾在足球赛中的一脚臭球，踢出了一段校园佳话。

那还是10年以前的事情，当时的马师曾和红棉都是十三四岁的孩子，如今二人都长成了二十三四岁的成年人！光阴荏苒，红棉已经成为新加坡一所高中学校的中文教员。

这一天，她带领她的学生暑期实习，来到"模范监狱"参观。

这是在开玩笑吗？不是！

这是真的，监狱里给囚犯提供了一个踢足球的空间。

虽然是坑坑洼洼的泥土场地，却也不耽误一群胡子拉碴、凶神恶煞的人组队比赛。何况这星岛的天气，一年四季都是春天和夏天，几乎没有秋天，绝对没有冬天，很适合人们光着膀子开展户外运动，譬如踢球。

这所"模范监狱"的监狱长，是一位标准的英国绅士。

他知道女教师红棉要带着学生来参观，就命令手下给每一名囚犯置办一身球衣，或叫队服。说是球衣、队服，其实不过是一件大裤衩和一件背心，足球鞋都是囚犯们自己在"监狱车间"里制作的产品。

比赛开始了。

马师曾是红队一方的主力中锋，最是显眼。

坐在场边观看的老师红棉，一开始还没有注意，看着看着就愣住了，眼珠子差点儿没掉下来！幸亏一般广东人都眼眶深且结实！

狱囚们的足球比赛刚一结束，红棉对监狱长说：

"我今天只有一个请求，就是把我的同学带走！我不管他做了什么，也不管他犯了哪家的法，我都愿意出钱把他赎出来。"

英国绅士，监狱长毕竟是英国绅士。他马上微笑着打断了红棉，给了她一个果决的回答和意外的惊喜：

"尊敬的红棉女士，请您不要着急！事情可不像你想象的那样糟糕！

"我们当时把他请进监狱，也是一个'软司法'行为。

"他逢人乞讨有伤斯文,却并不触犯法律,但也确实在一定程度上破坏秩序,有损大英帝国的尊严,何况我们的王子要来旅游。于是,我们不得已才加以干涉,用强制方法把他请进'狱所'。

"而我们'请'他进来,也有两个目的。

"一则,是让他有个临时住处,不至于地当床、天当被;二则我们警务当局也对上面有个交代,至少在王子来访期间,社会和交通秩序维持得好一些!

"但是,等到马先生真的住了进来,我们发现,他在狱囚中很有威信和号召力。我们的足球队水平提升不少,这您看见了;而且,我们的狱囚和狱警都能听到原汁原味的粤剧演唱……

"这就让我们不大想让马先生离开了。

"我们要求他,不,是请求他在这里多住上几天。他虽不太高兴,可也没有完全反对。于是,剩下的,尊敬的教师女士,剩下的您全都看到了!

"这就是'软司法'!

"再强调一遍,我们对马先生不能完全算是'拘捕'。

"确切地说,是我们不费力地就捞到一条大鱼!按照你们中国人的说法,就是——'抄着了'!"

正赶上学校放假,红棉就把马师曾同学暂时安排在她的校舍里。

校舍安安静静,空旷的教室和操场都可以当作练功场,不会耽误第三小生的戏路温习和演练。

其实,刚到新加坡时,马师曾还给红棉同学写过几封信,只是后来自己没有混好,写信就不再积极,觉得好没颜面。而红棉同学那边却盼信盼得好苦,最后,一咬牙就只身来到星岛。心想,这个城市岛国不大,面积也只是700多平方公里,找个人还不容易。她这样想,倒是对的,结果证明,她的痴心不是妄念,而是福分。敢作敢为,往往会交到好运。

星岛的夜晚,星星格外明亮。

马师曾——舞台上那位饰演"薄幸郎"的第三小生,时来运转,变成了现实生活中一个独占花魁的幸运儿。

## 第九章 太平间诈尸案

他渴望,怀抱温香软玉的日子持续下去,但是,上帝另有安排。

两位当年的同窗在"模范监狱"上演的这出爱情戏,惊动了监狱,也惊动了校园。

学校校长是红棉双亲的挚友,负责做红棉的监护人。

他知道了红棉的"艳遇"(他不相信这是爱情,只认作一场艳遇),就十万火急地往广州拍电报,汇报这里的紧急情况。

红棉父母都是有钱人,即刻买了机票,匆忙赶到星岛来"灭火"。他们一致认为自己的女儿上了"邪火",必须在苗头刚起时把它灭掉!

说来话长,仅报结果:

红棉拗不过她的父母及一大家人,最终,被两个膀大腰圆的哥哥胁迫,登上飞往美国加利福尼亚州旧金山的班机。

红棉一家人,都坚决不同意这门"亲事"(其实两人还没有谈亲事)。只是"模范监狱"的相见太过突然,也太浪漫,让两个年轻人瞬间激情忘我。

这是世上再自然不过的事情。

何况两人天性浪漫,情投意合。但是,红棉家人实在看不起"一个戏班的小混混"(这是他们对马师曾的标准称谓)。只要他们还在,就决不能让这两人厮混在一起,或者说缠绵在一起。

此后多年,二人音信全无。

直到1931年,马师曾带着他的粤剧剧团出访旧金山,才又一次邂逅昔日情人。

人生中,应该遇见的人,总会遇见,无论何时,无论何地……

再次成为乞丐,再次街头流浪。

好在马师曾天性乐观,从不知愁,整天傻乐,笑口常开,倒好像他才是王子,生长在大不列颠王国的王室。

其实,他内心的痛楚却无人知晓。

那是一种属于情感世界的内伤,却以外在的欢愉来掩饰和遮挡。

那些不屈服于命运,对自己狠一些的硬汉总是这样:你能看到的,往往是他们的潇洒;你所不知的,则是他们的难堪。

马师曾告别红棉之后,找到的第一份工作,竟然是守护殡仪馆的太平间。

在殡仪馆工作,有着得天独厚的妙处,这端安安静静,没有人吵闹,可以一个人安心看书,这正是马师曾所期盼的。

说实话,这是马师曾自己主动上门求取的职位,殡仪馆是他的最爱!

他太喜欢唯有阴阳两界"中转站"才有的这种奇特的感觉,这难道不是天地间天天都在上演的一出出无声的大戏吗?说是悲剧,兴许还是喜剧呢?!

假若不是一个世界上最具幽默感和最善于自嘲的人,断然做不出这种在多数人看来都不可思议的选择。

然而,老马做了这种选择!

老马走马上任了!

深更半夜,与一具具死尸为伍。

他想象着躺在这里的大人和孩子,也都是一个鼻子两只眼睛,都是和自己一样的人。他们的今天,就是我们的明天。一想到此,万事开窍,再没有什么是心胸所装不下的事情。

殡仪馆的老人,对新来的员工传授经验,告诉他夜晚要小心,有时会有"诈尸"现象。

传说中,有人见过已经死去的人,入殓前却突然间坐立起来……要是在漆黑的夜晚发生这样的事,真会把活人吓死!

老马虽不迷信,却还是害怕。

这是一个月黑风高夜。

大海咆哮,树枝折断,房屋像要散架的样子,城市街道上一片狼藉。

正在天平间一个人当班的老马,心里甚为恐慌。

他打开一瓶烈性酒,大饮几口,给自己壮胆。殡仪馆规定,值班人不许喝酒。但是人在极度恐慌的时候,已经顾念不了太多。

## 第九章　太平间诈尸案

老马在酒精的作用下，不一会儿就进入梦乡。

翌日黎明，彩霞飘飞。
星岛大地一派光明，好像昨夜什么事情都没有发生一样！
只是殡仪馆再也不是昨日的殡仪馆了！
老马被馆长叫到办公室接受严厉质问的时候，他的酒还没醒，梦也没醒。
"你昨天夜里干什么去了？"
"我吗？我睡觉去……不对，我没有睡……我值班来着……"
老马被问得语无伦次，似醒未醒。
而馆长的火气越来越大，真是雷霆暴怒，声震屋瓦：
"说吧，你干什么去了！看你这样子，你一定是喝酒了，肯定喝了不少！你知道吗，你闯大祸了！你给我们闯大祸了！我当馆长30多年，从来也没有出过一次差错，我这辈子都让你给毁了！"
老马这回酒醒了不少，梦醒了个彻底。
"馆长，您先消消气！告诉我，出什么事了？"
"出什么事了？是我该问你！你没见死尸少了一个？总共34具尸体，早晨上班的人一清点，少了一具！"
这个殡仪馆每天早晨，刚一上班，都有一个例行公事：给尸体点名。
给死人的尸首点名，为的是向顾客负责、向死人的家属活人负责，不能等到人家入殓安葬亲人时，找不到自己亲人的尸体。
人家顾客信任殡仪馆，才敢把尸体托付给你。
老马一脸惶惑，万般惊奇：
"少了一具？怎么可能？难道尸体自己会跑不成？"
"是的！跑了！尸体，就是跑了！不是自己跑了，就是里应外合，有预谋地逃跑了！"

关于"诈尸还魂"的说法，不符合科学。
但是生活中，有时会出现人未死而被判定为死亡的事故。但未死者终会"死而复生"，所以天平间还真有可能发生尸体站立起来的事情。

——这样的事情，偏偏就让我们的老马遇上了！

真是福无双至，祸不单行。

刚刚痛苦地失去了美丽的红棉——一个真的大活人，现在又遗憾地丢失了一具僵硬的死尸——一个假死人。

——你说倒霉不倒霉！

没的说，老马被殡仪馆罚款、除名。

他本来就没什么钱，还被罚了个钱物精光！就连看守太平间这样的差事，也给丢了！

对老马来说，流浪已经不算什么，也不是第一次了，可以说轻车熟路。

他漫无目的地走呀走，走到了吉隆坡。

从地图上看，新加坡紧挨着马来西亚。如果说马来西亚是一双撇开的八字脚，新加坡就是左脚的后脚跟。

老马徘徊在吉隆坡的街头，开始与戏班伙伴一起卖膏药。

他在这里巧遇"尧天彩剧团"的丑生"婆乸良"。

"乸"（音"哪"）这个字出自粤语，意思是雌性。如果说"乸型"，那就是"娘娘腔"的意思。

自己煮膏药自己卖的丑生"婆乸良"，拉老马合作：

"现在好多演员都失业了，为了两餐（新加坡和马来西亚人，一般一日两餐或一餐，因为天热，没有胃口），干什么的都有。你暂时就跟我卖膏药吧。我教你煮膏药，你帮我叫卖。"

买卖开张几天，行情看好。

架不住老马会吆喝，自己会编广告词。他即兴写了一首打油诗——

> 膏药膏，膏药膏，
> 咱家膏药赛芍药。
> 芍药可是定情物，
> 吊你膀子缠小腰！

第九章　太平间诈尸案

膏药膏，膏药膏，
火辣温暖胜花椒。
贴在身上麻酥酥，
谁最舒服谁知道！

膏药膏，膏药膏，
没人黏你太糟糕。
我家膏药最贴心，
又白又嫩小黏糕。

——旁边，还有一个丑生"婆嵫良"在帮腔呢：
"怎么讲？为什么说芍药是定情物呢？"
老马接着唱："君不闻，自古《诗经》民歌好！《国风·溱洧》有说道：'维士与女，伊其相谑，赠之以芍药。'"

——那些路过的人，一看一位大帅哥在这里叫卖，叫卖的曲词编得文雅，很是好奇，再加上膏药不贵，也就乐意掏钱买他几帖……

有时，老马和"婆嵫良"还拿出唱戏的看家本领，一起演唱几段老少皆知、风行一时的曲词，再加上舞台对白，声情并茂，生动传神，观者驻足，聆听过瘾，不买两贴膏药自己都不好意思。

就这样，煮膏药，卖膏药，老马感到挺新鲜，长知识。
向晚收摊，一数进项，足够二人"两餐一宿"还有富余，余下的零钱积攒几天还可以出去打打牙祭。

一天又一天，日子过得挺乐和。
二人不时到街边的凉棚喝两杯啤酒，品尝一下马来西亚的美味。
两人都爱吃当地的"肉骨茶"。
说是茶，却是菜，肉骨慢炖成茶汤，配上药材和香料，汁浓味美。据说，是几百年前的南洋劳工发明了这种烹饪方法。

而最有当地特色的，应该是"娘惹菜"。它选用中国传统食材配合马来西亚常用香料烹制而成，充满热带风味特有的刺激——香辣酸甜。其起源追溯到唐宋或明清时代的移民。他们把生子叫作"峇峇"，把生女叫作"娘惹"。

当然，还有流行的面食料理"叻沙"，或咖喱叻沙，或亚参叻沙。

"叻"，对北方人是陌生的，却是广东人格外喜爱的字眼，意为"聪明"。一口一力，搭配起来就是社会佼佼者——既有口才，又有能力。而马来语"石叻"和"叻埠"，都是"新加坡"的简称。

这膏药卖着卖着就不太平了。

人家看到你赚钱，就该个个眼红了。

那些平时欺行霸市的地痞无赖，闻着一点儿腥味儿就猛扑过来，如同丛林野兽。野狗就有这种嗅觉和本领，它知道狮子或豹子捕获了新鲜猎物，就马上追踪而至。

事情已经到了无法继续的地步。

老马和"婆娌良"两人不给恶霸头目上交保护费，就被禁止买卖。

与三山五岳的"好汉"周旋，除非你有三头六臂。初出茅庐的伶人在街头做生意，哪里通晓这么多内情与黑幕。

一是看不惯，二是受不了。

两人一合计，干脆上山"打窿（开矿）"。

记得在尧天彩剧团时，马师曾结识了一些矿工戏迷，还为他们代写过家信，估计能说上话。

他劝"婆娌良"同去投奔这些开矿的工人，也许能混上一口饭吃，且比受城里黑帮的欺负要好得多。

"婆娌良"说：

"你看我细细个，行吗？点炮炸山，还不先把我给炸飞了？"

老马劝导：

"你被火药炸飞了，也比被歹人榨干了好吧？"

## 第九章　太平间诈尸案

"婆嬲良"到底是戏班标准的丑生，本不乏幽默，立马回应：

"这么说，不是炸飞就是榨干，那还有什么说的，上山吧！"

两位伶人说干就干。

他俩向一家开采沙矿的公司租赁了一套采矿的"行头"：

一把铁锹，一柄矿铲，一杆锄头，一方铁尺，一个铁锤，一握凿子，一只泥簸箕……

他俩拿不出那么多钱，就先赊账，等到上缴矿沙时再扣还。

在20世纪30年代的星岛，采矿业的规模不大，属于原始手工操作，强体力劳动，且零星作业，三五成群，十人一队，类似于小型手工业生产，产量自然有限。不少人爬树钻山，或巢处或穴居，过着史前时代的野蛮生活，而采掘的却是现代矿产。两个伶人不去唱戏，跑到这儿来点炮凿石，显得有点儿不伦不类，有些滑稽。

隔行如隔山，但马、婆二人奋勇向前。

他们手拿肩扛着笨重的工具，光爬山就已经累个半死。

他们比着红脖子涨脸，气喘吁吁，脚下拌蒜，汗透衣衫。要干活儿时，忽然觉得自己什么都不会。只能瞪大眼睛，先看人家怎么"打窿"，怎么爆破岩石，怎么挑选矿沙……然后学着别人的样子，依样画葫芦，二人比比画画，姿势倒很像那么回事儿，他们本来就练过把式，可就是笨手笨脚，不出活儿。

两人花了两个整天时间，打了一个能装下两人的小洞。却什么也没有找到，好像在给自己挖坑呢。

说着说着，丑生认识的一个学矿物学的大学生来了，告诉他们俩一些诀窍。怎么"打窿"呢？记住四字原则："先纵后广。"——先往纵深用力，再向横广拓展。怎么选矿呢？也是四字原则："轻锰重钨"。——用手掌掂量，石头轻者为锰；石头重者为钨。

如此这般，作业一周。

两人终于摸到一点儿门道，也和大家一样，能够凭把子力气挣两顿饭吃。但是代价不小，手脚磨出血疱，身体消瘦了几斤。尤其是书生气质的老马，更加狼狈，骨头架子要散。

住宿，也是件麻烦事。

睡在山上，荆棘遍野，夜晚湿凉，幕天席地，要盖毡毯；下山吧，有了房间，但采矿路径却加倍，工具担上担下，未曾干活儿，已疲惫不堪。

倘若入群，人手多，合伙干，可能会好些。

可是，人家老矿工，工龄都不短，个个腰板硬朗、肌肉发达，有的还力大如牛，谁又愿意和新来的生手合作。何况还是身体单薄、只会唱戏的伶人？

最后，还是老马说得最惨烈，表述得最形象：

"我们不能再这样下去，哪有个出头的日子？过不多久，我俩不是累死在山上，没有人收尸；就是剩一张皮，将来只能去唱皮影！"

年轻人，二十多岁，正是闯荡的时候。

凡事新鲜好奇，容易鲁莽冲动，且不知深浅，等自己撞过几次南墙就会清醒一些，明白自己到底想要什么，到底能干什么。

老马这下是大梦初醒。

他知道自己还是最迷恋粤剧舞台，演戏才是他的兴趣所在。

没什么好留恋的，放下铁锹、凿子，去城里投奔戏班，杀个回马枪无妨。相处有日的伙伴"婆㜑良"愿意留下就留下，自己只身去山城坝罗（即怡保）寻找机会。

说走就走。

老马搭乘一辆矿车，一路颠簸，听说山城坝罗有戏唱，兴奋得心脏怦怦跳……

"坝罗"，可是马来西亚霹雳州的首府，距离首府吉隆坡200公里，是该国第四大城市。

19世纪末它因锡矿业兴起而渐渐成为"锡都"。这里有不少华人居住区和殖民地建筑物，商业较为繁荣，流浪汉也易于生存。

到了目的地才知，戏班已经转场。

难道还要只身流浪不成？

## 第九章　太平间诈尸案

是的，只有流浪，只有流浪……就像印度影片《流浪者》中的《拉兹之歌》所唱的一样。

老马经由一个好心的阿婆（"爹爹茶"棚的主人）介绍，来到一家福建籍人开办的咖啡厅做记账先生。

虽然女老板只管食宿，没有工资，也总比睡大街讨饭要好得多。店铺不大，算是家庭生意，只有女老板张阿婆和女儿白月两人。娘儿俩都不识字，也不会记账。老马一来，把账目整理得干干净净，一条条收入、支出记得清清楚楚，主客同心，皆大欢喜。

女老板就像宠儿子一样地宠着年轻的老马，女儿白月则像照顾夫君一般地服侍他，他自己则在波罗蜜的蜜汁中浸泡，感觉甜美，妙不可言。

自从年轻帅气的老马入住以来，家里的账目算是算清楚了，但是咖啡厅女老板的女儿心却乱了，开始变得糊涂了。

这让女老板也看得明镜似的，心里不快，又不好发作，只能生闷气。

这是一个高温闷热的傍晚。

女老板懒得做饭，从餐馆买回了一些海鲜食品。女儿白月吃过后，高烧呕吐。老马没能吃到海鲜，他的饭食相对粗糙一些，所以躲过一劫。在热带地区，这种食物中毒非常危险。娇弱的身子哪里扛得住呢？

白月被送到医院的急诊病房，没过两天，最不幸的事情发生了。

女老板的女儿一命呜呼。

咖啡厅女老板彻底崩溃了，她将丧女之痛，全都转化成怨恨和怒气发泄在老马身上。

这也能够理解，谁能承受得了这样的毁灭性打击？

现在，只剩下女老板一人空守小店。她把老马训斥走了，一边整理女儿遗物一边埋怨，说他克死（指外人带来晦气）爱女。

## 马鼎盛·旁述

旧社会的"戏子"已经是贱业,马师曾更是睡停尸间,沿街乞讨,沦为社会最底层。这是"发达要早"的悖论。大部分人因此一蹶不振,马师曾怎样能够柳暗花明又一村?论者的共识是:贫贱忧戚,玉汝于成。马师曾由此深刻体会民间疾苦。

马师曾在南洋这几年流落在社会最底层,什么看守死尸、捉毒蛇卖膏药、挖矿石,再苦再累也还是一份工作。至于委身"丐帮",求爷爷告奶奶沿街乞讨,才是彻底斯文扫地。一个青年人,有气有力,断文识字怎么闹到挨家挨户伸手去讨要剩饭果腹?我想象不出当年父亲怎样才能突破读书人尊严的底线,难道游戏人间可以到如此地步。我只是相信马师曾在飞黄腾达之后,应该像韩信那样,把乞食漂母、受辱胯下作为人生动力,鞭策自己不断奋发上进。

"平天彩"粤剧团是马师曾正式登台的机会,虽然从马旦转第三小生,再演丑角,终于拜著名小武靓元亨为师,接着以马师曾本名演出,可以想象他已立下凌云志。一代名优就此横空出世。

马师曾晚年患喉癌,于北京接受放射性治疗,就近同仁医院下榻崇文门新侨饭店。我星期天去探望父亲,他揭开脖子左边的纱布,给我看皮开肉绽的患处,治疗造成的创伤惨不忍睹。我讲些开心事为父亲解闷,说到周总理吃螃蟹的精湛手法,他突然问:"你将来要做周总理那样的人吗?"我吃了一惊,这不是比癞蛤蟆想吃天鹅肉更痴心妄想!父亲慢慢说,《孙子兵法》说:"求其上,得其中;求其中,得其下;求其下,必败。"年轻人要志存高远。

有一次我拿学生手册给父亲,他一页一页细细看完,望着我轻轻地说:"上品之人,不教而善;中品之人,教而后善;下品之人,教亦不善。看来我这个小儿子是教而后善,中人之资。"我15岁失怙,半个多世纪过去了,无数事实证明"知子莫若父"。无论我黑得站在全校师生面前被批斗,还是红到接受电视台"最佳节目创意大奖",马鼎盛不过是芸芸众生的"中人之资",永远是在出类拔萃的父母光环下的小儿子。

## 第十章
## 拜师父靓元亨

老马神情沮丧,卷起铺盖走人,刚步出咖啡厅不远就见一戏班海报。

上写"平天彩剧团从新埠到坝罗公演"。

一看海报,他高兴地笑了。

立马前往该剧团"探班(拜访、自荐)"。

他讲述了自己先后在"尧天彩剧团"和"庆维新剧团"担任第三小生的经历,以及失业后辗转周折的过程……

物伤其类,戏班人多表同情。

正好这里的第三小生接到荷兰埠的关聘,不结账也不辞行,静悄悄离去,戏行称之为"花门"。老马也就先补缺、填空,先没有合同,有戏登台,无戏打杂。

他勤勤恳恳,上下满意。

当"平天彩剧团"上演时尚粤剧《血洒金钱》时,老马得到饰演反派人物和饱受欺侮的小角色的机会。

他一拿到剧本就细细研读……

——这是识字的好处,揣摩人物性格、心理,做足案头准备工作。

这些现代戏,大多将社会上三教九流的众生相搬上舞台,讽刺豪门暴富者为富不仁,游手好闲者花天酒地,而那些出卖苦力者则尊严扫地……

未上舞台,心已亢奋。

他将自己这些年底层生活的艰辛体验,全都融入自己塑造的人物中,使得人物丰满,栩栩如生。观众有眼力,看出他演得比先前的第三小生更好。

剧团爽快地与他签下聘用合同。

好的演员,是观众培养的。

当老马第一次接到观众来信,获得好评,表示愿意和他交友时,他的欣喜之情难以抑制,一种专业技能被认可、观众成朋友的快慰,也许只有当事者能够体会。

演员是公众人物,价值在于他能在多大程度上影响和感染观众。

此时,他的意志更坚,青春绽放光华于此,感到自己有一种责任。那是对粤剧艺术、对观众的双重责任与担当,一个都不能忽视,一个都不能舍弃。

"平天彩剧团"接到新埠的邀请,前往著名的"万景园戏院"演出。

应该说,"平天彩剧团"阵容豪华。

班主金玉楼,男花旦——靓少凤(当时称"小湘凤"),正印小生——银牙超,女花旦——靓宝莲(银牙超之妻),第二小生——风情贯,丑角——新生毛鬼,第一小武——擎天佳,两位第二小武——癫佳、英雄安,二面花——癫九。

——在整个南洋粤剧界中,此为名班。其中演员,大多有些名气。

班主金玉楼,是靓少凤的契娘(粤语"干妈"),靓少凤则为班主的台柱。

作为粤剧界的新锐人物,靓少凤年轻漂亮,戏路最好,文化程度比较高,编剧、写词、导演,样样在行。他能独树一帜,打破传统粤剧"江湖十八本"的惯例,创编现代剧,力主穿时装登台……

当时,中国的时装剧流行一时,显然是受到南洋新风的吹拂。

靓少凤的标新立异,对马师曾的艺术生涯影响很大。后者在20世纪30年代编写、演出的新戏——《贼王子》《野花香》《奶妈王》《璇宫艳史》《慈命强偷香》《难测妇人心》等,都带有南洋时装剧的一些风格痕迹。

我们纵观马师曾的粤剧人生,他正是从"平天彩剧团"学得真本事。他尤其受到粤剧新派人物、戏班男花旦靓少凤的鼓励和支持,学会了扮演马旦、小生和丑生。

靓少凤和马师曾,皆出自书香世家,同为文化人,共有文章嗜好,也都能编纂剧本,因而颇有共同语言,实为一对好搭档。

在新埠,他们剧团最叫座的剧目,是靓少凤亲自编写

青年马师曾与表哥陈非侬(前)合作无间

的第一部时装新戏《癫、嘲、废、憨》，描写四对夫妻。其中四个丈夫都有毛病：一个是烟鬼，一个是嫖客，一个总酗酒，一个爱赌博。正可谓"抽、嫖、喝、赌"。而且个个属于今天所说的"家暴"角色，当时叫作"虐待妻子"。

马师曾扮演剧中的"烂赌二"，一副蠢笨的样子，让人忍俊不禁。

舞台上，老马是那样洒脱，可以说大出风头。

观众被他出神入化的表演所折服。

此前，扮演无赖丈夫的，都似凶神恶煞、魔鬼阎王，打老婆的工具也都是真家伙，或用烟枪劈砍，或拿茶杯猛砸，要么飞脚狠踹，要么挥拳相向……不光台上老婆们怪可怜，把观众也吓得够呛。因此而缺少黑色喜剧的幽默感和荒诞感，反倒变成了真打真杀，味道全无。

不客气地说，这都是表演者没文化闹的。他们不知道分析剧情和人物心理，也不知道照顾观众情绪和剧场效果，只知道直来直去、呆板生硬地表演……

唯有马师曾，能够用心研究角色和观众反应，非常聪明地选择了打老婆的道具。

他别出心裁，用点水烟袋的纸条来打妻子，与其说是打，倒不如说是调情。喜剧效果立时浓郁起来，观众的叫好声爆棚……山呼海啸……

因为他们被这神来之笔给撩拨得心喜欲狂，天才演员就是这样，在看似平常的细节里显出与众不同！

还有呢，他居然与戏班的台柱靓少凤演对手戏，靓少凤扮演马师曾的妻子，二人对唱与问答，诙谐之至……

一夜成名，言下无虚！

他的表演轰动了新埠，戏迷奔走相告：

"这里来了个'老倌'，唱做都好，比'大老倌'靓少凤一点都不差！"

同时，他再一次得罪了同行。

二丑角——新生毛鬼，就无中生有地指责他"捞过界"（抢占人家地盘、饭碗），差点儿大动干戈。

一群老艺人联合起来，嚷嚷着要开"忠义堂会议"，修理这不知天高地厚的毛小子，还卑鄙地威胁他："出入要小心！"

## 第十章　拜师父靓元亨

幸有戏班里地位高、说话管用、镇得住人、撑得了场子的台柱子——靓少凤，出来平息"暴乱"。他力挺马师曾，厉声对手下人说道：

"你们要干吗？要造反？连我也算上，不是更好吗！是我俩一起演的对手戏呀！什么都是罪名，什么'个公顶个立''职分者当为'？这是一出新戏好不好？别老讲什么老规矩！"

——众人不敢再吱声。

靓少凤到底是台柱，软硬兼施，也让这群人平衡一下心情，于是慷慨做东，大摆酒席，请戏班全体大吃大喝一晚，一切恢复正常。

不久，靓少凤和马师曾，两人另起炉灶。

他俩组成一个新的戏班——名字仍然叫"平天彩剧团"。

戏班人员有些变化，新来第二花旦银彩屏、正印武生公爷信，马师曾升任第二小生。班底一变，戏路也随之变得宽广。

他们离开新埠，前往端洛。

端洛，是马来西亚霹雳州的一个小镇，因20世纪初采矿业兴起而建镇，位于马来西亚西部。

第一晚演出粤剧《白蛇传》，就大获好评。

马师曾继续着他的精彩表演，一路扬名……

时间过得很快，转眼马师曾已经24岁了。

"平天彩剧团"巡演各地，又一次辗转到新埠时，马师曾巧遇少年时代的偶像——小武生靓元亨。

靓元亨和两广一带的名角一样，经常会被邀请到粤剧流行的马来西亚，做指导性的商业演出。

我们在前面介绍过这位粤剧名角，马师曾在13岁时，第一次遇见他是在粤剧大戏院——"广舞台"的大火中，还是靓元亨搭救了几个小戏迷！

记得当时，马师曾兴奋地说："别光推我，踹我一脚吧！快点，狠狠踹我一脚！"

现在，再见昔日偶像时，靓元亨和他一样兴奋、激动。

照例，班主靓少凤，恭请靓元亨登台串演，第一部戏演的是他最拿手的《海盗名流》。

虽是粤剧大人物，靓元亨依旧谦逊。他从国内带来《海盗名流》剧本，询问各位有没有修改意见。毕竟这是在马来西亚，不是中国，或许剧本会有水土不服的地方，或许可以根据当地社会背景和观众兴趣喜好而稍作调整。

——这就是大家，从来不会显出包打天下、唯我独尊的霸道样子。

但是，这些戏班伶人大多连字都不认识几个，就更别提看剧本、提意见了，哪里在行啊？

当靓元亨问：

"你们都看得懂剧本吗？"

——没有人回答。

唯有马师曾，自告奋勇：

"我看得懂！"

顺便，也将自己怎么从广州来到新加坡，再到马来西亚，怎么学戏、表演，怎么编写小学课本，怎么替"小生全"写过剧本，一一禀告，就没敢说自己帮他人写情书……

"怎么？你还能写剧本？"

靓元亨感到意外，他本想找一个能读一读剧本的人，却发现了一个能够写剧本的人！你说他能不高兴吗？

当即拍板，靓元亨决定和马师曾做拍档，一同表演《海盗名流》。

第一晚的演出中，靓元亨饰演海盗，马师曾饰演恶霸的公子，靓少凤饰演被贬黜的清官之女。

三位粤剧"大老倌"共同担纲，在当时的南洋戏剧界被称为一出"重头戏"。年轻的马师曾，将他扮演的奸险卑劣之徒的嘴脸刻画得惟妙惟肖，入木三分。因为他自己经历和见识了太多人世间的黑暗和丑陋……许多即兴发挥，都博得观众的喝彩。

演出结束，观众依依不舍。

靓元亨本人心情大好，十分高兴。他对年轻的马师曾赞不绝口，发现一位

## 第十章 拜师父靓元亨

可造之才，正是为师的至乐！

靓元亨和靓少凤商量，要拉马师曾入伙儿，两人拍档，组一个戏班子，去新加坡演出。

靓少凤等戏班人，虽然有些不舍，自然也没得说；马师曾自己则从小仰慕靓元亨先生的"小武"功夫，佩服得五体投地，更是一说即成。

在新埠，马师曾正式拜靓元亨为师。

当时的师徒契约，大致是一样的：

"头尾名"，会清楚地写明，一旦徒弟日后成名，四年为期，愿奉"领班"，将自己所得年薪的四分之一交与师父，以报答授艺之恩。

马师曾师父靓元亨　（马鼎昌供图）

拜师后的马师曾，专门跟师父学了一些小武生的戏。例如《佳偶兵戎》《赵子龙》等，模仿师父的样子，也能透出一股威风凛凛的气势，台步矫健有力，颇得真传。

由此，老马逐步走上戏剧的坦途，如日中天之时，星洲耀眼，南洋立万，港岛扬名，花城红透……

在他漫长的粤剧人生中，慢慢锤炼得戏路宽广，演技超绝，唱功浑厚，才艺无双——所有这些，都与粤剧的先辈英豪靓元亨有关。

师父靓元亨，收了马师曾这样一个好徒弟，大喜过望，马上招兵买马，想在星岛大干一番。

靓元亨回到星岛的牛车水街，劝说他的朋友梅鲁锦，担任"普长春剧团"的班主，并发电报至广州，聘请著名男花旦——陈非侬、美人辉和美中辉等三位加盟。更请来了另一男正印花旦——白蛇森，以及正印小生——银牙超、小生奕，女正印花旦——靓宝莲，末角——薛宝耀，二花面——葵西，武生——

声架悦，网巾边——蛇公成，"拉扯（丑生助理）"——鬼马咸。

这里要特别说明一下"网巾边"。

"网巾边"，简称"边"，是粤剧早期戏班男丑的称呼，后来成为丑生的代称。清朝男人留辫子，演员化妆要把辫子盘起，用网巾裹住，才好涂脂抹粉，"网巾"出处在此。"边"又是怎么来的呢？当时粤剧丑角化妆并不讲究，常把辫子一盘就完事，用自己的辫子代替了"网巾"，所以叫作"网巾辫"。广州话中"辫"与"边"同音，人们说习惯了，就变成了"边"。

靓元亨本打算让徒弟马师曾做"网巾边"，但招致戏班一群"遗老遗少"的不满。他们的老例和规矩太多，说马师曾还嫩，资历不够，难挑如此重担。再者，他原是小生戏路，不能一下子就转为"网巾边"。

戏班刚刚成立，不便相互龃龉，为照顾大局，只好先委屈一下"老马"了。

年轻的"老马"只好当了"拉扯"，做"网巾边"的助手。

靓元亨的人马齐整，就在梨春园戏院开锣。

此时，"老马"弃用"风华子"的艺名，开始使用自己的真名——马师曾。

这个"普长春剧团"在当时南洋七州府的戏班中，阵容之豪华，无人能望其项背。

尤其是靓元亨、陈非侬和马师曾三人，都属戏班鸿儒，个个能写剧本，而团里大多数演员也都能读曲本、润台词。戏班表演内容和风格相对儒雅，很受追捧，在华侨观众中走红。

"开戏"由靓元亨负责，另请了两位随班"开戏师爷"，一个叫黎琛瑚，一个是冯显洲。

他们的"开戏师爷"，新剧本层出不穷。剧场每晚都有新戏上演，观众大呼过瘾。

"老马"亲身经历了"普长春剧团"在新加坡创造的演出奇迹，原本计划在此演出三个月，后来延长至六个月，再延至一年。这成为老马日后自己做班主的经验积累。

——这种经验积累也包括失败的教训。

师父看中老马文章、书法，却不知他对许多戏剧角色、情节并不熟悉，专业知识和技能尚欠火候。可是，大海报上，大名一登，观众就要你在舞台上兑现本领。而你拿不出像样的东西，就会出丑。

出丑，让一个后生知耻而后勇。

按照南洋七州府粤剧的传统习惯，无论是新人还是老人，如果将其尊姓大名以台柱身份标明在海报上，就要按顺序拿出自己的看家本事，每人每星期演出自己的首本戏。

——有点儿"是骡子是马拉出来遛遛"的意思。

登台之初，每个台柱（主要演员）要用第一晚的收入报效班主，也可以说是"义务演出"一场。

需要解释一下，所谓"首本戏"，顾名思义，就是伶人自己擅长之戏。例如粤剧中，任剑辉、白雪仙的首本戏是《帝女花》《紫钗记》；又如京剧的梅兰芳，首本戏是《贵妃醉酒》。

中国来的靓元亨，在星洲托大，他显然夸大了徒弟马师曾现有的表演水平。

既然敢在大海报上彰显你的大名，那么，班主梅鲁锦当然要追着老马要"首本戏"。

"有！"老马紧咬后槽牙说。

马师曾会写剧本没错，但他还没有一个成熟、足以傲世的个人"代表作"或"成名作"，更没有他自己拿手的连写带演的所谓"首本戏"。

但他正值年少轻狂，十分好胜，且百倍自负，决没有退缩、认怂的可能，那就只能"赶鸭子上架"——既绊脚，更跌跤。

尽管他熬了一个通宵，凭借神话传说和想象力，潦草赶写了一个剧本——《洗冤录》，但还是不尽如人意。

我们的"老马"非科班出身，入行不久，难免对许多粤剧曲调、戏路感到陌生。要说自己的表演履历，实在是底子太薄，只演过几次马旦、第三小生、第二小生，且一向只是不起眼的配角。这次要自己挑大梁——写大戏、唱大戏，到底有戏没戏呢？

他连夜赶写的剧本，描写洞房之夜的一桩命案，却属于今天我们所说的典型的"狗血剧"。

它描写的是，一个与将入洞房的女子相好的"奸夫"，挖地洞，潜入新房。杀死了新郎，埋入洞内，又假扮新郎，伙同新娘装疯佯狂，趁夜逃离。还自作聪明，脱下靴子，放在江边，假装投水自尽……埋尸大冤案，惊动县衙，机警过人又诙谐幽默的师爷侦探，使真相大白。

——戏中，马师曾饰演师爷侦探。

那一晚，一条繁华的牛车水街，真是车水马龙。堪称粤剧迷们的节日！就像英国伦敦的网球迷，等待观看温布尔登网球决赛一样喜庆、热闹。而整个梨春园戏院的戏票，早已一票难求。

广东粤剧大海报铺天盖地，字号大而醒目：

"普长春戏班名丑马师曾，主演首本戏《洗冤录》。"

——当地观众格外好奇，人人都想见识一下"唐山"名伶的本事。

然而，前面说过，既是某某演员的首本戏，又是台柱在表演，那么，该演员应该从头至尾当主角儿才对，至少也该主演大部分段落才能服人。

可糟糕的是，戏中师爷侦探的戏很少，蜻蜓点水。直到打官司后才出场一两次，看不出他是主角儿来，连个配角儿都戏份太少。迟之又迟的出场，少之又少的戏份，让观众的怒火和抱怨一并爆发，简直忍无可忍。

马师曾一生都不会忘记：

自己的"首本戏"，是出丑戏！

自己的《洗冤录》，是蒙耻录！

自己的"大海报"，是大孽报！

他领教了观众的嘘声、叫骂声、愤怒的退票的呼喊、拍打椅座的阵阵轰鸣……

星岛观众是谁？

——是世界上最懂得粤剧的观众！

从19世纪中叶到21世纪的今天，从来如此！

一个演员最不堪的事就是观众的嘘声和喝倒彩。

福无双至，祸不单行：

接着闹出"斩首三次"的笑话，也让"老马"铭记终生。

那是与日戏小武新福喜一起出演《斩二王》，闹了一个大乌龙！

第十章　拜师父靓元亨

粤剧《斩二王》，是一出历史悲剧，讲的是宋太祖赵匡胤龙袍加身后，不认结拜兄弟郑恩，轻信西宫宠妃韩妃谗言，并在国舅韩龙的挑唆下将其斩杀的故事。宋太祖最终悔悟，在高怀德的奏请下，斩韩龙，贬韩妃。

马师曾也真是倒霉！

当时戏中扮演韩龙的网巾边——蛇公成，临时因病告假，轮到作为"拉扯"的马师曾顶缺。

韩龙是奸臣，奸臣是丑角，丑角马师曾拿手，本不该出什么乱子。

都说老马识途，但我们的"老马"却偏偏不识途。

他不熟悉"斩二王"的传统演法，只记得小时候在广州看粤剧，戏台上斩

马师曾（立）、王文昱（坐）、马淑逑（左）、马淑明（右）、马鼎昌（前右）、马鼎盛（前左）。马师曾是家族经济支柱，更是精神上的中流砥柱；直到他的八十老母仙逝，马师曾告诉二弟马师赞"顿感天地崩坠，身无所寄"

首行刑时,一刀下去,被斩者一躺,倒在地上——一命呜呼,即可。

当晚,小武新福喜饰演朝廷元老高怀德。

当他演到斩韩龙一幕,一轮唱白过后,一手拔剑,一手执韩龙衣领,将其按跪在地。马师曾背台而跪,位置不对,新福喜已经不满,不断用手势暗示"老马"侧身。但"老马"不明其意,只能被拉拽到其应分的位置。此时的新福喜更为恼火,待挥刀斩首时,"老马"见寒光一闪,嗖的一声砍下来,立马应声躺倒在地上。这一下彻底激怒"刀斧手",把其从地上硬拉起来,愤愤然地说:

"你想诈死吗?"

——被斩的"老马"完全没有反应。

他根本不知什么叫"诈死",他是在表演"真死"。

于是,第二次被斩首后,"老马"就先倒下,接着爬起来,跑入后台。

——引起全场观众的骚动和谩骂……

你想,三番五次被"戏弄"的"元老高怀德",能不气疯了吗?

这新福喜也顾不得什么戏剧规矩和套路,径直猛虎扑食、苍鹰捉鱼一样,将"老马"从后台揪出来,揪到台中央,再度将其脖颈按下……还不能解气,干脆把一只脚踏在这"罪大恶极""死有余辜"的国舅韩龙的背上,重又唱、白一番,第三次,也是最后一次将其执刃斩杀!

——此时,戏院里所有人都明白出了什么事故。

唯有懵懂的"老马"一人,仍然不知道为什么新福喜总是不放过他,人都跑到后台了,还要被撕扯回来。他更不明白观众为什么骚动,还以为观众对"斩首三次"不满,从而谩骂不止呢。

等到两人都回到后台,新福喜拍案踢凳,对"老马"一通责骂:

"你到底会不会演?不会演这个角色没关系,你来问问我呀!这不是砸我牌子、拆我台、丢我面子、毁我人吗?"

马师曾能说什么呢?

他知道自己没理啊!好在他还知道一个做人的道理:

没理不吱声,就是理。

"老马"恭恭敬敬地斟了一杯茶,双手捧着奉上,并认错、道歉,让新福喜消消气。

由此，"老马"才知，传统粤剧中饰演韩龙的演员，事先化装穿戏服，底袍不系带子，头顶镶红线，称为"红毡帽"。如此这般，以便被斩时脱下蟒袍华带，就能马上露出底袍，变成囚徒打扮，一刀斩下，底袍罩头，突出红帽，以此象征头部血淋淋……

——真要这样来演，怎么会出现荒唐的"三次斩首"呢！

## 马鼎盛·旁述

拜名师，首次使用真名实姓挂头牌，马师曾一夜成名。"再三斩头"当场出丑，激励他苦练粤剧基本功。可巧50年后马鼎盛也闹过类似的做戏笑话，半路出家又要速成，非得扬长避短才有希望出奇制胜。

马师曾初入梨园缺乏自信，使用关始昌、风华子等艺名；从关氏承继母借来姓氏。无独有偶，马鼎盛初登报界也用过不少笔名，"郭坚"取岳母的姓，内子之名，"司马平"用了女儿的名，"逍遥子"则承接"风华子"游戏人间。半路出家唱京剧样板戏，自知滥竽充数，也把《红灯记》电影看了五遍，其中李玉和唱"刑场斗争"那段，我在东莞太平镇电影院边看边学，好在看京剧的广东老乡寥寥无几，我紧跟着钱浩亮唱了一遍又一遍，不但糊弄东莞村绰绰有余，连湖南籍军代表也表扬我唱得比花鼓戏好听。我们大队党支书喜出望外，当场点唱"穷人的孩子早当家"，毫无准备的胡琴手蒙了，一个过门拉得不伦不类，调门更是高了半度，我憋着嗓门逼着音乐跟我走，唱不了几句已经险象环生，"小铁梅出门卖货看气候"这句，我们私下用粤语胡乱编词，搞笑唱作"小铁梅卖油卖盐卖扫把"，倒也是合辙押韵。只听得大队书记五官挪位，军代表还反应不过来，台下哄堂大笑，直到今天我还不敢回想是怎么下的台。

被赶鸭子上架并非一次。话说韶关地区厂矿篮球联赛，我是裁判新丁分配吹女队，以为问题不大，开幕式照例是上届冠军打二流队，等于"垃圾时间"。总裁判漫不经心点了我的名，拍档比我年轻，更没有经验，是深山老林瑶岭矿区子弟，连广州都没有去过。他仰望着我称呼"马师傅"。我一听就晕，第一年的学徒工我才拿18块钱生活费，怎么就师傅了？"我第一次来韶关，您多多指教！"我怒极反笑说："您别客气，咱们分工明确，这球场一

马鼎盛（右）向刘长瑜（中）请教京剧《红灯记》问题

人一半。"我在地下画出长方形篮球场，对角线一分，"上场吧。"我俩带着两支女子队，一边握手一边跑步入场，1972年内地讲究"友谊第一，比赛第二"。站在球场正中开球，我才真正蒙了。10盏强光灯把我死死罩定，看台一片漆黑，我登时比一丝不挂更觉得无助，身边两个女子中锋一米七几，紧张得凤眼圆睁，哆哆嗦嗦等我抛球。"鬼叫你穷啊，顶硬上啦。"我把篮球垂直一抛，眼角余光瞄着两个女生的前脚，果然那冠军队的脚提前离地，"嘀嘀——"我马上吹她违例，拿球给对方开边线球。这招是在东莞学的，开场第一哨必须吹得又准又狠，借人头立威，增强自信。上半场吹下来汗流浃背，裁判长老周是国家一级裁判，连连给我们打气："你们对半分工不错，但是当球进入三秒区内外，底线裁判看脚，边线裁判看手，这时容易犯规，哨子一响，即使有问题，另一个裁判不要争拗。你们好好合作啦。"老成谋国啊，周子强老师帮我开窍，吹裁判的小道也是做人的大道。我是顺德小伙，他是中山长者，其实周老先生才是"顺得人"。

# 第十一章 新加坡成名角

DISHIYIZHANG

你没有被喝倒彩,怎么能够成角儿?

自从马师曾首本戏《洗冤录》蒙耻,《斩二王》一剧"三次斩首"蒙羞,二十多岁的青年人开始懂得粤剧艺术的深奥,知道自己需要好好补课、进修。于是每天发奋学习、钻研,再不敢有半点侥幸心理,也丝毫不允许自己怠惰。

一有时间,就观摩前辈、名家拿手戏,揣摩各种戏路,体会不同风格的表演,并且私下里潜心苦练,熟悉、掌握经典作品的唱段、念白……

他收集、整理传统粤剧"江湖十八本"剧目,一一精读,将每一剧目的情节故事,人物性格,历史背景以及曲调、乐谱、台词细心研究,也学会了操胡琴。

新加坡有三间大戏院:庆维新戏院、小坡戏院、梨春园戏院,都由名班名伶上演,马师曾时常看他们演戏,也时常自己写剧本。

当时,跟靓元亨做"开戏师爷"的冯显洲、黎琛瑚,都是编剧老手,马师曾时常向他们请教。那时候,编剧主要是把故事写出来,然后写锣鼓的敲打法,哪一场、哪一节用什么音乐锣鼓配合,都有讲究。

马师曾编写剧本,事前事后都向前辈请教一番。

冯显洲、黎琛瑚等亦认为他勤恳好学,有出息,有前途,乐意帮助。

在剧团中,男花旦陈非侬是马师曾的表亲,是一位有艺术修养,能编剧导演,也是爱好新奇的人物,他跟靓元亨又是老朋友。在唐山,陈非侬以演改良时装粤剧闻名。

当时为了争生意,普长春剧团的七条台柱:靓元亨、陈非侬、蛇公成、声架悦、癸酉、银牙超和小生奕,每天都以首本戏吸引观众,晚晚换新节目。这样一来,需要很多新剧本,两位"开戏师爷"日夜"开新戏"也供不应求。

陈非侬初到新加坡时,也帮忙编剧,但后来慢慢懒了,很少编剧,有时还让马师曾编。高兴时,他还把故事向老马说一说,有时懒散得只说:"阿马,你写下得了。"就这样把编剧的责任,加在马师曾的身上。

马师曾每天唱戏之后,不是看书看旧剧本,就是动手写戏。

他将少年时代,在旧学堂里学会的一些写诗填词的本领,尽量运用到剧本的唱词和对白之中。冯显洲见老马有旧学的根底,也颇有才华,就格外欣赏,毫无保留地传授些编剧经验。因此,悟性极佳的老马,在剧本创作的道路上,可谓一日千里。

## 第十一章　新加坡成名角

当马师曾还未成为台柱之时，他在普长春剧团多担任日场戏的主角，或夜场戏中的配角。但他编写的讽刺剧《孤寒种娶观音》轰动一时，颇受观众好评，演出常常满座。这使他在戏班的地位提升，从配角变为主角。而他的戏也是最旺台的，名气变得越来越大。

与许多戏剧演员成名的经历不同，马师曾是以写剧本带动表演。

简言之：以写带演。

他辛苦撰写的粤剧剧本是其登上粤剧舞台的一块块敲门砖，因为他写的剧本太多，所

马师曾风华初露

以他自己只要愿意，似乎随时随地都可以敲门。这也是他的粤剧艺术发展颇有后劲的根本原因。

马师曾生逢其时，也是他成就粤剧大事业的原因之一。

正所谓：得天时也。

当他只身赴南洋，来到新加坡和马来西亚时，正是中国五四新文化运动的兴盛时期。

一批追求时代新风尚的粤剧人脱颖而出，夹带着一大批反帝、反封建思想内容的新剧作，创造意识和批判精神激荡着古老的红船，传统艺术形式受到文明戏的影响而产生时装粤剧新宠再自然不过，所以他也借势张帆开始了自己的艺术探索与成就的远航……

老马先后写出了一鸣惊人、轰动星岛的讽刺剧《孤寒种娶观音》、喜剧《炸弹追婚陈皮下气》、社会问题剧《金钱孽果》、幽默剧《古怪夫妻》等。

而他非凡的艺术创造力、想象力，集中体现在他的粤剧名作《孤寒种娶

观音》中，娶妻不见人，娶个泥塑观音像回家，一听这剧情梗概就觉得有趣。

北方人不晓得什么是"孤寒种"。

——这是一个广州方言，用来形容一个人小气、吝啬、抠门、斤斤计较。

故事讲的是，一个百万富翁，家中三妻四妾，享受荣华，对自己舍得，对别人却一毛不拔。平日里，他对用人十分刻薄、悭吝，要求用人做许多事情，却不许他们吃饱，还克扣工资。用人鄙夷他的为人，就想出恶作剧来戏弄主人。

恰巧，这天吝啬的富翁想再娶一房年轻貌美的姨太太。用人就介绍说，有一位美娇娘生得顾盼生姿，天下无双，可以找自己的契娘（干娘）来代理这门亲事。这么好的小美人本来是无价之宝，却只需你破费少许，二三十元而已，且其腰肢太细，故而饭量甚小，而且手脚极为爽利。

主人听闻，心中窃喜。买卖划算，出少入多。于是，说干就干，迫不及待地要连夜迎娶新娘，嘱咐快快找一个便宜的轿子把女子抬到府上。

结果却让这个吝啬鬼气得七窍生烟。因为抬到家里来的，竟然是一尊泥塑的观音。美丽确实美丽，养眼真是养眼，只是不好上床睡觉，可远观而不可亵玩焉。否则，定会是稀里哗啦的一床泥泞……

——这样的喜剧情节，最适合编剧马师曾自己表演。谁叫他是"网巾边"，是丑生。这也的确是他最拿手的一部成名剧。

不仅马师曾自己主创写本子，而且还自己主演挑大梁，"普长春剧团"的又一个高大的台柱立了起来，结结实实！

昨日，那些剧场内观众的嘘声、喝倒彩、哄闹；今朝，却变成满堂叫好、鼓掌、欢腾……

由此，马师曾完美地华丽转身，成功逆袭。

后人有述，此话不假："在普长春剧团靓元亨的门下，马师曾有了创作剧本的机会。他写了好些时装粤剧，灌注反封建反旧制度的思想，打破旧粤剧的一些不合理的传统，甚至曲调唱腔也大胆地尝试自成一格。他写了《洗冤录》以后，又写了几出时装粤剧的剧本……"

与前面这部讽刺剧《孤寒种娶观音》几乎同时上演的，是马师曾主演的另一出戏剧《炸弹追婚陈皮下气》。

——该剧也同样受到观众的喜爱,一个附带的奖赏就是他从演日场戏,提升到演夜场戏。

首先,剧名就很幽默。

"炸弹追婚"好理解,一听"炸弹"就是现代戏;"追婚"就是逼迫结婚呗。

那么,"陈皮下气"是什么意思?

"陈皮",又称橘皮,是一味中药的名字,其功能是理气健脾,主治脘腹胀满,与山楂、神曲等配伍同用,可缓解食积气滞。确实"下气"!

——显然,剧中人物名叫"陈皮",是一种诙谐。

此剧,写一对青年男女学生谈恋爱。

他俩经过一段交往,彼此倾慕,"暗里回眸深属意",一心想成为佳偶。却偏偏遇到阻力,女方顽固的家长陈皮,是一典型封建传统保守派人物。他总是这也不行,那也不妥,清规戒律可多了。陈皮反对新式恋爱,勒令女儿不与对方来往。新旧两代人,从意识观念到思想见解,代沟不可逾越,亦不可填平。

怎么办?

一天,两位深陷爱河的青年学生,用手帕包裹香烟罐来找代表社会顽固势力的老人陈皮谈判,恳请老人放他俩一马,同意他们的婚事。

然而,老人陈皮铁板一块,铁心一颗,铁青着脸宣布了他的铁则:

"自由恋爱,没门!除非等我死了,你们把我这老骨头下葬!"

两青年问:"真的吗?"

"真的,你们死了这条心吧!"

"那好,我们可就不客气了。这可是您老人家自己的选择……我们概不负责!"

——两位青年掏出了事先准备好的"炸弹",说着说着就马上准备引爆,并且扬言:

"干脆咱们同归于尽好了!"

老人陈皮禁不住这样的恐怖威胁,只好勉强答应了年轻人的要求。

二人欢喜,立刻跑到学校宣布结婚,请校长证婚。

等老人醒过梦来,发现自己上当了,那手帕是真,里面包裹的炸弹却是假的，那不过是一个香烟罐。

哪里有什么"炸弹"，确有一颗"诈弹"！

——一字之差，"诈弹"不是"炸弹"，"炸弹"就是"诈弹"！

有"炸"没"诈"，没"炸"就有"诈"！

老顽固老糊涂陈皮，越想越气，越想越怒，也赶到学校来继续理论。

这时，证婚人说话了。

他力陈传统的旧式婚姻的弊病、危害，父母包办、媒妁之言的落后、愚昧，以及新式男女自由恋爱、结合的合理、好处……

最后，陈皮老人终于明白了其中道理，转怒为喜。

——演员动情，观众受益！

马师曾扮演剧中的老者陈皮，身穿传统服装——长袍马褂，戴一尖顶小帽，嘴唇上挂着两撇八字须，神情举止诙谐、滑稽，引人发笑。他的表亲陈非侬倾情相助，饰演女青年，人物形象鲜活靓丽，光彩照人，同样被观众叫好。

在"普长春剧团"参演的初期，马师曾所扮演的角色不痛不痒，不被台上台下的人所重视。他表演的戏剧场次全部安排在白天，除了表演"日场戏"，没有"夜场戏"。

对戏行人来说，演"日场戏"只能算是"吃顿饭"，却远远不能叫作"吃大餐"。"吃顿饭"固然可以充饥，暂时填饱肚子，但是，只有"吃大餐"才是享受。这又好比喝白开水和喝美酒，完全是两回事。唱"日场戏"是喝白开水，解渴；唱"夜场戏"才是饮美酒，醉人。

随着马师曾的剧本越写越好、戏越演越好、名气越来越大、粉丝越来越多，他本人当然不满足于总是像往常那样，在"日场戏"里跑龙套，而盼望在"夜场戏"中当主演。

他一再向班主梅鲁锦提出自己的诉求，但班主对他多少有些成见，认为他虽然有了些名气，可是号召力还不足，万一演不好，就像《洗冤录》被喝倒彩那样，会让戏班蚀本。亏本买卖恐怕没人愿做，所以梅班主不便直接拒绝，就采取模棱两可的推托之计，能拖就拖，能敷衍就敷衍。

马师曾比梅班主还能磨人。在他执着的申请下，也碍着他是靓元亨徒弟的面子，班主勉勉强强地答应，但只给他安排一个晚上的"夜场戏"，而且还是票房销售最淡、戏院观众寥寥、生意仅有三五成的星期一。

周末，才是戏剧演出的黄金时段。

或许，"酒香不怕巷子深"——在这里是说得通的。

戏好不怕星期一！

马师曾把他的看家本领全都拿出来，就主打这两出威力巨大的戏：《炸弹追婚陈皮下气》和《孤寒种娶观音》。

且不说戏如何、演如何，但说自编自演这两点，也让他显出天赋与才华，使观众佩服。更何况，今非昔比，近一年来，他的舞台表演技艺已经有了长足进步，足以让人刮目相看。

果然不出所料，观众认可他，都说：

"马师曾已经扎了（已经红了，有人捧场）。"

为了让自己戏路更宽更活，也更吸引观众，他开始在新编粤剧中，借鉴诸多戏剧中最讲究功夫的京剧艺术，吸收京剧的功架和台步特点，将其融入自己的舞台实践。

老马首先看中了京剧《红霓关》中的故事，想将其改头换面，推陈出新，用一些现代人物取代古老人物。为编写这出戏，就得向京剧武生讨教专门技术，不仅学舞学唱，掌握表演程序的规范动作，还要练习其特有的台风。他请教正在星岛演出的京剧武生郭凤仙。恰好郭先生的演出日程没有排满，有时隔天没有戏，不需要演出，正可以辅导马师曾这样临时性的"私淑弟子"。

郭凤仙在此授徒，每月脩金50元。

马师曾一人负担不起，就拉来个陪读——陈非侬。两人都对京剧颇感兴趣又都一窍不通，所以一拍即合，共同进修，脩金各付一半，每人25元。

如果你感到充实，时间就过得飞快。

从一周只在周一晚上演"夜场戏"，到一周演两三场，再到主演周末黄金夜场……

不过一年半载，天资聪慧的徒弟马师曾，竟然有了超过师父靓元亨的势头。他出演的新编粤剧比师父还要叫座。这让师徒二人都感到有些诧异，也有几许尴尬。可以肯定地说，他们事前——在签订拜师文书"头尾名"时，恐怕谁也没有想到会是这样的一个结果，而且是这么快就出了结果。否则，从师父靓元亨一方来说，他可能不太愿意收下这个日后倒海翻江，尤其是马上就超越自己、与自己抢观众的徒弟；而从徒弟马师曾这边来说，他当然是一百个愿意！

此后，师父两人之间的关系，变得非常微妙，让人感到不乐观。

其实，这是传统戏行普遍存在的一种现象，人们熟知"教会徒弟，饿死师父"这一俗谚，不是空穴来风，而是严酷事实。

在徒弟超越师父这种苗头和趋势下，师父靓元亨对徒弟的迅速成长感到忧虑和妒忌，对他的事业发展加以遏制，甚至背地里做了一些手脚，这种想法多少可以理解，行为和做法却断然不能原谅。

——下面，我们就会看到，在徒弟马师曾真正的好事来临时，师父靓元亨是怎么加以阻止、压制，甚至千方百计地束缚其手脚，限制其人身自由，以致徒弟要展翅高飞，不得不上演美国电影大片《飞越疯人院》中所出现的情节……

马师曾与"普长春剧团"签约，一开始合同一签三个月，再续签三个月，等到半年过去，他不仅立足，而且走红，于是剧团再签就是整整两年的契约了。

——这就是说，人家需要你，你是台柱，再不愿意放你走了。

## 马鼎盛·旁述

插班生想出人头地，马师曾超常发挥文人功底、幽默本性，征服观众。时值五四运动风气大开，他标新立异闯出马派的一片天地。我也有点不同凡响的基因，在传媒界运用马克思"怀疑一切"的思维寻找事实真相。

马师曾成名前后尽力发挥编剧的强项，恶补登台表演的弱项；我初入报社喜遇海湾战争，充分发挥军事历史的本行，尽量掌握新闻背景资料，瞄准西方传媒人急功近利不求甚解的死穴，打响头炮。

记得父亲给幼年的儿辈讲"天下第一家"故事：乾隆和刘墉出宫私访，

见有家大院门口的匾写着：天下第一家。乾隆心想除了朕谁敢称天下第一家。进门要问个明白，见到一个十三四岁少年自称是当家的说："我们家规，娶妻不能当家，但是不知道为何称天下第一家，请到后院问我父。"两人走到后院，见一个三四十岁汉子，乾隆又问了一遍，汉子也说："不知道，请到后院问我父。"第三层院一个花甲老人又说："不知道，请到后院问我父。"进到第四层院子，一个八十老翁还是说："不知道，请到后院问我父。"君臣两人进到第五层院子，是一位百岁鹤发童颜寿星。终于真相大白："如我富不如我贵，如我贵不如我父子公孙三及第，如我父子公孙三及第，不如我五代同堂结发夫妻百岁齐。"乾隆笑叹自愧不如。他不必细想也知道，五代之家一门良贱几百口，近百年来解决五花八门的矛盾冲突，培养出三代一甲进士，内无再婚之女，外无犯法之男，敢于公告天下"天下第一家"，傲视王侯。这个家族是典型的"齐家、治国"楷模，帝王家的幸福感望尘莫及。这故事说皇帝富有四海，权倾天下，但是不可能做"十全老人"。深层意思是民间希望统治者能够容忍比他强的臣民。

香港凤凰卫视在伊拉克战争期间新开了《军情观察室》特别节目,在内地人气急升,马鼎盛作为节目主持人和评论员也由此"带电",正式加盟凤凰台,荣获当年"最佳节目创意大奖",马鼎盛在领奖时老老实实说,这个节目的创意是老板刘长乐的,所谓千里马常有,而伯乐不常有。

# 第十二章
## 跨海偷渡回国
DISHIERZHANG

驽马恋栈，骏马跳槽。

25岁，百岁人生的四分之一。

——这是人生最为关键的时刻，身体精力已经达到巅峰，而头脑还不成熟，至少要在另一个25年后才能尽显辉煌。

此时，香港普庆剧院老板的内侄聂耀卿，专程来到新加坡。

他要物色这里的粤剧人才，一来带一班大老倌回香港唱大戏，二来把新秀带回充实他任班主的广州新中华剧团。

聂耀卿来得正是时候，马师曾所在的"普长春剧团"演出旺台（市场票房好），而老马本人也在本埠的粤剧戏行历练有日，刚刚"扎起（舞台出名、崭露头角）"。

但凡各行各业真有眼光者，大多不用费时费力搜寻、考察，只需对一干人众瞥上那么一眼，就马上能够发现真货，识得英才——这种非凡的鉴赏能力、甄别能力、判断力，叫作"一眼识君子"。

聂耀卿，一眼就认准了马师曾！

这些天，聂先生不干别的，白天夜里，天天看戏，日日寻人，要找到他想找的能撑场面的人物，也想带走他能带走的可招徕观众的名伶……

聂先生有福，他还真的实现了愿望。

当他看到马师曾的时候，眼睛一亮，心头一惊，感到自己走了红运。"踏破铁鞋无觅处，得来全不费功夫"。因为，就在他的面前，猛然间，出现了一个两条腿的聚宝盆，长着脑袋的摇钱树，张嘴唱曲的台柱子，震撼粤剧舞台的"网巾边"。

其时，总是满座、又是满座的"普长春剧团"，正在演出粤剧《风流天子》。

舞台上，演员们服饰讲究，流光溢彩，珠光宝气，富贵张扬。

——然而，皇上妃子唱的什么，聂先生过耳即忘，却只记住了一个小太监。

马师曾在戏中的角色——小太监本来很小，不值一提，却愣是让他通过自己的演技给放大了不知多少倍……

老马扮演一个小太监，原本没戏，偏由他做出好多戏来。

正像戏班人评价的那样："（他）能够在戏的卡隙中找戏做，表现他独特的台风,赢得观众青睐。"

其实,现在的马师曾,今非昔比。

他什么样的角色没有尝试,什么样的戏路不曾琢磨,什么样的剧本没有研读,什么样的舞台场面没有见过,生、丑、净、旦,唱、念、做、打,包括饰演风流小生、多情才子、天王老子、驸马贵婿、皇亲国戚、媒婆巫祝、深闺佳丽,元帅忠臣、侠乞丐、奸佞小人、阴毒之辈……

我们的社会生活有多么广阔,他所扮演的角色就有多么丰富。

聂先生,既然已经探明一座价值连城的金矿,他就要马上开采,打听到老马是靓元亨的高足,就先去联系靓元亨,希望他能高抬贵手,放飞一只苍鹰。

没想到,被靓师父一口拒绝了。

马师曾改编《苦凤莺怜》为现代喜剧电影,引用粤剧《余侠魂》经典唱段 (马鼎昌供图)

拒绝的理由充分："两年合同还没有到期！"

靓元亨眼看着徒弟就要高就，远走高飞，内心就不是滋味，也很紧张。他决不能容忍一个如此年轻的后生，仿佛未费吹灰之力就平步青云，不到一年，就走了他十年的路……而他这一生，吃了多少苦呢？越想越不平，越想越来气！刻不容缓，十万火急，赶紧跑去夜半敲门敲窗，反复叮嘱戏班的两位"开戏师爷"冯显洲、黎琛瑚：

"少给马师曾写重要、出彩的角色，少让他出演适合他的角色……"

接着，又找到徒弟，苦口婆心地劝说：

"你总要想想，你的功夫还没有学到家，还要继续跟着师父勤学苦练。年轻人嘛，千万不要急躁，不能急于求成，更不能好高骛远。师父我，可是一个过来人，听我的没错！咱们不说什么——吃盐多，过桥多……就说我跌过的跤，肯定比你打的趔趄要多；我碰的壁，当然比你爬过的墙要多；还有我在大树下吊过的嗓子呢，一定比你在树枝上打的镖悠要多得多……"

——一连说了这么多个"多"，可见靓元亨不靓的心里，是多么憋屈，多么不爽，多么不容。

但是他毕竟还念师徒情，他不想让徒弟离开，也有情有可原的一些顾念在其中。那就是，他知道自己渐老，还有最后一个机会，和徒弟一起成就粤剧大戏。等到自己有那么一天，真的老了，身边当然更需要一个能干、得力的弟子帮衬、服侍……

说起来，也有点儿可怜的靓元亨，还不辞辛苦地找到戏班班主梅鲁锦，告诉他要适当地给徒弟马师曾加薪，并允诺他以后会不断加码……以便让老马看到些油水，放弃离开戏班的想法和念头，不回祖国，也不跳槽。

各忙各的，个个都忙。

另一边，聂先生也与马师曾频繁接头，见面。

聂先生表示，愿意以年薪6000元港币，聘请老马到广州新中华剧团担任"网巾边"。

年薪港币6000元，这一价码，在当时可算是相当优厚的待遇，老马心有所动是必然的。然而，人不能一味认钱，那也绝不是老马的性格，更不是他所秉

## 第十二章　跨海偷渡回国

承的为人处世之道。留在星岛，还是返回故土呢，真要定夺，进退两难。直令他徘徊不安，烦恼重重……

倘若跟师父告别，说明就里，师父断然不会应允；不辞而行，开小差儿，又怕被人在背后戳戳点点。

人家会说：

"怎么样？看到了吧，马师曾刚'扎起'就'花门'！不守信用！"

——这不是坏了自己的名声，断送自己的前途吗？

倘若不走，就在这星岛扎根，留驻普长春剧团，但戏班开戏已加限制，对自己不予重用，不派给主要角色，自身处境犹如浅水之龙困沙滩，深山之虎捆手脚，凌云之志不得申，揽月之心难实现，又是多么让人不甘！

两位"开戏师爷"心好，冯显洲和黎琛珊非常同情老马。

因为他们也都是从年轻人过来的，对戏班江湖水深浪急、月黑风高实在太了解，而自己这一辈子受打压、被排挤、遭迫害的经历体会也太深……

冯显洲和黎琛珊，一起给年轻人出主意：

"还是回国吧！先斩后奏！你留一封长信给师父靓元亨。这样比较妥当。

"对师父说明白你的难处，你的理由，你的愿望，你的真实想法和不得已的做法。你师父不是不通情达理之人，只是他出于个人利益，不舍得、不愿意你离开他。同时，给师父留下几百元礼金，并保证自己以后继续履行与师父所签订的'头尾名'之契约，保证履行师徒合约义务……

"你的信，可以交给我们两人，等你走后，我们再代交，让你的师父看。我们还可以在一旁劝慰几句，代为说项……"

"这样最妥！这样最妥！"

马师曾一边回应，一边在心里感激不尽。

二位"开戏师爷"见多识广、想得周到，又叮嘱道：

"走时，要悄悄地走，悄悄地上船。

"神不知，鬼不觉，千万不能告诉任何人，更不能让班主发觉，不然，他可以上报移民局，到船上把你揪回来。

"你和戏班签了合同，英国人最讲究这一套……你犯法就会被追究，顶不住的……"

马师曾饰演薛丁山"袍甲戏"。父亲晚年在珠江三角洲演出《赵子龙催归》，我在后台蹭戏看，看惯他演丑生、老生，台风突然变得大马金刀，教我大开眼界（红线女艺术中心供图）

## 第十二章　跨海偷渡回国

"师爷"就是"师爷",指点迷津。

——后来,马师曾在国内发迹了,第一件事,就是把星岛的二位"师爷"请回去,分享他的"胜利"成果。

有了二位"师爷"的鼎力相助,马师曾底气十足,痛痛快快地接了聂先生的聘约和定金。

聘约上,写得清楚明了:

"马师曾已经接受聘书和定金,应在是年(1925年)6月19日抵达广州,直接向新中华剧团报到,不得有误。如不能按时报到,须向剧团支付违约金100倍。"

接聘书的时候,已经是阳春三月。

马师曾只有两三个月的准备时间,光买船票都已来不及了。

忽然想起一个姓关的朋友,他在石叻庄任职,隶属香港与新加坡进出口商行,经常有商务货船来往于香港、汕头和新加坡三地。货船虽不载客,却可以载石叻庄所派的押运人员。

姓关的朋友恰好是老马的戏迷,很快答应让"普长春剧团"的"网巾边"扮装成一位押运员,这对伶人来说并不难!

新加坡开往香港的货船,周二下午2点起航。不巧的是,这天下午2点,正好是马师曾开演"日场戏"的时候。

临近乘船出发的那几天,马师曾装作一副若无其事的样子,整天优哉游哉地看书,哼曲,饮酒,逛街……

只是逛街,却不买东西,有时看看电影,轻松、惬意得不得了,以便让戏班人放松警惕。从师父靓元亨到班主梅鲁锦,从戏班大老倌到打杂的临时工,他们没有一个人发现老马"出逃"的蛛丝马迹。

常言道,"一个好汉,三个帮"。

其实,两个就够用。

师爷冯显洲、黎琛瑚是马师曾的"军师"兼左膀右臂。

马师曾和他俩商量好,为他"出逃"做掩护。

因为平时,黎琛瑚就曾替老马出演下午2点的戏,这样做不会让人怀疑。

黎琛瑚只一句话:"全包在我们身上!"

马师曾决定在货船起航前一小时登船。

还有两小时就开船时,他还在戏班上和大家打牌,有说有笑……

下午2点,一艘货轮起航了。

从星岛穿越马六甲海峡,开往中国香港,再驶向目的地——广州。

马师曾,来到星岛已经整整7年。

来时,还是一个生涩的戏班伶人;走时,已成为一方成熟的舞台台柱。

手扶船舷的栏杆,浩荡的海风劲吹。

远望海天一色。

随着蒸汽船的"犁铧"在耕耘,只见雪浪翻卷……

独自畅想,孑然一身,往事悠悠,远途苍茫,马师曾的心里同样浪涛汹涌……

粤剧剧坛,人才辈出。

难道,他本人也是"墙外之花"吗?

他的粤剧才华是在南洋的星岛和马来岛显露,而广州和香港则是他真正拳打脚踢、大杀四方的"疆场"。他把星岛当作自己的"潜龙"之地也未尝不可。

从18岁到25岁,马师曾的"南洋行"值得他一生追忆,他把最美好的年华挥洒在这片迷人的热带岛屿。在这里,他学过戏,教过书,采过矿,卖过药,乞过食,算过账,编过剧,成过角……

或许,这样一首七律《忆南洋》,能够或多或少记录他的这段青春岁月:

红船何故渡南洋,
粤剧星洲似故乡。
难忘洗冤喝倒彩,
初尝萆果嘴名扬。
丑生从来美不胜,

## 第十二章　跨海偷渡回国

靓女于今耻卉香。

头尾名签成禁锢，

一别顿首向残阳。

根据原来与聂耀卿先生的合约，马师曾是到香港新中华剧团做"网巾边"。于是，老马乘坐货船从星岛经汕头"偷渡"到香港时，就登上维多利亚港的码头。

他先到高档服装店置办了几身像样的衣服，备好旅行所用的简单用品，再去美发店打理修饰了一下，便兴冲冲去约定地点见聂先生。

不知为什么，聂先生改了主意。

他把马师曾介绍给广州"人寿年剧团"经理骆锦卿。

经理骆锦卿，诚邀老马加盟。

当时的"人寿年剧团"是羊城鼎鼎大名的粤剧剧团之一。

它与新中华、梨园乐、祝华年剧团同样知名，被时人誉为"晚清粤剧四大名班"。而且，其班底水平甚至比其他团体更胜一筹，可以说是最叫座的一个戏班。看一看演员阵容，你就会大吃一惊，堪称藏龙卧虎，个个头角峥嵘。著名大老倌有武生——靓荣，小武生——靓新华，小生王——白驹荣，花旦王——千里驹、嫦娥英，网巾边——李少凡，皆为能唱会演、观众追捧的大腕儿人物。

那时候，戏班如列国，争雄天地间。粤剧市场的竞争激烈，游说其间的纵横家摇唇鼓舌，看似争相抢夺大老倌，实为抢夺大老倌背后的生意。

那么，谁是声震梨园、稳坐第一把交椅的丑生呢？

除了薛觉先，一时再找不出第二人。

当时的薛先生，不仅擅长丑生表演，而且能唱文武生，戏行里这点儿事，几乎样样皆通，生、旦、净、丑全能，且能臻于完善，做到极致，而其形象也十足飘逸，好个玉树临风，仿佛古代潘安再世，实乃戏坛麟凤，舞台龟龙，大可倒海翻江，也能呼风唤雨。

谁都知道，薛觉先曾是"人寿年剧团"几大台柱中最为坚挺的一柱，毫不夸张地说，是该团的一根擎天柱。

今天的城市足球俱乐部和篮球俱乐部，都是以商业化经营为特色，其一年一度的职业联赛中，有着为人们所熟知的球员"转会"制度。

而100年前的广州粤剧界，就早已在实行这种演员"转会"的科学方式，使人才的池塘活水流动，永葆清澈，不至于因为淤积、阻滞而变得污浊、腐臭。

正是在这种充满生机的活跃的环境和氛围之中，薛觉先先生才从所在的"人寿年剧团"被挖走。用适当的资金补贴方式买走大老倌的，是另一家知名剧团——"梨园乐剧团"。

那么，自然而然，现在的"人寿年剧团"需要一位能够接替薛觉先的人物，他必须是一个人物，能够有前任大老倌那样的舞台技艺和个人魅力，能够有强大的票房号召力和观众吸引力。那么，这个人会是谁呢？

——是马师曾！

——就是马师曾！

——只能是马师曾！

马师曾，年纪轻轻，刚从南洋回国，就加盟负有如此盛誉的戏班——"省港第一班"，又接替薛觉先这样有如此声望的角色——"一代宗师"。

——可算是天赐良机，人逢大喜。

但是，事情都有两面性。

大凡世间所有的机遇，同时也有可能成为惨遇。

对马师曾来说，要么出头，要么出丑，好像没有第三个选项。

又惊又喜之余，他想道：

"整个戏班都是真金白银的好角色，可师可学可当楷模者甚多，演得好，很容易出名；而万一顶替不好大梁，让戏班的屋顶塌下来，也会闯下大祸，恐怕自己这一辈子都爬不起来。"

这全要看他怎么把握，怎么表现，怎么处理……一句话，面对瓷器活儿，全看他自己有没有一个杠杠的金刚钻。

他预支了几千元，重新购置戏装，之所以要这样破费，盖因顶尖大老倌就要讲究气派。就连自备的台围和椅垫，都要是锦绣编织、五颜六色，并且用精细的针脚绣上自己的大名。身边随时伺候的杂务人员，也端茶倒水地忙活，不

## 第十二章　跨海偷渡回国

能稍有怠慢。

这叫作——摆谱儿！

闹市街头，"人寿年剧团"刊登的广告惹人眼目：

"新聘南洋七州府著名丑生马师曾，将于某某日在我家大戏院登台。"

第一晚，他主演的大戏是粤剧《宣统大婚》。

说起这部20世纪20年代的"皇帝剧"，是一部应景之作。

宣统大婚的事，那可称得上是当时社会最大的新闻，已经逊位10年有余，被驱逐出故宫也10余年的溥仪，依然张扬地举行婚礼大典。

——这一天，古都北京的市民，纷纷欢言：

"走，瞧小皇上娶娘娘去！"

的确，这是一个时尚戏剧的好题材，而广东粤剧人最为敏感，他们最具有商业意识，马上就写出了相关剧本。

这出时髦的粤剧《宣统大婚》，本是"人寿年剧团"最旺台的剧作，原来由薛觉先饰演宣统皇帝。

而薛先生一出走，按照传统戏行的讲究——"职分者当为"，接替者马师曾就推托不得，不管自己对此剧熟悉与否、擅长与否，全要担待。

你想啊，马师曾长期以来是什么戏路？

舞台上，他扮演的角色，总是滑稽幽默、戏谑无状、插科打诨、装疯卖傻……而宣统皇帝溥仪又是什么人物，他贵为皇帝，威仪无上……台上台下，这样两个迥然不同的个体形象，又怎么能够很好地调配、融合在一处呢？

因为广告宣传做得甚好，剧场观众爆满，人人期待多日，早已心急火燎，争睹南洋归来的著名丑生的舞台风采和精湛演技。

此前，薛先生演宣统，长圆面庞，鹅蛋形状，英俊相貌，风流倜傥，唱腔精致华美，做派端庄得体，观众看了，如痴如醉。戏迷都说：

"别的不观，只看薛觉先便值回票价！"

这时，一看马师曾的面相——方方正正，国字脸一张，先就有点儿别扭；再看他五官线条并不柔和，鼻直口方，棱角分明，全非俊美一路，而是峻峭一格，又平添一道心堵；待这位曾混迹南洋、博得大名的丑生开唱，一副沙哑音腔，难称刷亮，虽然雄放宽厚，声震殿堂，磁力诱人，魅力尚可，但是，若比起他们早就熟悉、激赏的薛先生来，不免有些扫兴，热烈的期盼只是换来了一场空欢喜，恼火是可以理解的。更加上老马过去演惯了"网巾边"的噱头，总爱耸肩、撇嘴、翘眉、挤眼……把这些东西放在一国之君溥仪的身上，你想想合适吗？难怪观众大喊：

"下去！下去！"

在观众频频"倒彩"的节骨眼儿上，特别需要其他舞台因素，比如舞美效果之类救场，可偏偏第二男花旦苏韵兰为老马所化的妆，又出事了！这脂粉面妆，因为粉涂不匀，眉画太浓，汗水一浸，稀里哗啦……很不争气地乌涂一团，变成了熊猫扮相……难看不说，还很滑稽。

观众席躁动，现场一时失控。

前排，贵宾席就座的一位风度翩翩的先生，一袭白色绸缎长衫，见状起身，拂袖而去……走的时候，还提高嗓子，朗声甩下一句扎心的话：

"呢个马师曾，擘大个口（张开好大个口），赶扯八行位。"

——台上的马师曾，听得清清楚楚，一字一句都听清了，也记住了。

这一晚登台演出，令一贯好强、雄心万丈、眼睛望天的马师曾，丢脸丢大了，狼狈得不行，难堪再加上难堪，尴尬又复为尴尬，沮丧得要命，却不能去跳海。

马师曾刚刚回到故乡，广州的剧院让他既熟悉又感到陌生。

熟悉的，还是儿时看戏的印象；陌生的，是今天自己唱戏的舞台。

他既然碰了一个大钉子，让观众这么不待见，就开始深刻地反省自己，想在自己的独特戏路和观众的普遍兴趣之间，找到一个契合点。

我们的老马喝了失败的蛇蝎药酒以后，身体反而比以前更加强壮了。

他走台步的腿脚更稳，一步步，都坚实有力，踩得硬木地板都吱溜吱溜作响；他习唱时的嗓子也更润，更加通透，气流下至丹田，上至头盖骨，仿佛浑身通畅。他的耳边，常常会想起台前就座的"长衫客"那几句刺耳又锥心的话：

"呢个马师曾，擘大个口……"

"呢个马师曾，擘大个口……"

## 第十二章　跨海偷渡回国

"呢个马师曾，擘大个口……"

事后，戏班人告知老马，那位提前离座的白绸长衫客，是"环球乐剧团"的男花旦——新丁香耀。

其实，那一晚把《宣统大婚》演砸后，戏班里的其他大老倌——千里驹、白驹荣、嫦娥英等，并没有对马师曾的马失前蹄太在意。

他们在台口观察，看到了一切，幕后一起嘀咕，议论，品评老马的演技，一致认为他的唱功和做功都不错。观众之所以喝倒彩，是因为他的戏路，和"宣统皇帝"不对路。既然如此，不如就改动一下剧本，也改变一下表演方式，按照马师曾自己擅长的演技发挥，岂不是更妥，更好。

这时，来给你鼓劲的人，都是贵人！

他们每个人所说的话，马师曾一字一句清清楚楚地记住了，以至30年后，还能记得真真的，对人说起来如数家珍，那是他珍藏在心里的宝物。

千里驹对马师曾说：

"万丈高楼平地起，我看出，你的戏有根底！只要用心学，唔懂来问我，包你扎起！"

白驹荣、嫦娥英两人说：

"'人寿年剧团'，有我们几个人在，拍硬档，你不用惊，也不必多虑，准会卖座的！我们不愁！"

千里驹和大家一起想办法，共同发现：

"老马和老薛，两个人的戏路完全不同，正好相反。

"因此，我们往反方向改，就对了！还是这出《宣统大婚》，马演薛戏，一点儿不难。我们也无须对剧本大动大改，只需把个别故事情节和部分人物唱词改过来，改成老马的路子就可以了。这样就能够充分发挥老马的特点——诙谐、逗笑、通俗、机变……"

——这个发现，既重大又及时！

既然是戏班大台柱，也不能只演这一出《宣统大婚》呀，还要准备几出拿手戏才成。

千里驹知道，马师曾是靓元亨的高足，就问：

"你跟了演过《海盗名流》的师父靓元亨，他可是武术行家站桩出身，学过少林功,你有没有学到些真功夫?"

马师曾答:

"学到一些小武戏。"

千里驹一听就乐了,建议他把跟师父学的一些功夫拿出来,在舞台展示一下。并且打赌说:

"观众一定很有兴趣,你会吃得开的。"

说做就做。

千里驹一刻都不耽误,连续几天伏案,为老马临时编写了一些小武戏,添加在旧戏的故事框架结构中,还要显得情节不生硬,顺畅自然。

例如《玉楼春怨》一剧中,以前没有打打杀杀的残酷战争场面,却专为老马做了改动,有了古老排场中表现功夫技巧的"激子上马""长亭饯别"等场口,让他以英雄豪杰的威武姿态出场。这使观众耳目一新,赞赏不已。

戏路一对,顺风顺水。

出演《玉楼春怨》,老马尝到了甜头。

本是丑生的他,以小武戏路出现,也给观众留下新鲜的印象。

千里驹也高兴啊,他半是正经、半是打趣地对马师曾说:

"成啊,以后就照此办法,多开戏路,老渣(玩笑地说薛觉先)演正你演反;他演风流小生,你改为幽默诙谐……"

等到观众看到马师曾主演的剧作《一个女学生》之后,就彻底被新台柱所折服了,真正开始无条件地欣赏这位原本名不见经传的南洋粤剧后生。而老马本人在"人寿年剧团",在整个广州粤剧界的日子也好过多了,心里也舒坦、快乐多了,可以说是美滋滋的。

戏班老板骆锦卿也甚为满意,薛觉先"转会"并没有带来灾难性的后果,"人寿年剧团"反而是旺台更旺,戏迷也更疯狂。

单从名字上看,就知道时装粤剧《一个女学生》是时尚广州的产物。

它是千里驹和薛觉先合演成功的首本戏,主题是当时社会的主流文化思想,即反对封建传统,争取婚姻自由。

剧中,有一场戏,是写男女学生同游荔枝湾的情景。

薛觉先饰演花花公子,千里驹扮演女学生。丽日,微风,小径;河边,树下,花前,二人携手漫步,殷殷互致缱绻。男女问答,儿女情长。一派斯文风雅,观众颇为属意。

待到千里驹(饰女学生)和马师曾(饰花花公子)再演这部戏时,剧本的一些情节修改了,还是马师曾本人动手修改了唱词,使唱段更适合他本人的表演风格——亦庄亦谐,缠绵里蕴含着顽皮,斯文中带有些粗犷。

——在这部剧中,最能体现粤剧剧坛一直对垒的两位名伶的两种风格:

薛觉先演薛派的风雅斯文,阳春白雪,重文轻质;马师曾演马派的诙谐幽默,俚俗不避,雅俗共赏。

时势造英雄。

马师曾是为大时代而生的人,也为大时代所托举。

屈指一算,仅仅25年光阴,就遇到了至少4桩历史大事件:

1900年,刚一出生就遇到八国联军进占北京。

1911年,刚刚11岁就遇上孙中山领导的推翻清政府的辛亥革命。

1919年,刚刚年届弱冠就赶上反帝反封建、提倡民主科学的五四新文化运动。

1925年,刚刚从南洋归国开始在广州唱戏,就见证支援上海人民"五卅"反帝爱国运动的"省港大罢工"。

马师曾,一位粤剧伶人,怎么会和"大罢工"扯上关系呢?

当时的背景是,"人寿年剧团"在与其他剧团竞争时,很想创下一个无人能及的纪录:日场、夜场演出,剧场全都"顶桄(满座)"。

老板骆锦卿琢磨着,怎样挖掘老马这位粤剧舞台的"南洋新贵"的潜力,希望他改变一下"马不吃夜草不肥(大老倌都演夜场戏)"的观念,也来参与日场戏的演出。然而,一般大老倌是不演白日戏的,觉得那样掉价。毕竟日场戏观众比较少，演员演着也不带劲儿，不解渴。所以，老板骆锦卿盘算归盘算，却不便向老马直接开口。他只能拜托老前辈千里驹去单独与老马商议。

千里驹问马师曾：

"你在南洋时，演过日戏吗？"

"演过，演过……"

——马师曾脑子里过电影，马上想到自己当年演日戏时，闹出的种种笑话。特别是那次演《斩二王》中的韩龙，"三斩韩龙"丢人现眼，让小武新福喜揪着脖领子追问："你想诈死吗？"

千里驹的兴致更高了，马上追问一句：

"那你有没有卖座的日戏戏目？日戏卖座，那可太不容易了！我看呀，恐怕再没有人，也就你——老马能行！"

——这种激将法，对马师曾这样的人非常起作用。

他高兴地应承：

"行，我当然行！我演过日戏——《孤寒种娶观音》，那可是我自编自演的拿手戏！"

千里驹大喜过望：

"怎么，你自己编剧，自己表演，真不简单呢！这回我要说，你岂止是行，你是太行了！既当关汉卿——写戏，又做梅兰芳——演戏，那真是戏行奇才，天下少有，百代千年，伶人有几？"

——千里驹和马师曾谈得这样融洽，日戏的事情就好办多了。

老马出台，日场戏开锣了！

上演剧目，还是马师曾曾在星岛唱红唱火的《孤寒种娶观音》，只是戏词改了。本来只是讽刺守财奴的一副寒酸相，现在却增加了呼吁、支持"省港大罢工"的新内容。

下面的曲词，即老马的手笔：

"想起我当初，孤寒都已极，我饮又唔舍得饮，我食又唔舍得食，人地请我饮茶，我饮完兼夹掯，叫我请番餐，情愿脚伸直。不论系远亲，抑或系近亲戚，讲到借钱个一层，完全冇交易。若论做生意，别样我唔识，专做雷公轰，贪佢本少好利息。我请的伙计，第一要忠直，人工又要平，又要佢无人识，恐防人探渠，𫘷咗我一餐食，悭埋又是悭，日蓄兼夜积，专做守财奴，唔妨做吓公益。天理有循环，报应如霹雳，单生一个仔，死到硬直直，将来我盆水，唔知边个扔。生虽在中国，如同在异域。奉劝的有钱佬，千祈咪吝啬，人生几十年，孤寒又何益？你既然有钱，社会凭你力，贫民养老院，应分要组织，工人帮你忙，工人求你食，各等工艺场，应分要开辟，国由家而成，时常要交易，祖国若沦亡，家财唔噤试。受人地嘅专制，家财任人扔，总之谋救国，同胞如亲戚，有钱嘅出钱，无钱嘅出力，将来中国强，大家都有益，亏我人老声嘶气又顽。"

我们未见哪一位大名扬天下、举世皆知晓的中华戏剧人，在那样一个时代，在那样一个环境，在那样的生存状态中，出此豪迈壮语，写此高尚文字，唱此文明戏曲。

马师曾的粤剧代表作，是他原创和主演的喜剧《苦凤莺怜》。

马师曾饰演义丐余侠魂，实在是他戏剧表演的巅峰之作。

正是在这部粤剧中，他创造了自己的"马腔"唱法，那是一种前无古人的全新唱法，被后世亲切地誉为"柠檬喉""乞儿喉""豆沙喉"，观众为之着迷，陶醉，闻听则喜，享受至极。

为什么叫作"柠檬喉"呢？

从咀嚼柠檬的口感来说，其特有的酸涩的味道，是其他水果不可比的。而马师曾的演唱就有这种酸酸的刺激，而且任何人都不好模仿，那是他独有的令人解颐的"快乐维生素"。西方谚语这样说："一个小丑进城，胜过一打医生。"照此说法，推演下去，一个粤剧戏班的正印丑生进城，至少要胜过几打医生吧。

广州人有言：

"一笑去百病，就看马师曾。"

但是，以上所言，只是一种戏说，并不是"柠檬喉"的正解。

正确的解释如下：

当时，马师曾就住在广州西关观音街大巷。他时常听见卖柠檬的小贩沿街叫卖："鲜柠檬，鲜柠檬，马来西亚的鲜柠檬。清凉解渴，消滞去热，开胃解脾，生津润肺，沏茶泡水，一样好喝……"

这位中年男子的叫卖声，如同秋风吹落木叶，沙哑之中咬字清楚，松弛自然里带着遒劲，别有一种风格，听起来味道十足……

马师曾具有文学家的修养，感情丰富而细腻。这样的叫卖声不能不让他感动，感动之余，就产生感悟：这不正是自己苦苦追寻的一种个性化唱法吗？一个叫作"余侠魂"的义丐，作为饥寒交迫的乞丐，面黄肌瘦，形容枯槁，他可能有神而气不足，唱的声音就不会是高亢洪亮的。但是，因为是演戏，唱词必须让观众听清楚，吐字发声就必须讲究。这街头小贩的"柠檬调"，正是"乞儿调"，也可叫"豆沙调"。

饮誉粤剧剧坛近百年的"马腔"，就是这样创造出来的。

粤剧《苦凤莺怜》，让马师曾独特的义丐唱腔一鸣惊人，"马腔"突起而万籁俱寂，百演不衰而百看不厌……尤其在舞台上大胆使用广东口语，更是别开生面。他打破了千百年来，日常生活语言与戏剧艺术语言之间固有的藩篱，坊间俗语、邻里笑谈，不时穿插于文言文的演唱之中，典雅不避俚俗：

> 我姓余，我个老豆又系姓余，侠魂就系我的名字。
> 我家中内，粮无隔宿，几乎要做到乞儿。
> 有一日，系三月清明，乃祭拜山的日子。
> 我就去冯家，揾我大姐来借银，想我拜我老豆的山坟。
> …………

——如果你看过马师曾的粤剧表演，无论是从舞台上还是在荧屏上，你都一定会和我有一样的感受，剧中余侠魂，能让人不错眼珠儿地观看，唯恐漏掉了一个戏谑的表情或动作，当然还有太过滑稽的台词和念白的方式……一个人的举手投足、眉目传情，怎么可以这般幽默搞笑，丑生也真不是说着玩的。

但是，广州粤剧舞台上，如日中天的马师曾，也有比戏中"苦凤"还苦的时候，简直有苦难言。

这天晚上，他随"人寿年剧团"去乐善剧院演出《苦凤莺怜》。

照例，他要在家里睡个午觉，为夜场戏备足精神。

## 第十二章　跨海偷渡回国

他醒来后出门，忽然间被几个身怀枪械的壮汉拦截、扭住，不由分说地塞进一辆黑色轿车，疾驰而去。

老马顿觉不好，以为是绑票。

不一会儿，轿车停在南关。

原来，不知是哪位将军闲来无事，在南堤上大摆筵席，邀请四方宾客给自己祝寿，只缺丝竹管弦与名伶演唱，于是想到这整个广州城最大牌的戏班台柱马师曾。

马师曾忙说晚上还有演出，耽误不得，将军大笑，无事一样。他哪管那么多，只想把自己的生日过好。其部下一干人众呼三喝四，搭起个临时舞台，来宾都嚷嚷着要看名伶拿出点儿真功夫，唱几段好戏。就这么混乱折腾一阵，已经快到天黑，戏院那边马上要开锣却仍不见正印丑生的踪影，急得如热锅上的蚂蚁。都怪马师曾不守信用，更不守规矩。

戏院，乱成一锅粥。

一个马师曾不来，戏班和观众一样，全都没了着落，也彻底没了主意。

大幕拉开，总得有个人出场，还必须是"乞丐"才行，这临时去哪儿找啊？没办法的办法，是让演过乞丐的演员陈醒威顶替老马出场。谁料，帘一掀，刚一露头，观众就嘘声一片，头又缩了回去。

台下大喊，此起彼伏：

"要马师曾出来！"

"要马师曾出来！"

"快出来！快出来！"

——不是不让马师曾出来，马师曾在哪儿还不知道呢。

"不出来，就退票！"

"马师曾不来就退票！"

"退票！""退票！""退票！"

——本来嘛，人家观众来干吗？

花不少钱买张戏票，有的还是价值不菲的前排座位，最次的票也不便宜。人家看准了海报消息，是喜剧《苦凤莺怜》，是老马主演，才肯掏腰包，不就是来看马师曾吗？

看不到马师曾,就看不到余侠魂,看不到余侠魂,就不叫个《苦凤莺怜》,观众不急不闹才怪哪!

原本见势不妙,缩回头去的演员陈醒威也真够倒霉。他被老板骆锦卿和大老倌千里驹两个人又推上了舞台。

陈醒威硬撑着勉强唱了几句:

"我姓余,我个老豆又系姓余……"

——观众哪听啊,鼓噪声震耳欲聋:

"你姓什么余?谁说你姓余?"

红线女和马淑逑(右)、马淑明(前)、马鼎盛(抱着),1951年

## 第十二章　跨海偷渡回国

——台下更有观众，不嫌事情闹得大。有往台上扔茶杯的，砸椅子的，掷果皮的，还有把自己脚下的木屐也脱下来，当作手榴弹往后台甩的……

后台经理只好走出来，当面向观众道歉。

谎说马师曾临时出点儿小麻烦，贵体欠安。并且表示，尽快和老马联系，看看他能否抖擞精神，满足一下观众的迫切愿望……让大家有点儿耐心，再稍等一下。

剧院还宣布，马上给每一位观众发两根香蕉，先吃点儿甜的，消消气。

还好，这时候，马师曾匆匆忙忙地赶来了！

经理乐不得立刻高声现场告知：

"大家都安静坐好！我们重新演过，仍然由马师曾出台！"

舞台不大不轰动；观众不认不成角儿。

这天，乐善戏院发生的"老马晚场"新闻事件，也有它的积极意义。

孤高自负的老马本人，领教了什么叫作身不由己；戏班人更知道马师曾在观众心目中的地位崇高，无人替代；同为广东顺德人的"悲剧圣手"千里驹，对自己一心培植、爱护的小老乡更有信心……

唯有"人寿年剧团"老板骆锦卿实在不爽，觉得马师曾冲了"人寿年"的喜气。早就看他别扭（领老板发给的酬金，却从来不上缴份子），现在又添了一重厌烦。为此事，戏班老板和台柱，再次发生龃龉，各不相让，别人劝说也不成，火药味极浓。

从此，骆锦卿、马师曾，两人闹得水火不容。

一般戏行，都有些外人不知的讲头儿、说头儿。让旁人看来不解，甚至可笑，但业内人却尊之如佛陀，信之若真谛。譬如一旦出现这种"演员迟至""观众闹场"的事情，戏班从此就会倒运。

戏班老人、新人大多认为：

——罪魁祸首，就是马师曾！

终于有一天，马师曾在"人寿年剧团"再也待不住了。

既然与老板总是不和，那么，无论你做什么都不会很爽快。每当心烦意乱时，老马总是不停地背诗，就背这么两句，没有别的：

"锦城虽云乐，不如早还家。"

——老板名叫骆锦卿，名字中间有一个"锦"字。

他的戏班，就可以理解为"锦城"，而老马的家在哪儿呢？

他的家，就该是他自己另起炉灶所组建的戏班。

有这种可能吗？

——其实，他自己从来都没有想过，从来不曾有过这种念头。

## 马鼎盛·旁述

祖国才是粤剧大师的广阔天地。马师曾初登场被喝倒彩只是一时不服水土。开风气之先的羊城张开怀抱接纳文艺奇才，大革命大时代充满机会。绝对接地气的马师曾在家乡大展宏图。我在1997年前后创业香港，借"台海危机"起飞，趁伊拉克战争翱翔媒体。

香港文化艺术奇才黄霑对马师曾推崇备至，说老马最善于把握机会。我定居香港第一天黄霑先生提点我：香港最宝贵的特点、优点就是充满机会，只要你有料，"香港唔会死错人"。1990年海湾战争爆发，几十万美军跨过半个地球去"解放"科威特。伊拉克数十万兵力全副苏联装备，森严壁垒布阵沙特边境。中外军事专家估计美国为首的联合国军将打一场旷日持久的地面战争。我刚落脚香港报界几个月，发表评论预测萨达姆会败得很快。道理很简单，5次中东战争，以色列区区小国，用美国和西方的武器装备打得阿拉伯各国满地找牙。如今西方世界倾巢而出，伊拉克使那点苏联军火真不够看的。人微言轻，难觅知音。结果是100小时的地面战争，萨达姆十几个主力师土崩瓦解，联合国军最大的麻烦是俘虏收容不过来，美军战死几十人，卖乖说两万个收尸袋白买了。

我从小调皮捣蛋，男孩子打打闹闹就长大了。记得小学一年级，看见二年级的哥哥被人推撞，我二话不说就是一顿拳脚，好像爸爸也没有责罚。"那时你们还小，"父亲拉下脸说，"现在是中学生，力气大拳头硬，不知轻重，会

## 第十二章　跨海偷渡回国

打伤同学。"我连忙认错，解释说我们男生打架也有分寸，不打脸插眼睛、不勒脖子、不使撩阴腿。看到父亲脸色缓和，哥哥指着沙发上的《马师曾的戏剧生涯》说，爸爸跟小武王靓元亨学过功夫，流氓打手也不怕。父亲说那时年少气盛，现在说起来不用跟这种人动手，我们后台有纠察。难得父亲同我们小青年对话，我也大着胆子说，香港那个冯峰吹牛说打过您一掌？马师曾用歌德的故事启发我们，有人拦路挑衅说："决不给浑蛋让路。"歌德气定神闲回道："而我则恰恰相反。"哥哥开窍了说"君子不与牛置气"，我老气横秋地说："晚辈配角自我标榜打过马师曾，只能暴露其无礼。马师曾岿然不动以免妄人借机宣传的奸计得逞。"父亲谆谆教诲：你们以后进入社会，记住君子动口不动手，但是掌握一点防身功夫还是好的。

马鼎盛在凤凰卫视现场点评2003年伊拉克战争。全球瞩目的战场直播引发各路军事专家评论。号称世界第三军力的伊拉克，拥有成建制的苏联模式装甲兵团和绝对忠于萨达姆的"共和国卫队"，埋伏何处伺机反制美英联军？这是中央级别电视台军事节目主持人苦苦期待的问题。马鼎盛从战争打响就断言萨达姆不堪一击，西方联军可以速胜。因为伊拉克1991年已经被联合国军打成残废，此后饱受国际封锁十几年，大半领空被设为军事禁飞区，丧失制空权的萨达姆地面部队等于洗颈待戮。当时被众多媒体标记为"亲美"的马鼎盛，在4月9日美军轻取巴格达，萨达姆弃城遁逃之后，突然被公众发现：一个香港老百姓，没上过军校，在凤凰卫视评论伊拉克战争不幸而言中！中国一夜之间冒出十几个"鼎盛军事"网站，电视台同事打趣说，你红也不用开这么多网站啊，忙不过来可以高薪请我帮忙啊。天可怜见，马鼎盛哪里有闲心搞个人网站？虽然明白"肉食者鄙"，敢于挑战权威，同时有自知之明，懂得盛名难副

## 第十三章 "人寿年"办婚礼

马师曾再次跳槽,纯属无奈。

与马师曾第一次主动跳槽——25岁从新加坡"平天彩剧团"来到广州"人寿年剧团"不同。此番,他在27岁时脱离广州首屈一指的"人寿年剧团",组建、主持自己命名的"大罗天剧团"起初是被迫的。

起因,居然是他人生第一次大婚。

既然,已经是整个省会广州的名伶,结婚娶媳妇总该讲究个排场。谁让咱在梨园行混日子呢。可是,每年进项6000元,怎么够一个著名的戏班正印丑生举办大场面的婚礼,捉襟见肘啊!

没办法,只能借贷。

马师曾一手包办编剧、导演、主演,充分发挥"学而优"特色

他想到,香港有个父辈世交——何萼楼。

何伯父不仅跟父亲关系好,小时候还总是给自己压岁钱,出手大方!

自己找何伯伯借点钱,硬气。

何萼楼先生作为"人寿年剧团"的班主,常驻香岛。

他是经理兼开戏师爷骆锦卿的顶头上司。其时,马师曾因桀骜不驯,不肯向骆锦卿低头,所以才没有张口借钱,数额并不大——两三千元而已。

老马向骆锦卿请了两天假,乘坐渡船去找何萼楼伯伯。

## 第十三章 "人寿年"办婚礼

何伯父知道这位世侄，如今已成为戏班台柱，无事不登三宝殿，就直截了当地问：

"师曾呀，你找我有什么事呀？"

"何伯伯，我要结婚了，办喜事想要风光一点儿。戏班里，我挣得不少（他不想让世伯误会他要涨工资），只是一时手头紧，又不好对父亲开口。好歹我混得有头有脸，不好意思对父母说我缺钱。其实，也就是一时周转不开，等到唱几个月戏，这点钱也就能挣出来了。"

世伯何萼楼当然很愿意帮忙，这世侄也不是外人，而且在"人寿年剧团"可谓数一数二，前程无量。

何伯伯笑着说：

"婚姻大事，就是花钱的事，我们不能太小气！让人家看不起不行。你就痛快说吧，需要伯伯我出多少钱？"

马师曾赶快声明：

"何伯伯，我不能花您的钱，借钱是要还的。您就先借给我两三千元，就可以了。"

"好吧。伯伯借给你3000元，再给你发一个喜庆红包6000元。"

——就这样，马师曾春风得意地回到了广州。

老马向经理骆锦卿报到，并且炫耀自己喝了何班主在高档的瑞华园款待的咖啡，西式糕点"拿破仑"的口感也很纯正，比广州能吃到的西餐点心正规多了。而且，何班主对他太好，出手大方，大大方方就借给他3000元！

马师曾故意不说何萼楼是自己的世伯，只是口口声声称他戏班班主！

——这让本来心眼儿就不大的骆锦卿，更是不快。

骆经理想：你马师曾虽然是"人寿班剧团"的名角、台柱子，可你到底还在我手下，归我管理，我是经理！你不跟我借钱，却跑到我的上司那里借钱，什么意思呢？

——这不是明摆着有意在上司面前给我难看、给我扎针吗？还至于辛辛苦苦地跑趟香港，你说说这像话吗？

自此，二人矛盾升级。

153

转眼，到了6月。

这是一年一度，粤剧戏行重新洗牌的"转会"期。

遵照老例，每个戏班为了"散班（戏班拆散）"和"埋班（戏班重组）"，忙得不亦乐乎。

当时的花城、香岛，戏班少说也有36个，号称"三十六班"。

前面说过，"人寿年剧团"首屈一指，是戏班中的老大，观众的最爱。

其他的戏班，较为知名、吃香的有"新中华剧团""梨园乐剧团""祝华年剧团""周丰年剧团""环球乐剧团"等。

每当此时，必然举行一次由全体名班伶人参与的大集会。

这些被推选出的粤剧演出团体和个人将在一个大戏院中，于同一个夜晚，上演各自最拿手、最叫座的"首本戏"，具有会演兼比赛的性质和作用，最高兴和享受的当然是观众了，如同过一个"粤剧节"。

等到整个大会演结束，重新组建戏班的工作也就开始了。

这边厢，马师曾正在筹办婚礼；那边厢，"人寿年剧团"临近"散班"。

为了来年剧团继续盈利，扩大票房收入，即使经理骆锦卿一万个不愿意，也还是想尽最大的力气留住马师曾。他是台柱子，更是摇钱树！

但是，马师曾因年轻气盛而血气方刚，因血气方刚而性格倔强，因性格倔强而横冲直撞。做人有棱角，做事凭意气。全然不知遇到麻烦和险境须暂时隐忍，学会闪展腾挪，更不会为了自己更大的利益和更长久的计划，一时低头弯腰、委曲求全……所有这些，在一般人看来太简单的事情，他一概不知、不懂、不学、不会。

经理骆锦卿，深知他没有能力说服老马留下，就让与老马关系很好、威信很高的戏班大老倌千里驹，来劝说这位正当红的正印丑生留在"人寿年剧团"演戏。甚至，宁肯戏班出血，也要出大价钱留住老马。

千里驹问老马的年薪意愿："年薪，你想加多少呢？"

想不到，老马不太看重年薪，而是看不惯经理骆锦卿：

"钱加多少都无所谓，关键是骆锦卿一日留在班上，我就不想留啦！"

一看马师曾这样斩钉截铁，别人还真不好再说什么。

## 第十三章 "人寿年"办婚礼

而这时,许多别的戏班,都想拉老马"跳班",想收编老马,那自然是不在话下。

即便是这样,"人寿年剧团"仍然抱着一线希望,想拴住狂傲的老马,于是全戏班上下,都对外放风说:

"关于是去还是留,我们正在跟老马谈着呢……我们正在斟酌……"

——言外之意,就是你们都不用打老马的主意,老马是我们的人。

在这戏班人事变动的关键时刻,人人都有打算,人人都在争取自己的利益,因此人人都到位于广州繁华地区——西关的陶陶居和莲香楼来品茶。

这其中,包括戏班大老倌和无名小卒……

说是品茶,其实是有目的的社交,通过交际谋求好处和利益,主要是在好的戏班占住位置,在位置保全的基础上提高薪金……仅此而已,再无他想。

唯有一贯清高自负、白眼看天,一贯凡人不理、独来独往的马师曾,不来此凑热闹,不关心,不参与!

因为不到这样的地方来,所以老马的信息不灵。他对戏班的"散班"和"埋班"的消息,全然不知。

平日,老马不与戏班人过多交往,结交、聚会的,还是他小时候的顽皮发小,在他家院子里打闹,上演"全武行"的那群人。要不,就到做教师的朋友学校或图书馆坐坐。他的兴趣、爱好与同为戏班的伶人,更加广泛,或者说更加文雅一些。

当然,随着在戏行浸淫日久,他身上也还是"戏味"渐浓,学会了打牌、打麻将,不时也吃吃喝喝,烟瘾不小。甚至不避嫖赌,徜徉在烟花柳巷,玩耍在青楼酒肆,也是常有的事情。乃至招惹不少麻烦,也闯下危及性命的弥天大祸……

就在"人寿年剧团"散班的前几天,经理骆锦卿还想做最后的努力,派韦耀跟老马商量。

"特派使者"韦耀问老马:

"你要多少钱?咱们再续订一年合同!"

马师曾有意为难骆锦卿:

"本来，'人寿年'有骆锦卿就没有马师曾，有马师曾就没有骆锦卿，既然让你老兄出面，好，我们就谈谈。我要2万元，1年！"

韦耀吃惊不小，又问：

"你是开玩笑还是当真？你比千里驹还要高出2000元？"

——当时，千里驹可是粤剧界的泰斗级人物，是数一数二的大老倌，年薪18000元，算是全戏行的最高待遇。

而此时的马师曾在"人寿年剧团"不过是6000元年薪，相当于千里驹年薪的三分之一。

骆锦卿的"特使"韦耀一听这价码，觉得不是自己的耳朵出了毛病，就是马师曾的脑子出了毛病，一定会让骆经理的小心脏吓出点儿什么毛病。于是，再不多言，想着回去怎么婉转地向骆经理汇报……

即便是韦耀，心里也明白，马师曾，是"人寿年剧团"的经济增长点！能留住，当然最好！所以，他也要力劝经理接受老马的要求，尽管这要求高了一些，让人有些头昏脑涨，眼冒金星。

果不其然，第二天，韦耀领命，再次找到老马：

"骆经理有意要留你。年薪有商量。他愿意出价16000元，最多可出18000元，与千里驹的年薪持平。但，不能再加了。你也得为老前辈千里驹着想，最好是让人一步，应比千里驹少一两千元。"

"不行，我就要2万元，一文不少！"

说实在的，经理骆锦卿的诚意足够，年薪加码的力度足够，做得仁至义尽了。

但是，马师曾仍然意气用事，就是这样优厚的条件也还是拒绝签约。

若从旁观者的眼光看，真不知他老马此时的脑袋里在盘算什么。他为什么要这样决绝，决不让步。"退一步海阔天空"，他不会不知，只是他不为也，不愿意采取行动。

既然这样，"人寿年剧团"别无选择，只能放弃老马。

天下没有不散的筵席。

"散班"那天，戏班送给老马一个大红包，戏行管它叫作"大红封包"。

## 第十三章 "人寿年"办婚礼

包里封装着一份账目明细表,一笔笔,详详细细,清清楚楚。

老马花销不少,平时个人用于消费预支不少,而年薪又不多,所以一年结算下来,他非但没有挣到钱,反倒欠戏班1万元。

封套后面,写了四字:

"后会有期"。

这又是戏行规矩,有这样四字——"后会有期",就是不再聘用的意思,只是说得含蓄一些。伶人一见,心里就清楚了,这是让自己走了,可以离开了。如果没有这四字,就是继续任用,是留下来的意思。

这样做的好处是,对那些拿到"后会有期"的解聘暗示的人,戏班是分手不分家,还是期待后会,兴许就有后会,山不转水转,日后见面也不尴尬;而对那些留下来的人,当然就更不用说什么了。

当马师曾接到"红包"时,旁边的男花旦苏韵兰还好奇地询问:

"昨天,你们谈价码谈得如何?他们留不留你?"

老马回答:

"还未谈妥。"

还是苏韵兰在这方面更有经验,他拿过"红包"正反面一看,就明白了,赶紧告诉马师曾:

"后会有期,这是他们不留你啦!"

——真到解约,真到了和戏班说再见的时候,马师曾盛气凌人的那股傲气,倒是消了一些,发热的脑子也清醒了一些。

他知道一个人唱戏唱得再好,也不能没有平台,不能没有团队。这个平台,是戏院的舞台;这个团队,名字叫作"戏班"。

现在,自己该怎么办呢?

对于一个伶人来说,孤身一人,是不能打天下的。

即使你有金属的嗓子,响遏行云,就算你有表演的天赋,浑身是戏,纵然你名头不小,威震八方,没有一只"红船(戏班)"也还是不行。

一向桀骜不驯的老马,一时间不再狂傲。而平湖止水,方能映照天光。他平生第一次,体味到彷徨无措的感觉。这是一种他于南洋只身流浪时也没有体会到的感觉，一种从高处骤然坠落的、失重的感觉……

原本，马师曾只是想借机与骆锦卿斗一斗气，想出一口气，可是结果却令人懊丧！难道他就这样离开"人寿年剧团"，还欠一屁股债？

这1万元又是怎么欠的呢？

——马师曾有了南洋艰苦生活的历练，平时生活简朴，不会大手大脚地花钱。但是，他与师父靓元亨有师徒"头尾名"契约，就要把唱戏的收入分成上交师父。就在马师曾回国的第二年，师父靓元亨也回到广州，在"祝华年剧团"担纲。按照戏行规矩，马师曾应该付给靓元亨7500元，这是根据"头尾名"签订的时间和马师曾在"人寿年剧团"的薪水所折合的数目。马师曾表示要分期付，师父也同意了。

可是，事后有变。

一天傍晚，马师曾随戏班在河南戏院演戏。

他刚刚来到后台，过道上，遇见一个着短打衫裤的中年男子，歪戴帽子，嘴叼香烟，膀大腰粗，面带杀气。这个流里流气的壮汉，一只脚踩在老马的服装箱上，神气十足地发问：

"你就是马师曾吗？"

"正是。"

壮汉挥掌打过来，还骂骂咧咧：

"他妈的，老子打死你！"

马师曾在新加坡演《古怪夫妻》时，为了模仿虹霓关戏路，曾请教京剧老师学点武艺，学会了几招散手，同时也有一些师父靓元亨的小武戏根底，因此扭打起来并不吃亏。

两人你一拳、我一脚，动静很大，惊扰到戏班同人。

众人上前劝阻，硬将打斗者拉开。

戏班经理连同几位武生，护持马师曾。无论如何，不能伤着自家的台柱子。大家把这前来无故挑衅、无理取闹的流氓无赖，带到一间房内清茶伺候，目的是探明来人目的。

一问才知，此人自称"大天二"，是李福林手下人，名字叫周少保。

——这话，也许是真，多半是假。

## 第十三章 "人寿年"办婚礼

李福林早年投身绿林,与乡人结成匪帮,被推举为"大佬",但很快就于1907年投奔孙中山,加入同盟会。辛亥革命时,李率军参加反清起义,人称"福军"。后来,李福林历任国民革命军第五军军长、广州市市长。

而像这样寻衅闹事的流氓,都喜欢找一个头衔大的人物吹嘘,以便抬高自己的身份。其实呢,或许不过是一个街头小混混。

顺便说一下,民国时期,广州人诙谐幽默地创造了一个词语,将占据地盘、打劫勒索的土匪,称为"大天二"。

再多问几句,才知,这个人到中年的街头小混混——周少保,原来也曾是戏行中人,只是好吃懒做,不务正业,混迹江湖。说着说着,他就说秃噜了。大家也就找到了事情的起因。

这个街头小混混——周少保,居然知道马师曾欠他的师父靓元亨7500元,数字有整有零,一分不差。

事由明确,什么都不用说了。

架也打了,总得有个说法吧。千里驹怕事情闹大,就出面调停,马上和戏班伶人一合计,决定不能让老马遭此暴力催讨,欠多少钱马上还不就结了?

于是由戏班做主,一次性结清了师徒"头尾名"契约所规定的数目——7500元。

这是戏班代为垫付,扣除老马的年薪还差1500元。

事后,师父靓元亨表示,他对周少保的做法毫不知情,并以拒绝接受徒弟的7500元,来证明自己的清白。

但是,经过戏行老前辈的再三斡旋、调解,账目还是结清。

靓元亨和马师曾师徒之间的一场误会,也最终得到冰释。多年后,师父已经见老,不再登台表演,生活拮据、潦倒,而马师曾事业红火、无限风光,依然执弟子礼,殷勤拜访,聊表心意。

此时,马师曾和师父靓元亨的账是清了,可老马还有和"人寿年剧团"的一笔账目要算呢,不是欠1万元吗?

1万元,减去戏班帮助老马还师父7500元,其他是马师曾置办演出服装、用具以及平时应酬等的花销,还有些赊账。

老马的父母，和当时的许多家长一样，按照传统习惯为他操办婚事，一般都不外乎"三部曲"的固定形式和套路：先是"父母之命"，后是"媒妁之言"，继而"轿子迎亲"。

知情人透露：

"当时有个与马家关系密切的医生刘哲明，知道马要成亲，便自告奋勇，为马做媒，介绍一个家道中落的王姓人家的独女给老马，一拍即合。"

老马的第一次婚姻，就是这么简单的"配对"。

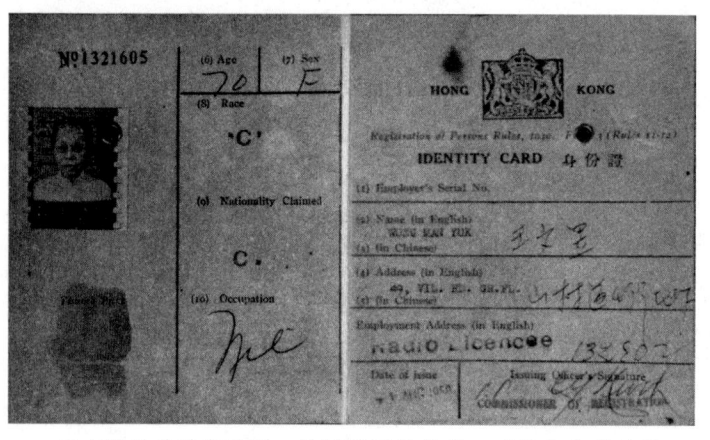

王文昱的香港身份证。马师曾天性纯孝，对母亲言听计从

他身为粤剧界的红伶，娶了人家王氏家族的小姐做媳妇儿，理应铺张一番，当时就是这么个风俗。

老马原本与父母住在西关曾家大巷，现在也不得不另觅新居，粤剧大老倌的新房怎么能不讲究？他在十五甫蔡家大屋租了一座大房子，称不上多么富丽堂皇，倒也宽敞明亮。只是他自己的心里已经宽敞不了，也明亮不了，因为他又花了大几千元，而且是借钱讲排场，冒充富贵老大。

婚后，没过多久，老马就知道自己马失前蹄，择偶有误。

他与王家小姐性情各异，志趣不同，好像哪儿哪儿都不合适，同处一座大房子觉得太挤。因此，两人感情异常不好。丈夫好动，妻子懒动；妻子事多，丈夫烦事。

——这还怎么过呀？

与其同床异梦，不如劳燕分飞。

如此婚姻，大约只维持了一年。

马师曾第一次结婚和第一次离婚，同样来得迅速。

## 第十三章 "人寿年"办婚礼

马母盼望长子马师曾早生贵子,实际上这要等到23年后

再说马师曾离开"人寿年剧团"的消息,不胫而走,成为《真栏日报》的特大新闻。

人们议论纷纷:

"这样红的老倌,'人寿年'怎肯放他走?"

"一定是虚传!不可能的事!"

"数口(价钱)未斟掂,还有的斟酌。"

"老马此去,是被哪个戏班高价挖走,想必是天价才成!"

报界新闻狗仔队也跟着起哄,有的报纸刊登不实消息,谎称马师曾根本没有离开"人寿年";有的则无端揣测,说是正印丑生已经和某某知名戏班签约;还有的说得更加离谱,竟然说老马要再闯南洋,并且要带走一大批名伶……

"后会有期"四字,作为戏班辞退的婉语,的确打击了年少成名的马师曾。这是他自南洋归来后所遭受的第一次沉重的打击。

父亲、母亲和亲戚朋友听到坊间不少传闻，也看《真栏日报》报道"人寿年"不再录用马师曾云云，就来问他：

"报纸刊登的这些消息……是真的吗？"

老马爱面子，也不想让家人担忧，就安慰父母说：

"待定，待定，还没有最后拍板呢。"

这一晚，正式"散班"。老马所在的"人寿年剧团"在广州海珠戏院，演出《苦凤莺怜》中的一幕。

戏班全体人员到场，包括行政管理的头头脑脑，照例有别的戏班来人收容未被留用的演员，或有新的班主出面拼凑一些演员，成立新班。

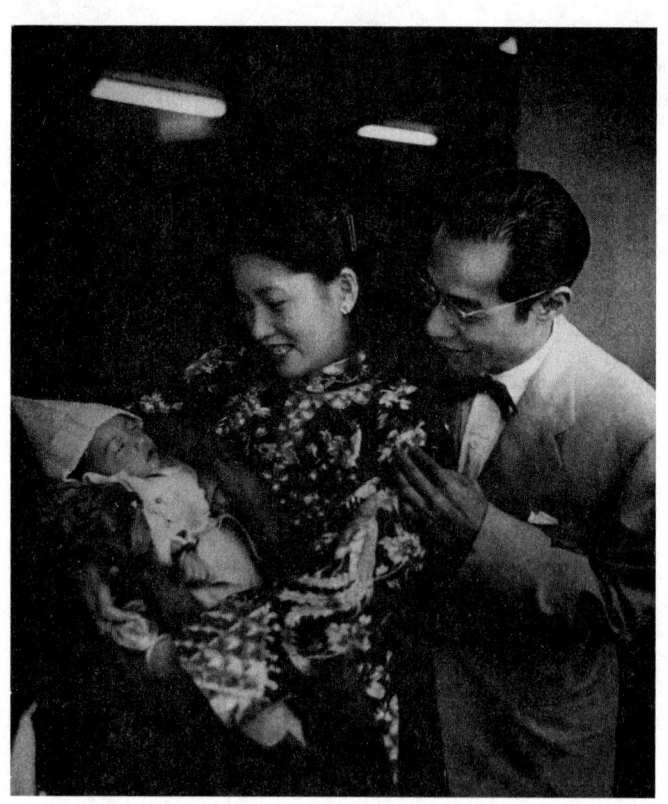

马师曾、红线女弄璋之喜，产后第三天就登台演出。女姐事业红透半边天的代价不菲　（红线女艺术中心供图）

马师曾演完戏，卸了装，没精打采，心事重重。

他刚一走出戏院，就被一个人拉住了。

原来是老马的朋友——谢鲁二，旁边站着一位穿戴考究的陌生人。

不知为什么，谢鲁二满面喜色，他一手拉着马师曾，一手拍着陌生人的肩膀，高兴地介绍说：

"我让你们二位认识认识！

"这位是刘荫荪

## 第十三章 "人寿年"办婚礼

先生，办捐的大老板（包收捐税的捞家），还是刚才你们演出的戏院——海珠大戏院的院主；这位马师曾，不用介绍，都认识啦。"

马师曾问：

"二位有何指教？"

刘荫荪马上搭话：

"咱们到俱乐部吃点夜宵，慢慢谈吧。"

老马推辞，因为心情不佳，只想早点儿回家：

"我今天胃不舒服，不想夜食，多谢啦！"

谢鲁二忙说：

"阿刘这时候来，请你宵夜，当然是有事和你商量啦！"

——此时，夜色朦胧，海风拂面，街上灯影幢幢，人已稀少。

老马一脸愁云未散；

谢鲁二则暗自心喜；

刘荫荪是满怀期待。

三人，边走边聊，不知不觉就到了珠江北岸繁华的大街西堤。

西堤，是羊城历史上最早的马路之一。

20世纪30年代，这条街道在城市中显赫的地位就好比北京的王府井大街，上海的南京路……

这里高楼林立，商业兴盛，早在1901年英国人在此建成五仙门电厂，使广州成为内地最早的不夜城之一；1922年建成的大新公司大厦，高12层，是当时中国第一高楼，比天津最高建筑劝业场大6岁，比上海最高楼沙逊大厦早7年……

大老板刘荫荪，预先在位于西堤的南楼俱乐部订了一个包间。

这家俱乐部由一班捞家巨商开办，临近夜半依然灯火辉煌，像是专门在等待三位贵客。

门口的侍者殷勤上前鞠躬，引路……

夜宵席已经摆好，美酒佳肴甚是丰盛，时令海鲜样样齐全，龙虎斗这样的名菜都上来了，特制的羹汤鲜美，足够一个戏班的人享用。

这哪里是吃点儿夜宵，整个一个大餐。

香槟酒也备好了，就等着喜事宣布时，开瓶庆贺……

席间，谢鲁二率先活跃气氛：

"老马，你可不知，咱们大老板刘荫荪最爱看你演的戏，你的唱词他都会唱，可算是你的铁杆戏迷。"

老马话不多，应酬而已：

"多谢刘老板抬举！"

谢鲁二清楚自己要干什么，这可是给朋友老马找一条唱戏的"活路"，也是在给商人老刘找一条赚钱的"财路"：

"刘老板对戏班很感兴趣。"

"他听说广州三四十个戏班，个个都赚钱。像你们'人寿年'这样的剧团，哪一年不是赚得盆满钵盈？搭台唱戏，不需要什么成本哪，不需要购买原材料，也不需要建厂房，组装机器，形成流水线……原材料就是那么几个演员，还别开口唱，一开口唱就收钱，你说这钱该多好挣呀？这不是一本万利又是什么？"

老马这时好像听出了一点儿什么，多少有些兴趣。

刘荫荪见老马来了精神，才开口说话：

"老马呀，今天可不是单单请你吃夜宵，我们有要事相商！

"直截了当地说，我想让你挑头，组建一个新戏班！干一番大事业，创一片新天地。你老马是谁？你可不是在地上跑的马，你是一匹天马呀！天马行空，纵横无际！"

——老马本就年轻，一听这话，血脉偾张，受到如此恭维，马上顾盼自雄。他兴奋得忘记自己是谁，忘记了自己刚刚被"人寿年"扫地出门，只觉得整个粤剧剧坛，舍我其谁？！只顾自己低着头，自言自语地小声嘀咕：

"……挑头，组建一个新戏班，干一番大事业，创一片新天地，我老马是谁，我可不是在地上跑的马，我是一匹天马，天马行空，纵横无际……"

刘荫荪——刘老板到底是一个大商人，见到商机，就像老虎和狮子闻到一点儿血腥味一样，猛扑过去，决不放过任何可口的猎物。

而且，真正成功的商人，都会察言观色，都有上佳口才，善于说服人，把他看中的赚钱机器——人说服了,就等于说服了钱,让它顺从地溜进自己的腰包。

刘老板不说话则已,一说话就直指要害:

"老马,我想问问你,在'人寿年'多少年薪呢?"

"6000。"

"'人寿年'留住你没有呢?"

"讲紧(讨论中)。"

"你想要几多呢?"

"2万。"

——刘荫荪伸出手来拉住马师曾的手说:

"就这样决定啦,给你2万,你来吧。"

老马一时惊愕不已,以为自己在做梦。

——刘荫荪又说:

"我老实对你说,我从未做过戏班班主,全靠你主持啦!由你来开个戏班成员的名单……"

老马说:"先商定个班名吧。"

刘老板是将戏班组建的事,全都托付老马,并不事必躬亲地劳累自己,他只管出钱,对经理的业务和管理,不加干预。他懂得"疑人不用,用人不疑"。

刘老板说了一句:

"戏班是你的,出钱是我的事。戏班的名字,就由你起吧。"

老马,不假思索,灵机一动,想出个名字"大罗天"。

"对,就叫'大罗天剧团'!"

他是从"天马行空"想到了"大罗天"的。

应该说,老马取名"大罗天",是气魄和心胸使然,也是才华和能力体现。

"大罗天"三字,乃包罗天地万有、戏班地位最高之意。

马师曾开列了一个"大罗天剧团"大老倌名单:

花旦——陈非侬,武生——曾三多,文武生——靓少华,小生——李瑞清,第二花旦——林超群,丑生——马师曾,第二小武——新靓就。

——其中,文武生靓少华是原梨园乐剧团的台柱,因薛觉先去了上海,梨园乐散班之后,还没有组成新班,被老马拉了过来。小生李瑞清是由刘荫荪推荐。

刘荫荪问:"廖侠怀,用不用?"

老马说:"多多不拘。"

于是,名单里又多了个第二丑生廖侠怀。他是马师曾的师兄弟,同出靓元亨的门下。他以演《贼王子》中黑人王子而闻名,代表剧目《花王之花》。这位廖先生还有"廖圣人"的美称,他不抽烟,不喝酒,不赌钱,不好色,一生只娶一个婢女出身的妻子,不离不弃。

刘荫荪还举荐了一批新剧(话剧)演员,花旦——林昆山(育才书院的毕业教员),丑生——伊秋水(原银行职员),小武——叶拂弱(原海员),小武——罗文焕,顽笑旦——谭猩猩,丑生——黄瘦年,小武——李远芬,小生——陈兆文。

——这些话剧演员,平时也喜欢锣鼓戏,并时常在俱乐部中客串演粤剧,非粤剧出身,属于半路出家。

刘荫荪让他们到戏班来,也是商业考虑,为了扩大"大罗天剧团"的势力,招揽看客,把一些年轻的话剧观众也带过来。这也是一个卖点:话剧演员表演粤剧,将会是什么样子?

刘荫荪授权老马,"大罗天剧团"所有演员受聘、解雇、定薪金、签合同等事务,都由老马来负责。

实际上,老马是在担任整个剧团的执行经理,或曰戏班大管家一职。他的权力很大呢!

第一个来"南楼俱乐部"报到的人,是男花旦陈非侬。

老马问:"老表,有戏班要定你喽,你要多少人工呀?"

陈非侬说:"照梨园规矩给8500元行啦。"

老马说:"我都定2万啦,你也定2万喽!"并马上让陈非侬签字。

陈非侬半信半疑,惊讶万分,一时语塞,转而正色:

"喂,喂,我说老表,真的假的,我知道你在舞台上能搞笑,现在可不能开玩笑!不要开玩笑!"

老马也很严肃地说:"是刘荫荪定你,不信你问刘荫荪!"

一旁的刘荫荪开口道:

## 第十三章 "人寿年"办婚礼

"定是我定,但工薪由老马说了算!他说2万就2万!"

——陈非侬这才手颤颤地拿起笔来,签了合同。

其他大老倌也一一到来,商谈签约事宜,任由他们开价,要多少就给多少,决不讨价还价,十分爽快!

至于老马欠"人寿年剧团"的1万元债务,由刘荫荪代老马向"人寿年"方面清还,还不扣老马的年薪。

——这一点,刘荫荪做得非常大度,后来"大罗天剧团"能够大走红运,和刘老板的做人做事风格有很大关系。

马师曾是个豪侠仗义、大气磅礴的人,正好与同样豪爽、大气的刘荫荪一拍即合,彼此共事得十分畅快、舒服。

刘荫荪为何这样豪爽、大度?

——这与他身上浓厚的文化气质有关,他可不是一般的商人,而是典型的儒商。

后来,老马才得知,刘老板出资营造"大罗天剧团"的时候,不仅是海珠戏院的院主,还兼任广州知名的民办报纸《国华报》的社长。

广州粤剧界出了个大新闻,刘社长的《国华报》当然率先报道。

"大罗天剧团"成立,与马师曾签订为期一年的合同,年薪2万元,连还债等于年薪3万多了。

——这是粤剧史上,最高的工薪!

"大罗天"埋班的消息传出,《真栏日报》则用特号字登载这一轰动新闻,使广州、香港、澳门三地的粤剧界大为震动。从此以后,戏班与戏班之间的竞争更加激烈,促使粤剧艺术更为蓬勃地发展。

"大罗天剧团"演员阵容,豪华而又气派。

尤其是戏班几位大老倌,他们同为粤海同乡,大多年龄相仿,趣味相近,艺术相勉,意气相投。而且,个个成名皆早,身怀绝技。亦有一些新剧(话剧)新锐人物,放异彩于旧式梨园。这些新剧演员,不是职业教师就是英文翻译,还有海员和医生,从而大大提升了戏班文化素质和知识水平。同时,编剧大腕与表演大咖,配备齐全,如同双峰并峙,更有粤剧作曲高手助阵。

这是一个奇特的夜晚，观众期待已久的"大罗天剧团"终于亮相，他们在广州堪称戏院"戏霸"的海珠戏院拉开大幕。

开张大戏，是马师曾的首本戏之一——《佳偶兵戎》（又名《古怪夫妻》）。

故事非常有趣，以报国为题，因结亲生事。主要人物"七王剑锋"和"金泉郡主"，二人虽已定亲，但情感纠葛不断。原因是道宗皇帝昏聩无能，不辨奸佞，被觊觎帝位的太师莫元章玩弄于股掌之间，险些丧国害妻。偌大朝廷之内，幸有尚书李炳一人方正、耿直，同时又能运筹帷幄，方能一次次化险为夷。剧情起伏跌宕，环环相扣；人物特点鲜明，刻画生动。难怪此戏叫座，常演常新，盖因结构巧妙，悬念丛生。

且看，道宗皇帝无道，一味听信奸臣元章的挑唆：

"七王剑锋，心怀不轨，外结西凉，内通陆后……除却七王陆后，大家共享荣华。"

虽然贵为皇后，母仪天下，但是陆后也只能仰天长叹：

国有贼臣觊禹鼎；
朝无忠烈护龙廷。

七王剑锋，被诬告与皇后私通，自是有口难辩，便想出一个权宜之计——装疯：

杀杀杀！癫癫癫！呵呵！哈哈！嘻嘻！——
杀杀杀，听见就高兴，
试下你们的好本领。
诸位爱卿，谁来动刑，
我把颈伸到丈八长，
擂鼓奏乐齐送我上天庭！

——皇帝和众大臣都被皇弟的疯癫惊着了，纷纷议论：

## 第十三章 "人寿年"办婚礼

好似乱了性；
定是丧了心头情妇，乱了神经！

这时，饰演皇弟剑锋的马师曾，用"滚花"板式唱道：

我的心头情妇，
正在此笑盈盈（手指奸臣元章，显然是疯癫不认人了）。
你看他秀发蓬松，
好似浴罢温泉，
洗对菱花镜。

——于是，大家都信皇帝的弟弟剑锋，彻底疯了。

而那边，西凉郡王府中，美丽的金泉郡主（剑锋的未婚妻）正在想念心上人：

说什么如花美眷，
空负了似水流年。
倚遍栏杆十二，
望断云路三千。
丁香愁暗结，
青鸟书不传。
梦魂难到玉关东，
真不是天涯近，情人远。
相思债，哪日完，
当日共君同学剑，
每在风花雪月天。
扬鹰驱犬，
同围猎，到河源！
…………

> 我爱郎神箭，追风逐电，
> 巧穿柳叶尖；
> 君喜我，鸳鸯刀，
> 舞得浑身，飞雪片。
> 郎暗愿，奴暗愿，
> 愿同做对双飞燕。
> …………
> 不幸你父皇，
> 转眼龙归沧海，
> 我父又星陨长天。
> 你兄皇身受挟持，
> 我兄又心生别念。

——这里转折，剧作家一处闲笔，妙极。

侍女采云，对金泉郡主说，见一对蝴蝶花里盘旋，一高一低舞得正甜，捉了一只，放走一只。

金泉郡说"傻丫头"，继而唱道：

> 人家是恩恩爱爱，一对快活神仙。你捉就两只都捉，放就两只都放。
> 让它们生共对，死成双，免得两下相思长抱怨。

剧中，精彩唱段太多。

疯癫皇弟剑锋的以下唱曲，甚为诙谐，符合老马的独特风格，不妨欣赏：

> 对着众兄弟，
> 不妨倾腑肺。
> 昨夜上天堂，
> 今早朝玉帝。
> 封我大元戎，

赐我三及第。

命我披起蓑衣上战场。

带你们去打那靓女仔。

刀对刀来枪对枪，

打输打赢无所谓。

捉个香来做老婆，

被人捉去做女婿。

总之有便宜，

不愁会吃亏。

记得面对面，

先行个军礼。

谁人未学会，

睁大眼来睇。

——总之，这的确是一出好看的戏，故事和人物太有观赏性不说，马师曾的表演也发挥得淋漓尽致。

但是，最想不到的结果出现了：

观众反响平淡，还是《佳偶兵戎》这出戏，还是在海珠戏院，还是最叫座的丑生老马主演，然而，就是演技炉火纯青的老搭档千里驹不在，情况就变得大不同了。艺术审美也有一个惯性，观众或许欣赏惯了千里驹的表演方式，老到、深刻、细腻、浑厚……

如今，与老马拍档的陈非侬，毕竟不是千里驹。同是正印花旦，他们两人的表演却各有千秋。尽管名气都不小，但是两人的特点不一样，戏路不一样，适合的剧目自然也不一样。有了前面这"三个"不一样，演出效果不一样还有什么可奇怪的呢！

怎么办？

——想办法找到最适合"马陈"组合的戏码不就行了？

对!

鞋不舒服——脚知道,戏不合适——角明了。

换个新的戏本,也许就能焕发生机,扭转不利局面。

现在,"大罗天剧团"的主要竞争对手,就是"人寿年剧团"。应该以己之长,克彼之短,但首演之所以"落败",是因为忘了扬长避短。

马师曾、陈非侬等一商议,达成一个共识:

与"人寿年"争雄,只有一招可用——开新戏!

放弃此前人家的叫座戏——《佳偶兵戎》《苦凤莺怜》和《伏虎婵娟》。

大权在握的马师曾,作为"大罗天"的大当家,急中生智,马上成立一个"特设编剧部",会聚编剧能人,相当于一个"特种兵"制度,为了主导整个战役取胜而专门设立。

老马本人就是编剧行家,他还召集了"开戏师爷"陈天纵、冯显洲、黄金台、麦啸霞等一群精英人物,策划选题,赶写戏本,绞尽脑汁,共克时艰。

此前,一般粤剧戏班只设一位"开戏师爷"。

有时候,一人独大,难免托大,乃至老大虚胖,体形巨大,肚子里的货却未必真有分量。

"特设编剧部"是整个戏班的大脑和灵魂,老马为其争取到每年1200元的创作经费。大家每每一起熬夜,从夜半至天明,商讨剧本创作与修改方案,直言不讳,老少无忌。有时为了一个人物和情节的合理性,为了几段唱曲、几句台词竟然唇枪舌剑,各不相让,乃至争论得面红耳赤,甚至挥动拳脚……只能由老马出面调停,提出一个折中办法或超常思路……

这种凝聚集体智慧和创意才能的做法,避免了师爷过于自负从而垄断剧本写作的流弊。开粤剧剧本团队合作式创作之先河,同时也开开放式、民主式戏班业务管理风气之先河。

"二开"之功绩,良有以也!

马师曾的粤剧人生,其最大的一个特点,就是开拓、创新,就是做第一个吃螃蟹的人。

老马的寓所,就是编剧的作战"指挥部","开戏师爷"们就好比"作战参谋"。

每个晚上,当老马演戏结束,卸装完毕,就在自己的住处与各位"高参"聚集,商议"军情",策划"军中大事"。

正如古人所言:运筹帷幄之中,决胜千里之外。

大家你一言,我一语,分析当天演出情形,看是否适合观众口味。戏,是"伺候"观众的美味,不是自己吞咽的食物。这一桌菜的色、香、味,到底如何,还是观众说了算,而后厨的技艺正是挑剔的食客给逼出来的。认识到这一点,各位师爷对待剧本都是十分小心、万分谨慎、必心血灌注、精益求精而后安,谁也不敢有一丝怠慢。再说了,人家刘荫荪老板好吃、好喝、好待遇,把各位待为上宾,自己总得拿出来一点儿真东西,好玩意儿,才说得过去。

的确,"特设编剧部"的成立,就是重视戏剧之根、一剧之本。

——这在当时的戏剧界,不唯粤剧戏班,都是一种空前的举措,也属超前的做法。

本人在20世纪80年代曾经在报纸发表文章,提出一个观点:

"研讨本胜过研讨剧。"

——当时各种影视剧研讨会,都是放马后炮,不如大家在剧本创作阶段就提前开始研讨。想不到,20世纪30年代,马师曾就已经意识到这一点,并且在他的"大罗天"天天研讨剧本,一天都不落……

每天,"特设编剧部"的例会也有意思,基本由老马主持:

老马演了一晚上戏,早已累得不行,于是他就像大爷一样,躺在自己那大号的席梦思软床上,为下一个新戏谈构思,讲故事,反正他肚子里的故事很多……几位大老倌——"开戏师爷"洗耳恭听,耳听笔录……记下故事大纲或梗概,然后分场分段地分工合作,再起草、填写曲词、台词、对白、念白……

有时候,角色反过来。

由各位"开戏师爷"提出剧本创意,拿出简单的故事情节、线索,征求老马的意见,再进一步加工、完善、修改……

总之,老马是这个编剧部的"操盘手""掌舵人""领航员""董事长",事无巨细,都由他拍板,负责说最后一句话。

他对每一个新剧本都要发表意见,常常是决定性的意见,有时还要动笔写唱词，那是因为他实在看不惯没有文采的戏词，看不上一出本该文雅的文戏中的大白话。

可以说，在"大罗天"与"人寿年"的争锋之中，"大罗天"胜出的原因，主要就是原创戏剧的数量巨大，新戏一个接着一个，层出不穷地推出，再加上表演方面也不逊色，不拖后腿，因为马师曾在，就有一柱擎天的威力。

一句话——胜在新戏。

仅第一年，就推出时尚粤剧新作——《贼王子》《红玫瑰》《女状师》《轰天雷》《蛇头苗》《义乞存孤》《呆佬拜寿》……燃旺了演出市场，疯魔了戏迷无数……

其中，数时尚剧《呆佬拜寿》最具传统粤剧的味道。

——这本是一个老旧粤剧中，被视为最为陈腐的一出戏，老马觉得他自己擅长的"网巾边"戏路，正适合演"呆佬"角色。虽然适合，但是，若要以诙谐滑稽胜场，就必须改编，并且修改唱段。好在这也是他所专长，轻车熟路。老马只是挥几下笔，写一段唱词，就把一切搞定。其唱段名叫——《呆佬拜寿之猫与鼠》，他想以一猫一鼠，一鸡一虫，来生动、形象地模仿一个痴呆人。

老马唱词之后的几句按语，表述得相当精辟：

"孟子所谓恻隐之心，人皆有之，呆佬独非人乎？世有自相残杀，赧然不动于中者。洵呆佬之不苦矣，师曾尝数当是剧，有感于呆佬饮诗书汤而愈，觉其间隐喻世之未读书者，便称为呆。安得浓煎万千盅诗书汤，饮遍世之懒读书者，使举世无智、愚、贤、不孝之分哉。"

——此一段该剧内容思想简要说明，胜却天下多少戏剧说明书之赘语烦言。可存当世以为鉴，警后人以发蒙。

正是：

"呆佬"不呆，"大罗天"添彩；"拜寿"不寿，"人寿年"损年。

这本新戏出笼，一炮打响。

"大罗天剧团"一举成为名班，海珠戏院照旧是珠光宝气，演出场场爆满，观众啧啧称羡。老板不住收银，伶人个个兑现。

此时的马师曾，如此年轻的粤剧全才——演员、编剧、导演，不过二十六七岁，已经驰骋艺苑，震撼梨园，扬名万里，万众瞩目。

# 第十三章 "人寿年"办婚礼

原本,大老板刘荫荪只与马师曾签订了一年的合同,一看前三个月的戏院火爆行情,当即拍板续签了第二年契约,并且将老马的年薪由2万元提升至4万元。

只要球队能够赢球,阵容就不会轻易再变。

戏班,也是一样。

第二年,"大罗天"还是往日齐整的演员队伍,还是不断出台原创新戏包打天下,相继推出了粤剧新戏《赢得青楼薄幸名》《难分真假泪》《原来我误卿》《子母碑前鹈鲽泪》等。

老马编剧的粤剧作品中,常会出现一些"香奁体"诗歌,显出他传统旧学的根底与诗词曲赋的才情。例如《难分真假泪》中的一段唱词,颇有越剧《西厢记》艳词软语的缠绵情调:

愁看落红填幽径,
怕见飞絮绕高楹。
及笄年年犹待聘,
相思红豆欲撩情。
夜夜青灯怜翩影,
朝朝红日妒娇形。
因绣鸳鸯时发怔,
懒拈针黹做女红。
风雨昨宵临花阶,
飘蕊今日满芳庭。
为花兴悲哀花命,
暴风急雨太无情。

——像这类才子佳人、谈情说爱、缠缠绵绵、卿卿我我的戏剧,无论哪一个时代都会使市场活跃,票房飘红,就如同今天的影视剧仍然走情感路线,爱情片是永恒的题材。

175

一年，两年，三年，马师曾主持的"大罗天剧团"持续高调，连年旺台，既让"人寿年剧团"甘拜下风，也使老板刘荫荪发了笔大财，每年除去戏班各种日常开销，至少要净赚十数万元。

简言之：

马师曾红了，刘荫荪赚了。

老板刘荫荪也不含糊，他自己有进项，也让合作者有收益，老马的年薪从头年2万元，到次年4万元，再到第三年8万元，来了个"三级跳"。

一般粤剧戏迷，只是看到马师曾的舞台风采（就已经崇拜得不得了），却难得从文字上欣赏一代名伶的文采（倘若拜读一定会更加崇拜）。

台上风采，台下文采。

——这就是马师曾粤剧生涯的流光溢彩，演戏写剧二者兼修，犹如长天虹霓，内外二环。

到了第三年，"大罗天"更换了几位演员，老马不想让戏班因人员变动而减弱票房号召力，就托病告假暂不登台，而是伏案疾书，把自己关在房间里整整七天七夜，一口气写出了三个剧本——《鸡鸣开虎口》《断肠萧郎一纸书》和《有情太子无情棒》。在前两部戏的戏词中，既有令人非常惊叹的滔滔雄辩……也有使人深深感动的绵绵情话……

顾名思义，《鸡鸣开虎口》的故事，一定与春秋战国时期"鸡鸣狗盗"之徒的事迹有关。确实，它就是在写"战国四公子"之一齐国孟尝君田文。秦王一心要加害于孟尝君，而其门下食客冯谖则足智多谋，且能言善辩，教授给孟尝君一席话，才让公子免于遭难。

剧中，有"说秦"一幕，由老马饰演门客冯谖，他巧舌如簧地教授给公子孟尝君一番说辞，直把秦王说得晕头转向，没了主张。

与令人解颐的诙谐幽默剧《鸡鸣开虎口》不同，《断肠萧郎一纸书》则是一出凄清悱恻、使人落泪的伤感剧。

粤剧《断肠萧郎一纸书》，是一曲哀婉的爱情悲歌。剧中主角是一位青楼女子，名叫"花雨秋"，热恋一位书生萧紫瑛。未想，萧紫瑛乃风流才子，他与花雨秋云雨巫山的不解之缘，终成孽缘，只剩下风尘女的一纸绝命书在人间。

马师曾少小打造国学根底，少年闯荡南洋经受历练，青年回到国际化都市广府唱戏。他在社会上打磨的同时，广泛接触了西方文学艺术，自然在撰写妓女角色时，已经能够高屋建瓴，抖落尘俗之见，对风尘女子表达足够的尊重和同情。

在描写青楼妓女的粤剧《断肠萧郎一纸书》中，老马的戏词悲怆、凄楚，闻之心酸、落泪。他是这样写的：

> 从古痴情，偏多遗恨。
> 由来好梦，最易销魂。
> 曾记落魄章台，慵敷脂粉，
> 何幸藏娇金屋，得脱风尘，
> 暮去朝来，说不尽新愁旧恨，
> 歌余舞罢，待不尽旨酒嘉宾。
> 得遇萧郎，心心相印，
> 愿为神女，夜夜行云。
> 鲽鲽鹣鹣，只望有缘有分，
> 卿卿我我，从此相爱相亲。
> 心有灵犀，偏偏蒙混；
> 事如春梦，总总无痕。
> 从此后，好事多磨，飘零金粉。
> 他说道慈帏抱病，赶反省亲。
> 后命屈氏传书，亏郎心忍，
> 竟以千金代价，玷辱奴身。
> 似海侯门，向谁追问，
> 恩将仇报，重富欺贫。
> 多少谣言，盛传远近，
> 有何颜面，复见他人。
> 情海茫茫，竟为情困。

情天渺渺，错种情根。
兔死狐悲，警告后来红粉，
珠沉玉碎，请你莫学斯人。
死路一条，千秋遗恨。
遗书尺幅，不知所云。

——每当戏院舞台上，马师曾手捧"花雨秋"的手迹，高歌一曲"绝命词"的时候，总是能赢得观众许多眼泪。

一部戏中，若没有几句能让观众记得住或伤心落泪的唱词，那还叫什么戏剧呢？而老马一出手，就不乏感人乐章、惊人词语，正是"不薄今人爱古人，清词丽句必为邻"。

戏班的开戏师爷，总在夜深人静时辛勤劳作，也恰恰应了那句文章家的感慨："句向夜深得，心从天外归"。

前一戏《鸡鸣开虎口》，语言表述是那么滑稽、妥帖；后一戏《断肠萧郎一纸书》的文字铺排又是如此深情、唯美。我们正可以从这一庄一谐、一喜一悲的戏词之中，看到马师曾丰富的内心情感世界。

三年来，"大罗天剧团"以每周原创一部新戏的节奏，让戏迷如痴如醉，乐不可支。

这在中国戏剧诞生以来，可算是前无古人、后无来者的"开戏"速度，是任何其他戏班不可能完成的任务，但是老马和他的团队却做到了。

新戏制作的程序是这样的：

周日晚上，商定下周新戏选题；

周一，把戏剧故事确定下来，划分场次、段落；

周二，把故事材料收集、整理齐全；

周三，把剧本写出来；

周四，把曲子写完，曲本编好；

周五，读曲、背词、走台；

周六晚上，新戏上演。

——每周如此,循环往复……

而编剧部的高效制作流程,也需要雄厚的资金保障和支持,刘荫荪老板一直很给力,每个月的新戏剧本生产费用,达到惊人的3万元。

这匹老马跑得快,一点儿不假。但是,你让老马跑,也要让老马吃草吃饱。

老马主持的"大罗天"创下了广府其他戏班所难以企及的业绩:

一部戏在海珠戏院连续演出20昼夜、40多场,场场观众爆满,打破了戏班历史上的纪录。

在马师曾出生的第三年,即1902年,珠江北岸马路中段,从五仙楼到西濠口一带,建起了同庆戏院。

当时戏院座位只有四五百个,仅仅经营了两年就更换了主人,名字也变成了海珠大戏院。之所以命名为"海珠",是因为当时江面尚有一礁石小岛,江水冲刷有年,变得光滑如墨玉,故名。

如今小岛不见,徒留"海珠"虚名。

这座海珠大戏院,于1926年改建,开始变得壮丽辉煌,它的顶部呈现一个金瓯的形状,人们俗称为倒"锅形"钢筋混凝土结构的穹隆,并拥有三层观众席和包厢,共计2005个座位。其建筑规模和观众容量皆为广州之冠。它的设施设计独特,全部座位都是机动性的,可以根据需要而移动。穗港两地的戏剧观众都慕名而来,亲睹顶尖级别的粤剧戏班与大老倌们登台献艺。

珠江两岸,与之毗邻而居或遥遥相望的戏院,还有几个——如江南的大观戏院、江北的乐善戏院、关东戏院、广舞台戏院等。五大戏院,隔江对峙,各大戏班,轮番亮相,粤剧观众,竞相观看。

由于"海珠"最善招徕观众,其建筑设备的独特先进和商业广告宣传声势的浩大,均属巨无霸。大门口巨大的霓虹灯,"海珠大舞台"的炫目招牌,报纸广告则露骨地自我吹嘘——"海珠院霸"。一时间,海珠戏院的演出盛况空前,人流如潮。

不到"海珠"观戏,怎称粤剧戏迷?

岭南各地粤剧戏班,皆以在"海珠"表演为荣耀,大有"一登龙门则身价十倍"的意味。就连京剧艺术大师梅兰芳也远道而来,在此表演他的拿手好戏。

——现在,我们知道,老马的"大罗天剧团"在海珠戏院创造演出奇迹的价值和意义了。

如果说,海珠大戏院是广州所有戏院的"院霸",那么,"大罗天剧团"就是这里所有戏班的"戏霸"。

马师曾自南洋归来不过三五载,就干出如此震动粤剧剧坛的事情来,这是谁也不曾预料到的,却实实在在地发生了。

他的一鸣惊人,再次证明了一个道理:

后生可畏。

而他指挥的"编剧部"这个特别部队,的确发挥了至关重要的作用,他们创作的新戏,打破了粤剧的传统规范。他们创新声,用小曲,加俚语,吐方言,奏洋乐,着西装,布灯光,悬油画……

就这样,"大罗天"不断编演新戏,占得广州戏班头把交椅,被观众拥戴,这怎么能不让同行眼红、嫉妒?于是,应了古人的箴言:"事修则谤兴,德高则毁来。"竟然有不少人无端非难、指责马师曾,更有粤剧界的老前辈也一副看不惯的样子。遗老遗少一般最见不得世上有新生事物,于是大放厥词。

一种批评言论说:"老马破坏粤剧旧传统的束缚有余,建设不足。"

还有人说,他的新戏崇洋媚外,"对改革粤剧的思想意识,不是有正确的思想指导,而是自发自流,加深了粤剧的商业化和殖民化……着西装演粤剧,显然是不伦不类,十足的殖民色彩"。

马师曾在报纸公开发表的署名文章,与业内人士的讥讽、指责针锋相对,提出自己的看法,题目是——《我的新剧谈》。

"艺术具有民族性,同时具有世界性。人类具有个性,同时具有通性。有了同情的个性,人类才能领悟到互助;有了形象的通性,艺术才能受到无论什么人的欣赏。"

在戏剧学术和理论方面,马师曾是倡导"戏剧艺术世界性"的第一人,也是鲜明指出"戏剧具有人类通性"的第一人,更是强调"戏剧形象因通性可以尽人皆赏"的第一人。

马师曾特别强调、提出了一个编剧原则:顺着现实的人生编排。

## 第十三章 "人寿年"办婚礼

是的,"顺着现实的人生编排"!

——他的意思大概是说,剧作家要忠实记录当下人们的生活,尊重我们眼见的现实人生。或许,这就是尊重自然,尊重艺术。

同时,他还强调了戏剧表现生活、塑造人物的"特殊性",即创造一种"特殊的艺术"。而"特殊的艺术"之所以无比珍贵,而且具有永恒的价值,就在于它们能够"得到普遍的了解和欣赏"。

他的激愤之语,则源于对电影和其他现代娱乐方式冲击下的粤剧艺术能否生存的担忧,不仅是粤剧,其他剧种也面临同样的危机。

于是,他说:

"近年以来,中外的交通,多么便利,生活的变迁,多么剧烈,我们的伶人,依然死守着什么场口、步武的成法,什么靶子演唱的老例,纯粹用图案做脊椎,决不能站起来自称艺术。在电影戏和舞台戏剧烈竞争中,哪有不一败涂地的道理呢!

"师曾自南洋归来,在大罗天剧团,眼见粤剧万分寂寞,感觉艺术虽不是为人生,人生却正是为艺术。便本着革命的精神,努力奋斗。探讨人心的深邃,表现生活的原力,放着胆子,打倒千百年的老例……准备和有声影片,争一回胜利哩!"

——老马观点鲜明,其"艺术虽不是为人生,人生却正是为艺术",正是他自己从事粤剧艺术的真实写照。

当此之时,粤剧界叫骂、诋毁者多,鲜有人发声力挺老马。反倒是新剧人物看好老马的改革,并为他说些公道话。

当时中国话剧开拓者、戏剧家欧阳予倩正在广州,创办"广东戏剧研究所",主编杂志《戏剧》。他早年留学日本,曾于1907年加入春柳社,演出新剧《黑奴吁天录》。欧阳公站出来,以他在戏剧界的影响力,支持马师曾的粤剧革新,撰文题为《书〈粤剧论〉后》(发表于《戏剧》第2期)。

他在文章中说:

"马师曾唱平喉,许多人骂他,平喉吐字容易清楚,也未尝不是一个好方法。再者,师曾用的词句,的确有很粗俗的地方,不过能运用俗语却是很好,而且广东这种阳平低,鼻音重,入声强的言语,俗语唱得自然,尤其不是容易的事。至于龙舟、南音之类，本不妨充分运用，这不能说马师曾的不好，反见得他的聪明。

"从历史上看，在社会的各个领域，没有哪一位改革者不被同时代人骂得狗血喷头。挨骂不要紧，问题是，要做出些对得起良心和本分的事情来。老马就是这样做的。在他和同人不懈的努力下，终于完成了传统粤剧艺术发展过程中的重大变革，即由'官话'向'白话'变革。到了20世纪30年代初，粤剧'广府班'除了传统戏中的某些专腔等仍须用'官话'唱外，其余都可以用广州方言演唱……改唱'白话'后，不但使粤剧的地方色彩更为鲜明，观众容易听得懂、看得懂，使粤剧与群众的关系更加密切……新曲一出，万口传唱……"

## 马鼎盛·旁述

马师曾、红线女回归祖国，"南国红豆"焕然一新，组织上关怀备至，安置在华侨新村花园小别墅，马师曾月薪1200元，是一般职工40倍，比梅兰芳高，比毛主席还高。马、红在舞台珠联璧合，在生活方面，组织上希望他们破镜重圆，谱写一曲"旧社会离异，新社会复合"的艺坛佳话。当时红线女在政治上积极要求进步，对省委和中央领导的关怀盛情难却。在母亲生命最后的几个月，她突然半夜打电话到香港与我谈心，平日极少提及"马院长"，那时敞开心扉和幼子分享一个片段回忆：20世纪50年代在北京天桥剧场上演《关汉卿》，马师曾、红线女在后台耳语对白，"汉卿啊，我地（们）生死不离别㗎。四姐，千秋共此心呵"，父亲情不自禁对她有所动作，妈妈说："就嚟（要）上台啦，唔好玩啦……"

我们几个子女当然不喜欢成长在单亲家庭，更不愿意空降后母继父。但是造化弄人，神女有意襄王无心；在艺术层面马、红心有灵犀，在家庭生活却是覆水难收。

说到田汉在《关汉卿》主题曲《蝶双飞》中"发不同青心同热，生不同床死同穴"名句，马鼎盛唱起来感同身受。红线女的爱徒琼霞邀请我和她合唱《蝶双飞》，我这卡拉OK的业余水平赶鸭子上架，父母给的基因让我不怯场

## 第十三章 "人寿年"办婚礼

登上大舞台,关键是这段唱词田汉写得感人肺腑,马师曾、红线女谱曲荡气回肠,我身不由己进入关汉卿角色,眼前盛装的琼霞就是情人朱帘秀,我们唱的字字句句都是共赴爱河的海誓山盟,脉脉含情的表演令我感受物我两忘的境界,相信现场的观众也会投入戏假情真的文化盛宴。马师曾的艳遇传闻在风流倜傥的演艺界并非异数,但是由此失去广州的观众和市场就是他命中一大劫数。

在舞台上的马师曾,往往就像华光师父附体,生猛异常,他能把余侠魂一个穷困潦倒"几乎要做乞儿"的倒霉鬼,塑造成机智、勇敢的大丈夫形象。甚至有人因为马师曾在没有唱段和道白的时候用动作、造型"抢戏",便串通小报记者给他扣上"癫马"的绰号。所谓癫,无非是表演欲旺盛,在这方面,恐怕马鼎盛颇有父风。1992年,徐小凤"金光灿烂演唱会",我拿到第一排VIP座位,小凤姐一口气开足43场,真是神仙也难顶,其中邀请现场观众上台合唱的招数在所难免。一般会选一些小妹妹、害羞的小鲜肉,歌坛天后容易控制。不幸她走到我跟前,眼风扫到我的一刹那,我跨过围栏,走上舞台说"我来唱"。身经百战的徐小凤先请教这个莽撞汉子贵姓大名,急速打量我的座位是赠票,料想是"自己人"不至于有失差池,便说:"你穿件T恤也敢登上红馆?"我打蛇随棍上说:"你借一件俾我咯。"她真的叫人送上一件穿胶片五光十色的绒布小坎肩,我一边努力穿,她一边问"唱什么歌"。可惜不是早有预谋,这个场合应该唱徐小凤首本名曲《婚纱背后》,我随口说《绿岛小夜曲》。音乐问我要ki,问了几次我才知道要定调子。小凤姐已经带我走向舞台中心,上两个台阶时,我顺手帮她提长裙后摆,徐小凤打趣说:"唔好装(窥)我吖。"我回敬道:"马太在下面看着呢,你放心。"她讲笑:"马太,乜野马蹄呀?"满座哄堂大笑。又搞气氛又拖了时间。我们开始合唱,没有注意舞台中心部分转动,小凤姐躲进阴影,剩下我被转着独唱。当时感到四大皆空,不知是音乐伴着我,还是我跟着音乐走,不知不觉中又回到徐小凤身边,她轻轻拍手说:"想不到香港人的普通话咁正。"其实小凤姐,你想不到是马师曾、红线女的幼子给你撑场。

## 第十四章 『大罗天』遭炸弹

1929年，对马师曾来说，是他戏剧生涯的"多事之秋"。

而且，事情不小。第一件大事是戏班的"变动"。

"大罗天剧团"的产业，被老板刘荫荪倒手，高价转卖给香港一位姓源的老板。源老板经营着自己的高升戏院。马师曾主持三年多的戏班，驻地也由广州迁至香港，演出则在广州、香港和澳门三地之间巡回流动。而剧团的名字"大罗天"，不管它已经叫得多响，多有声望，也不得不更换，变成一个有些严肃、呆板的称呼——"国风剧团"。大概是取孔子编订的《诗经·国风》之"国风"二字，似乎含有"民间""通俗""大众"和"普及"的相关含义。

第二件大事，可说是个人的"变故"。

前面，我们提到老马描写风尘女子的新戏《断肠萧郎一纸书》，他在戏中饰演多情才子萧郎，而在现实生活中他曾做了萧郎风流之事。只不过，戏中的萧郎几近断肠，戏外的萧郎差点断腿。

一个"开戏师爷"哪里是好当的？

一个萧郎又哪里是好演的？

为了塑造妓女形象，就要熟悉、了解烟花柳巷的人物；为了把女角色的生活和心态写得细腻、准确，就必得亲密接触一些女角色；为了让剧中的女主人公——"花雨秋"生动传神，就只能叫"萧紫瑛"做一回萧郎。

好在当时的广州，并不缺少自秦汉以来的章台街、宜春院、鸣珂巷和风月场。一句话，并不缺少妓院。

特别是陈塘地区，类似北京的八大胡同，曾享有"陈塘风月"的雅号，从黄沙到泮塘一带，因清朝光绪年间谷米生意赚钱，四乡粮船在谷埠停泊，商贾云集，花艇迤逦，"大寨"都是豪华画舫，后弃舟登岸，散落于东堤沿江大街，以珠玑路为中心，招财进宝。香港记者曾经描述："广州陈塘，犹香港之石塘，高等妓女云集于此，俗呼为大寨。"

——马师曾忙里偷闲，也是为"开戏"积累资料，每每和几位年轻朋友，一起到陈塘的"老举寨"冶游玩耍，必点这道名菜——"花酌"。

他管这叫"花为媒"，即打趣地说：

"我们一起去逛花街，吃花酒，醉'花船'，品'花酌'。"

## 第十四章 "大罗天"遭炸弹

他的几个酒肉朋友,就会同声说出最后一句,也是最关键的一句话:

"死'花下'!"

一次,马师曾偎红倚翠,喝得烂醉,就半清醒半糊涂地反驳同伴们说:

"对,对了!你们说对了!可你们也说错了!

"他们说——死'花下'!不就是,要说——'做鬼也风流'!死'花下'——可不算死,没准就会变'花生'!"

于是,朋友们哄笑:

"还是咱老马有本事,有本事让——死'花下',变'花生'。谁让咱大老倌的家伙儿好使,成活率高呢!"

——到了风月场,平时再一本正经的男人,也会变成另一副样子。

你也许会看到一个老大不小的大男人,竟然会像一个贪图玩耍、戏乐和胡闹的小孩子。他与生俱来的天性,与雄性相伴的野性,与原始的遗传基因相吻合的兽性,全部赤裸裸、一丝不挂地暴露出来。如同回到了古老的伊甸园,仿佛又体验了一回"燧人氏""有巢氏"的原生态生活。

这就如同英国的居家妻子,没有同丈夫一起前往异国他乡观看欧洲冠军联赛。结果丈夫参与足球流氓斗殴,被囚禁释放归家后,妻子万分诧异:"怎么在家里好好的,出去没几天就变成流氓了?"

男人的野性和兽性,很难被古代礼教和现代文明所彻底驯服,一旦把他们放到一个合适的空间,又偏巧没有人看管,生出一点儿乱子,是很有可能的。

马师曾尽管从小饱读诗书,长大也通情达理,有时也未能免俗。

马师曾,不意成了温柔乡里的常客。

他本想着为写一出戏而逢场作戏,却最终变成假戏真做。自己俨然成为一个生死恋的剧情片中的男主角儿。这可是他万万想不到的,否则他也不会自动招惹炸弹来袭。

"雪月娇",你听听,光是这名字,就让男人筋骨麻酥酥的,甚至垂涎欲滴。是这出激情恋爱戏中的另一个主角儿——女主人公。她的命好苦好咸,直比南海的海水还要苦,还要咸。

雪月娇出生在一个大家庭。不幸家道中落,妓院老鸨同情她的身世,又看重她的美貌和灵秀,自从将其收养后,待之如义女,使其琴棋书画、诗词歌赋,无所不通。而她天性淳厚,心地澄明,娉婷婉约,眸子含情,婀娜妩媚,宛若天人。自从及笄之年以来,不过像一幅仕女图一样偶尔拿出来展示一番,"五陵年少"们也只能隔着翡翠屏风,再隔一道缥缈纱幔,恍恍惚惚地看个丽影,难得靠近。

或许是天意如此,让雪月娇迷恋粤剧。

她幼失怙恃,常常思念逝去的双亲,每每面壁枯坐,神情呆滞,抑或愁眉紧蹙,以泪洗面。唯有一听到粤剧声腔,就来了精神,尤其欣赏勇闯南洋、载誉归来的帅哥——正印丑生马师曾。

在她的眼里,天底下最美的男子,除了古书上的潘安、宋玉,就是鼻直口方的丑生大佬——"大罗天"的台柱!

老鸨亦有仁心,亦懂慈航。

她知道雪月娇的心思,就带她去海珠戏院,看马师曾演他的拿手戏《断肠萧郎一纸书》。

多情的雪月娇对名妓"花雨秋"颇有同病相怜之感,看马师曾饰才子"萧紫瑛"是百看不厌。

那天晚上,吓死人了!

马师曾由于过度劳累,身体虚弱,好端端地唱着唱着,突然间一头栽倒,双目紧闭,昏厥于舞台之上,好半天不省人事。

戏班人见状慌了神,乱作一团;现场观众惊得发呆,不知所措;唯有小时候见过大世面、跟做医生的母亲学过些急救知识的雪月娇清醒、镇静,她撩起裙裾,飞鸟似的轻盈,快步跑上台去。

别看她苗条纤弱的体态、白嫩细腻的肌肤,动作却矫健异常,一秒都不耽误地迅速弯下腰,趴在她

1957年,马师曾(前右)、红线女(三排左二)携幼子马鼎盛(二排左二)和剧团同事参观北京故宫  (马鼎昌供图)

## 第十四章 "大罗天"遭炸弹

朝思暮想的"小马哥"的身上,先是用双手有力地做胸部按压,然后,嘴对着嘴,为他做人工呼吸。

直到看到她的"白马王子"苏醒过来,才稍稍松了一口气。

等到急救车呼啸着赶到,医生和护士急速簇拥上前,她才如释重负,不声不响地离开。

由于事发突然,现场混乱,人们的注意力都集中在名伶的性命安危上,几乎没有人注意她从哪儿来,是何方人士,姓甚名谁,也没有人发现她是怎样从人群中挤出来的,虽然衣衫不整、娇喘微微、有些狼狈,却像任何一位刚看过热闹的散场观众一样,若无其事地走回家。

雪月娇回到自己的房间、回到松软的床上以后,彻夜难眠。她翻来覆去地在心里念叨:

"'小马哥'终于醒过来了,他知道是谁救了他吗?他会认得我吗?会有人告诉他——谁救了他,他会在看我一眼之后记得我吗?不管怎么说,他的唇上还留有我的口红,还有无数的亲吻……他要是再晚一点儿苏醒,再多闭一会儿眼睛该有多好,那样我就能继续紧紧抱着他,感受他的体温……他的唇是那样柔软,男人的嘴唇怎么也像花瓣儿一样呢……"

马师曾全然不知,全然不晓。

当"小马哥"来到陈塘一带的馨兰街,跨入陌生的青楼见到雪月娇时,他不知道这位令他一见倾心、惊为天人的女子,早已经暗恋他多日。

老马虽然阅历丰富,但是初见雪月娇,还是吃惊不小;而雪月娇已经"吻过"心上人,自然更娇羞。

老鸨见多识广,一看雪月娇和马师曾互相呆望的样子,就知道自己该回避了。她一心赚钱,可也有一时忘了赚钱的懵懂。这老鸨也是地道的粤剧迷,也同样迷恋老马,只是她知道该让着少女雪月娇,毕竟她遭受人生大不幸,太不容易。该让她尽情尽兴地去喜欢她的"小马哥"。

两人坐定,推杯换盏,恰切言谈,你情我愿。

酒过三巡,菜过五味,眸子星辉,春风拂面。

那边一个娇滴滴、软绵绵、羞答答,低眉顺目,起伏酥胸;

这里一个情暖暖、意浓浓、志轩轩，昂头挺胸，气鼓丹田。

平时的雪月娇，怎有如此兴致，今有贵客，更兼心仪，愿为抚琴，殷勤调音，一曲《碣石调·幽兰》芬芳了整个轩庭，也澄澈了窗前明月。

——此时，早已是夜阑人静，月明星稀。

马师曾、雪月娇，两人酒醉，琴歇，棋罢，诗成……

无须多言语，尽在不言，真有情意，摇橹解缆……

红罗帐里腾蛟起凤，彩云堆中缠绕温存……

恍恍惚惚之中，马师曾总觉得好像在哪里见到过雪月娇，就问：

"我们两人此前见过？"

雪月娇的梨窝显露，却不露声色地反问：

"我们两人在哪里见过？"

——老马犹疑不觉，还是迷迷怔怔，像是发问，又像是自言自语：

"好像见过。忘了在什么地方！"

雪月娇收起笑容，嗫嚅道：

"我们在梦里见过，就像现在一样。只是我们不要从梦里醒来，人世间，没有什么地方比梦里更好……"

老马不断地重复她的话，觉得像是一句经典台词：

"人世间，没有什么地方比梦里更好……还真是呢……人世间，没有什么地方比梦里更好……"

——一阵急促、猛烈的砸门声响起，惊醒了情侣之梦：

"砰砰砰！"

此时，半路里杀出个程咬金。

话说当时的广州警察局局长，名字叫欧阳驹。

他大权在握，专横跋扈，对老鸨的义女雪月娇垂涎已久。早就向老鸨交底，明确告诉她要懂得轻重，要为自己也为妓院避祸求福。

警察局长威胁说：

## 第十四章 "大罗天"遭炸弹

"此陈塘妓院可以开张,但雪月娇不许接客。"

风月场,从信息的采集、散布和传播来说,可算是四面漏风的"露天"场所,是各界人士会聚的消息灵通之地。自古至今,形形色色的探子、奸细、捕头、衙役、纠察、警员、巡捕、间谍,皆以此为通风报信的所在。所以,警察局长欧阳驹的这点小心思和小主张,几乎是尽人皆知,也被人们在暗地里嘲笑,当作一个笑话……

游走四方、桀骜不驯的马师曾,当然也知道这点儿"内幕"。

但是,他不以为意,就连警察局长让他上缴戏班保护费,他也是有一搭无一搭地打哈哈。局长手下有个科长,名叫凌骥,对从不买账的老马也心怀怨恨。总之,老马不屑威逼恫吓,不低声下气应酬,以及那不管不顾的书生气,惹恼了警局上上下下的人,除了几个食堂做饭、喜欢看老马演戏的大师傅,人人都想用手铐把老马铐起来。

——就是在这样的背景下,突然闯入的警察局长欧阳驹,妒火中烧,他歇斯底里地一通发泄,乱砸乱摔,还把雪月娇的花笺和马师曾的即兴诗作,全都当作"作案证据"一并没收。

——这可真是——秀才遇上兵,有理说不清。

警察局领导很生气,事情很严重。

至于后来发生的事情,大家都已经知道,略述可也。

20世纪20年代末的广州,坊间议论着一条惊人消息:

"'红伶'马师曾,于广州海珠大戏院出演粤剧《冷月孤坟》。待夜场戏过后,老马卸了装,就在刚刚走出大门,靠近接送他的小轿车时,被炸弹炸伤倒地。

"只听炸弹'轰隆'一声响过,闹市街区一片烟雾腾空,四下弥漫,街灯玻璃震碎,广告牌倾覆。

"一时间街头失序,场面大乱,人群尖叫,呼喊'救命',声嘶力竭,老少夫妻相与四散而逃,慌不择路,多有碰撞、颠仆者……

"炸弹事件中伤者被送至医院紧急抢救,老马幸被戏班杂役陈牛舍命搭救,上前救护、搀扶,前者脸色惨白,大汗淋漓,一路跟跄,几度昏迷,失血过多，身体衰弱，生死不明……"

——甚为诡异的是，事发当晚，广州市警察局科长凌骥曾派一名警员陈量海，到马师曾家里"借款"。

警员对老马的父亲说：

"老马在家吗？我们的凌老师，向马师曾借款2000元。"

老人一听，不知所以，只说等儿子回来再议。

警员陈量海用威胁的口气说：

"等你家儿子返来，请他到警察局走一趟，把钱送去。否则，我们凌科长要他停演6个月！"

马师曾不幸之中的万幸，是他的脚被炸弹炸伤，但命保住了。

事后，老马乘船离开羊城这个是非之地，暂时躲避到香港。

他在一家医院治伤、疗养，几个月没有登台表演。

老马被炸弹炸伤的后遗症较为明显，因失血过多而患上长期贫血病，所伤右脚得了风湿病，每年到了梅雨季节就会疼痛钻心。

对于名伶马师曾遭受此次炸弹袭击的真正起因，坊间与后

马鼎盛在马师曾故乡广东顺德桂洲乡学唱"马腔"

## 第十四章 "大罗天"遭炸弹

世,一直存在以下多种猜测,各执一词,莫衷一是。

当一枚炸弹,轰动了广州、香港和澳门,乃至整个粤剧界后,却不见有人出来对此炸弹事件负责。

我们至今也无法弄清楚,到底是谁预谋作案,谁怀揣炸弹,向马师曾奋力一掷,以泄心头之怒。

这是一起让整个广府的司法界颜面尽失的刑事案件,明目张胆地破坏公共安全,明火执仗地试图剥夺人的性命,却不了了之。而老马还系一代名伶、公众人物。毫无疑问,警方未能尽职尽责,显然这不算是太复杂、太难以侦破的伤人案件。

马师曾前往香港治疗养伤,雪月娇则从此再无音信。

香岛,总是星光璀璨,香风弥漫。

维多利亚港湾的夜色,格外迷人。唯独老马一人,寂寞难耐。他孤孤单单地躺在一张病床上,伤口的疼痛钻心,而心口的隐痛更甚。

每当一弯新月高悬在窗前,他的情绪低落到深渊。长夜不寐时,捉笔,凭借韵脚寻觅芳踪,或成或不成,或遇或不遇,不过是自我安慰。诗家安顿自己的那颗无着无落的小心脏,也只能如此。

广府一别两心惊,薄幸萧郎亦痴情。

马师曾心念"雪月娇",赋诗一首《雪月娇吟》(七律):

> 雪漫云山马不前,
> 月缺雾海夜难眠。
> 娇嗔梦呓天何迥,
> 微喘歌吟地太偏。
> 露泪红湿花苗条,
> 梨窝白嫩玉阑珊。
> 蕊圆枝细绰约美,
> 顾盼生姿最让怜。

## 马鼎盛·旁述

马师曾在广州发迹,1929年被"戏院炸弹事件"及当局停演令放逐香港。抗战胜利使马师曾重逢广州观众,但是1946年《野花香》禁演事件再次逼迫马师曾惨别故乡。直到1955年,周总理邀请马师曾和红线女到北京参加国庆六周年观礼,在北京饭店宴请马师曾并亲切交谈,邀请他到全国各地看看。在观礼活动中马师曾还会见了茅盾、夏衍、梅兰芳、程砚秋、田汉、欧阳予倩、曹禺等著名文学家、戏剧家,大家都诚恳希望老马回来内地工作。在北京和广州,马师曾看了很多戏曲演出,特别是广东粤剧团的组织、演出情况。最后,在广东省省长陶铸接见他时,马师曾表示决心回来工作。

近年描述马师曾、红线女回归祖国的文字和剧目,都突出红线女的主动性,好像马师曾心怀种种顾虑。我们从两个基本点分析,首先,55岁的马师曾在香港的演艺事业已经从20世纪30年代的巅峰时期缓缓下行,而20多岁的红线女大红大紫,正是如日中天。更重要的是,当时马师曾的政治头脑成熟,看透了港英当局的敌视和当地同行的排挤;国共两党对马师曾的态度有着天壤之别。红线女在人生阅历方面相对稚嫩。由此可知马师曾回广州谋求新发展不会是被动的一方。

# 第十五章
## 赴西贡陷囹圄

30岁的马师曾,是一个疯狂的影迷。

他一直是穗港两地电影院的常客,一部好的影片他会观摩多遍,揣摩明星的演技,模仿他们的技巧,偷学表演的功夫……这为他日后涉足影坛,投身电影艺术创作,当编剧、做导演、演主角奠定了基础。

他最喜爱、欣赏两位西方电影明星。

一位是大名鼎鼎的英国戏剧大师查理·卓别林;另一位就是曾主演《佐罗的面具》《罗宾汉》的美国演员道格拉斯·范朋克。

前者卓别林,因其代表作《城市之光》《百万英镑》而闻名,以哑剧的服饰与动作夸张,与诙谐、滑稽、幽默的风格而取胜;后者范朋克,则以相貌英俊帅气、武打功夫出众,颇受广大观众欢迎。两个人都是20世纪上半叶轰动一时的影坛巨星。只要影院放映他们主演的影片,老马就一定买票,百看不厌。

范朋克,是第一个定居加利福尼亚洛杉矶比弗利山庄的演员。

他早期以饰演讽刺喜剧为主,其妻子是默片时代的"美国甜心"玛丽·碧克馥。他主演的神话故事影片《巴格达窃贼》(又译《八达城大盗》),于1924年3月18日上映,很快就风靡整个东南亚,以及当时繁华的时尚之都广州和香港。

这样一个充满异域风情、色彩斑斓的传奇,即国王与窃贼为伍,从而获得人生幸福的奇妙故事,深深吸引、打动了中国粤剧伶人。马师曾本人就曾在南洋体验过乞丐的生活,酸辛过往历历在目,乃至他格外喜欢这个以小

范朋克于香港东升戏院

## 第十五章　赴西贡陷图圄

流浪汉兼小窃贼为主角的影片,很快用自己的如椽巨笔将其改编为戏班新戏,粤剧名字也变更为《贼王子》。

此时,马师曾正在香港的"国风剧团"担纲,他在高升戏院演出这部热门的"中西合璧"式的粤剧《贼王子》。

偏巧,美国影星道格拉斯·范朋克也随之来到香港,香港的影迷蜂拥追捧范朋克,范朋克却一心一意追寻马师曾。

这在当时也非常好理解。

尽管中国和美国时空阻隔,隔着一个浩瀚的太平洋,也隔着一个太过久远的历史年轮(一个是5000年文明;一个是立国100多年),语言不同,观念各异,风俗有别,观念不同,然而,所有这些一点儿也不妨碍戏剧和电影等表演艺术家,互相欣赏,彼此倾慕。

好像是专为迎接范朋克到来似的,马师曾的粤剧《贼王子》的大海报挂满香港街道。

范朋克每到一处,都在听人们说中国顶尖的粤剧艺术家马师曾,正在演出他在电影中演的角色——"巴格达窃贼"。这让美国影星老范既感动又好奇,说什么事情不干,也一定要见一见中国名伶老马,会一会这位表演侠义风流大盗的人物。

老范在高升戏院的后台找到老马。

他们握手、拥抱,坐下来喝茶,彼此交换了饰演乞丐和窃贼的心得体会,口气和措辞又是那样吻合。

范朋克问:"你喜欢乞丐,喜欢窃贼,为什么?"

马师曾说:"世上无乞丐,不好玩,人在穷到家时,就懂得了以世界为家的道理!穷到身无分文、没有人搭理、走投无路的时候,就知道了路在哪儿了,那是因为没得挑了,认命!窃贼嘛,比一般人更加辛苦受累,也算是一种技术活儿,不得不敬业,否则,他们万难生存!他们身上的机灵劲儿,是一种天赋,会看个眉眼高低,如果再加上一点儿兄弟义气,着实是最可爱的一群人!"

范朋克听了老马的一番"歪理邪说",兴奋得差点儿从椅子上跳起来。

他不住地用他宽大、厚重的手掌拍椅把儿,狠狠地拍打,好像很解气似的,可怜了那把不一会儿就散了架的高档藤椅。

马师曾也没忘记借机会，向大洋彼岸的演艺高手讨教，他问道：

"演电影和演舞台剧，两者有什么不同？"

范朋克用他在影片中惯有的诙谐语气，调侃着说：

"演电影，说话不费劲儿；演舞台剧，你总要扯着嗓子喊。"

说到女人，两位饰演窃贼与大盗的高手看法也惊人一致。

他们两人赛着风流，各自都不缺少女人。

范朋克问：

"中国女人难缠吗？那个叫'杜十娘'的妓女，她为什么要把'百宝箱'扔到水里去？"

马师曾解释说："中国女人把纠缠男人叫作爱男人。

"她们现在不缠小脚了。但是，这种总要把什么东西紧紧地缠绕起来的习惯还在，至少这种脑筋和思维还在。于是，她们干脆把男人当作小脚来死缠、死勒、死裹，为的是让你跑不了。一般来说，人要是被一条带子紧紧缠裹住了，也就算残疾了。

"你说的那出戏，杜十娘怒沉'百宝箱'，是因为她恨金钱，她觉得都是金银财宝惹的祸，惹得男人太贪心。要是换了我，就不对'百宝箱'动怒，干脆找个机会把公子哥李甲沉到水里去。再抱着'百宝箱'，去寻相好的！"

范朋克说：

"真有你的！不过，我很赞同你这样做，我大概也会的。我们美国女人倒也痛快，她们才不把失去个男人当回事呢！她们大多独立自主，要是有把子力气，能够把男人的活儿都干了。她们即使被男人甩，也不会哭哭啼啼，或者哭一阵子就忘了为什么哭。独立的女人最美。你看纽约那座自由女神像，就她一个人站立在自由岛的哈得孙河口，就她孤独的一个人。她所以是自由女神，因为她谁也不倚靠。反倒是人们，包括许多男人要倚靠她的帮助和祝福呢！"

马师曾也深表赞同：

"的确，独立、有主见的女人最美！"

——老范有范儿；老马有料儿。

两个人相见甚欢，交流融洽。初次相逢，却像是老友重聚，且意犹未尽。

然而，香岛的落日已经殷红，彩霞已经满天。

## 第十五章　赴西贡陷囹圄

第一颗宣告夜幕降临的金星，升起在头顶。晚上的戏就要开演了，马师曾该准备登台了。

东西方两位表演艺术家约定，有机会在洛杉矶，在道格拉斯·范朋克的宅第见面，继续畅谈未了的话题……

离开香港时，老范留下了自己的地址和一封信给老马，期待着再度见面。

一两年后，马师曾真就前往美国加州的洛杉矶了，也如约去登门拜访好友范朋克……

香港的日子，不太好过。

真是一波未平，一波又起。

在广州，有人抱着炸药包要炸死老马；来到香港躲避以后，又有人提着盒子枪要一枪打死老马。前者，是老马青楼得意得罪了警察局局长；后者，则是老马与戏迷富豪"太太团"的成员有染，而遭遇枪击。

一天深夜，老马主演的粤剧散场后，他乘坐回家的轿车，在途中被另一辆轿车尾随、跟踪，行至一个偏僻拐弯处，枪声大作。

幸亏，这开枪的人没什么准头，而那几颗子弹也没有脑子，不争气，分不清谁是靶子，就直奔司机肥硕的后臀而去，很不客气地钻了一个眼儿。算是对老马做出了一个严厉警告，杀无赦！

——与其说这是一桩报复性的"暗杀事件"，倒不如说它是一起"桃色事件"更加准确。

姓氏之中，姓香的人不多，老马的这个仇人正是姓香。

香不香、臭不臭的，我们不管，香大富豪确实娶了几房香喷喷的姨太太。

她们整天涂脂抹粉地招摇在宅邸内外，最喜欢去的地方就是马师曾唱戏的戏园。

这些年轻的阔太太打扮入时，红绿争艳，看戏成瘾，疯狂捧角，遇到英俊、帅气的红伶，出手也格外大方。无论岁数大小，也不论高官显贵的一房、二房或三房、四房姨太太，没有一个不用迷离恍惚的眼神，想尽办法勾引正印丑生马师曾。

在她们看来，舞台上的"义丐余侠魂"，比现实生活中的每一个富家翁都更有趣，也更可爱。

舞台上，老马眼神中的"贼光"一闪，就似电流一样穿过她们绵软的身体，让她们感受到一种麻酥酥的战栗。她们每个人都天真或任性地认为，那帅哥挑逗的目光就是专门冲着自己来的。而丑生插科打诨的动作和语言所流露出的"坏样"，又正合这些平日里无聊得要命的富有太太的口味。

刚刚新婚不久就与妻子分道扬镳的老马，依旧年轻血热，性欲旺盛。他单身一人，难耐寂寞，也乐得与这些要么傻呆呆、要么疯癫癫、要么娇滴滴、要么嗲兮兮的姨太太逢场作戏。只要他写戏演戏不太紧张，就会抽出一些时间，不时和他的"太太团"里的情人们喝喝酒，打打牌，或为消愁解闷而打情骂俏一番，或为散心解压而鬼混在一起……

一位姓阮，名叫"阮流芳"的年轻姨太太，是香大官人的第三房小妾。不知什么时候，就成了老马的铁杆戏迷和情人。老马对她也格外用心，只因她浑身酥软，玉体润泽，咀嚼起来甜香如蜜，惬意销魂，一旦尝味，永生难忘。如同你在苏州平江路的街边小摊，品尝过私家制作的传统梅花糕；或是在广州繁华闹市的甜品店里，"糖不甩（又叫'如意果'）"的那种特殊的酥滑口感。

我们可以从老马那些肉麻的诗句中，看出他对"阮流芳"玉体芬芳的陶醉和依恋。只有懂得享受花萼甘甜的小蜜蜂和采摘过猕猴桃的美猴王，才能体验那种生存快乐和美感……

老马题赠诗——《致阮流芳》：

　　人间美味最须尝，
　　软嫩酥滑细腻香。
　　醉饮流杯春酿酒，
　　倾听金谷鸟声长。

毋庸置疑，老马和情人"阮流芳"的交往，惹恼了与黑社会势力有牵连的香大官人，所谓"枪击案"系出于此。

马师曾的"国风剧团"没有半年的光景，就已经日薄西山，气息奄奄，有点儿办不下去的样子。

又耗了几日，戏班终于解散。

老马赋闲，一个人把自己身心放空，在般含道寓所闭门读书。

一个人长久地辛苦忙碌，高强度工作，神经一刻不放松，绝对不是什么好事，而适当地闲适、优游则于身体健康大为有利。一辆车，尚且要维修、加油，人的肌体亦然，它也需要检测、润滑。

更重要的是，他需要隐居一段时间，以等待追踪暗杀风波的停息，或许过上一段时日，就会风平浪静。

难得整日懒懒地坐卧，不惜睡到日上三竿，翠绿的盆景寓目怡神，沏一盏咖啡满室飘香。静静地浏览"二十四史"，正好可以恶补一下历史知识。让自己的思绪在时光的隧道里穿梭，"思接千载，视通万里"。消磨在古典文献之中，那是怎样一种精神慰藉。

一位当今红伶整日闭门读书纵然是件好事，但是，戏剧舞台上演技荒疏也说不过去。

恰逢越南西贡来人了。

那是当地著名的堤岸永兴戏院的经纪人，经由一些富有的华侨介绍、推荐，专门来邀请马师曾带戏班去演出。

因此，钱多少不在乎，任由老马出价，只要能答应去演出，一切都好商量。

老马闭门有日，正巴不得出国去转转。一来散散心，二来也熟悉一下舞台。自从在广州被炸弹伤身，前前后后，虽然也曾登台演戏，毕竟没有连续下来。都说"曲不离口，拳不离手"。梨园子弟的真经不念不行，不去做更不行。这样想着，也就爽快地应承下来，只提了一个条件：

"我老马在抵达你们的港口时，要在码头和戏院搭起牌楼迎接，一定要有乐队表演。总之，要有大排场，搞得热热闹闹。不然，我这么长时间没有出来演戏，少说也有几个月了吧，人家会以为我在中国混不下去，才灰溜溜地来到一个小小邻国唱戏。"

越南西贡的"大旗手"高高兴兴，领命而去，回去抓紧置办中国式牌楼和迎宾乐队去了。

马师曾这边，也开始组建起一个临时戏班。

唱戏的人手有的是，都愿意听从大老倌的召唤。于是，很快派出的戏班先遣队中，有花旦苏韵兰、丑生半日安，还有几位乐队的锣鼓手和弦乐师……他们前去西贡打前站，路途不是很长，却来了一位说一不二的"粤剧国王"。

老马本人则和前来接洽的华侨富商，一同预订了仲夏六月，从香江起航的法国豪华邮轮——"安得来朋号"的顶级舱位。

显然，"安得来朋号"名称的翻译，蕴含着"有朋自远方来"的儒学意味，而那时类似万吨级别的庞大邮轮并不多，其住宿与娱乐设施完备，可容纳数千人游荡其间，如同一座海上"城郭"。

巨大的船体，像一座移动着的山峰，又似天神般的大力士挥动一把利斧，劈涛斩浪，呼啸奔驰……

穿行在一望无际的南海水域，海天一色的辽阔、壮美，激荡着马师曾——粤剧诗人的情怀……

是的，老马是一位粤剧诗人，或曰梨园骚客。

老马的一生，总是与粤剧和美人相伴。他所到之处，总会见花开怀，触景生情。此刻船过海南岛，进入北部湾，仿佛一只高跟鞋一样的越南国土的边境线已经临近。站在甲板上，沐浴着海风，鸥鸟相随，宛若知音，晚霞成绮，金光万丈，不由得兴致盎然，吟诗一首，发散连日来心中的郁闷，也记述捧读古籍的心得。

他的这首七律《海鸥解语共翱翔》写得慷慨豪迈、意气纵横：

> 海鸥解语共翱翔，
> 夕照相迎彩带长。
> 国士折节家万里，
> 王妃落雁异族乡。
> 二十四史曾读过，
> 七尺男儿宝剑芒。
> 莫道兰花指戏子，
> 可闻侠义乞儿腔。

## 第十五章　赴西贡陷囹圄

话说法国邮轮如期抵达西贡海岸，等待老马的可不是什么彩旗花车、歌舞乐队，也不是事先说好的高大牌楼和夹道欢迎的观众，而是殖民地越南边境驻扎的法国警督，还有他们伺候老马的冰凉手铐和阴暗小牢。

正当轮船快要靠岸、乘客纷纷收拾行李时，一艘满载全副武装警察的快艇疾驰而来，像是瞄准好目标一样，爬上扶梯后，直奔老马所在的客舱。一个身材高大、一脸络腮胡的法国水警队长，嘴里嘟嘟囔囔，还用手比比画画，也不知他说的什么……船上的客舱服务员赶过来当翻译，一句一句地直译，才说明白事发的原因。

法国水警队长厉声问道：

"先生，请问你叫什么名字？"

老马毫不含糊地挺胸回答：

"我叫马师曾！"

再问："请问您是哪里人？从哪儿来？来到这里做什么？"

再答："我是广东人，从香港来，来西贡是为了表演粤剧。"

这时，法国水警队长不再询问老马，而是单独对临时做翻译的客舱服务员嘀咕了几句，并由后者翻译成中文：

"对不起先生，您的入境手续不清楚，需要把您带到移民局说话。"

老马一听，惊讶了好一阵，他张大了嘴巴，好像遇上了身穿制服的海盗，不知道该说什么。

法国警官有点儿不耐烦，嘴里只蹦出一个字："走！"

不用听清他说的话，只看看他那用力摇动的手势，就知道他的意思。

老马就这样被法国警察无来由地盘查、询问，接着被一群警察不由分说地带走，接下来被移民局看守所的官员强制性地关进了一间牢房。他自己有口难言，大惑不解，也不想在这里演一出《苏三起解》，合同里没有这一出。但是，看守所里各个铁栅栏里的单间都挤满了囚犯，他们个个凶神恶煞，面目狰狞，衣衫不整，肮脏邋遢，闻听从中国香港来了个粤剧名伶，要和他们一起蹲监牢，简直乐坏了，兴奋地一起跺脚，敲打饭盒，噼噼啪啪、叮叮咚咚……

一个囚犯带头，众囚犯跟随：

"好咯，马师曾来了，今晚我们有戏听咯！"

"快来啊！唱一段！唱一段！现在就给我们唱一段！"

"来吧，老马，就爱听你的戏！"

——马师曾被一帮囚犯震耳欲聋的叫喊声，震撼得清醒了许多。认识到自己的处境大不妙，恐怕还不如苏三的命运好。她好歹不用翻译就能申诉冤屈，自己却人生地不熟，更添语言障碍。看来这就是定数，命里有的总会来，命里没的求不到。

西贡监狱新来的囚犯老马，这样想着，自我开导着，自嘲着……也就不再那么沮丧，悲哀，顾影自怜，反倒觉得有那么点儿老大莅临，踌躇满志的感觉。

这时，囚犯之中，一个广东籍十八九岁的粤剧票友，意外地见到崇拜已久的名伶，按捺不住激动心情，竟然班门弄斧地唱了起来，甚至还说："今日，能够见到马师曾，死在牢里也值了！"

马师曾只听他唱了两句，就知道这是一个粤剧好苗子。

年轻的因犯名叫"谢天一"。他唱的是粤剧传统剧目《山东响马》中的"困寺"一段，声音高亢洪亮，响遏行云：

今晚夜，气杀了。
英雄好汉，英雄好汉！
好一比，笼中鸟，
插翅不能高飞，好比网内鱼，
有水难游，难以逃出罗网，
叫俺怎样，行藏。
都只为，追究他，黄金，端放，
带累某，因此间，未有，主张。
四下里，耳不闻，谯楼，鼓响。
举头来，看不见，朗月，星光。
今晚夜，有好比，囚笼，罪犯。
任你是，大鹏鸟，难以，飞扬。
唉——！
越思想，不由人，心如，刀创。

## 第十五章　赴西贡陷囹圄

又只见广东先生，

佢睡在一旁。

——此情此景，如梦如幻。

这段戏词，简直就是用白描手法再现马师曾"今晚夜"的遭遇……

老马对这位"金嗓子"很好奇，询问了一下粤剧票友"谢天一"的简历。他是因街头摆摊而与欺行霸市的痞子流氓发生争执，出手太重，打伤了人，才被关押起来，听候警局发落。

老马做了法国警察的阶下囚，是因为西贡的两家戏院——中国戏院和永兴戏院起了争执。

两家戏院，为争夺中国粤剧名伶的优先演出权而争风吃醋，乃至出招阴损狠毒，暗中栽赃告官，从而引起来访者——马师曾莫名的祸端。

一句话，马师曾是两家戏院明争暗斗的牺牲品。

"中国戏院"，是由广东帮的华侨领袖梁康荣主持经营；"永兴戏院"，则是由越南本地人茶泰荣做老板。他们本来在业务上就有竞争，邀请老马来演出将这种竞争变成"战争"。

但是，说到底，老马并非被越南人出卖而蹲监狱，反倒是被同胞所害而受惊吓。

越南的中国侨眷先邀请老马，也就是说"中国戏院"先与老马斟盘，但商谈不果，戏院一方不接受老马提出的"苛刻"条件：乘法国豪华邮轮、码头树牌楼、礼宾乐队伴奏、夹道群众欢迎。

可是，越南人大方啊，或者说他们更加看重老马的市场价值，"永兴戏院"对老马的要求一口答应，且在西贡报纸上大肆宣传："中国名伶马师曾，将于某年某月某日自香港启程，乘坐法国邮轮'安得来朋号'抵达本埠，'永兴戏院'允诺搭建彩色牌楼、组成数十人银管金属乐队、筹划大型欢迎仪式，以迎接粤剧第一大老倌……"

于是，"中国戏院"一方，怎么也咽不下这口气，就想出一个强制性的"釜底抽薪"的对策，牵制老马。让你"永兴"好戏不得好唱，好人也做不成，永远兴盛不起来。

当老马被法警带走时,"永兴"派出的大型乐队和欢迎队列正在西贡码头集结,人头攒动,翘首以盼。

仪仗队前,班主茶泰荣带头,一身红绿丝绸盛装惹眼,为老马打前站的义子半日安和花旦苏韵兰站立左右,只听交响乐响起时鲜花舞动,老马的戏迷围拢而来,大家都想在第一时间瞻望大佬风采,乃至人山人海……

——谁知,等到豪华邮轮上的最后一位旅客,从扶梯上走到岸上,还是不见老马的身影。

"永兴"老板茶泰荣发现事情不妙,赶快登船向水手打听消息。

方知,那边老马已经被法警一干人带走,身陷囹圄,名伶大佬,已成囚犯。

事不宜迟,大伙儿赶忙乘车,直奔海关移民局看守所。

义子半日安,这下心里一刻不安;花旦苏韵兰,此时震惊一时苏醒不过来。这两位老马忠实搭档一见"主公"形容憔悴,神色黯然,铁窗冰冷,好不可怜,不禁与之抱头痛哭,涕泗长流……

比演戏还要真实,令人感动!

那些十恶不赦的狱囚见状,也都个个神情凄楚,打了蔫了,有的还跟着师徒一起拭泪。

半日安和苏韵兰异口同声:

"大哥不怕,戏院老板茶泰荣正在与移民局交涉,找法警理论,保管你能够从这里出来!"

茶泰荣一经交涉,案由清楚。

这完全是中国人整中国人,给越南人拆台。

都因为"中国戏院"在搞鬼,他们知道老马乘法国邮轮来此,就向西贡警司秘密诬告粤剧大老倌,谎称老马是闹罢工、搞革命的"危险人物"。这次是被组织派遣、带着重要任务进海关……最终的目的,是里应外合搞阴谋暴动,推翻越南殖民政府,赶走大胡子法国人,建立红色政权。

再加上,他们将老马在广州被炸弹所伤、在香港被枪击等,都用作此人参与政治活动的有力证据。且添油加醋地说,身为名伶实乃政变元凶的老马,一旦入境,不但西贡供奉不起,就是整个越南也要翻天覆地……

——越南当局和法国警督一听,这还了得!

## 第十五章　赴西贡陷囹圄

老马作为跨国要犯，也就只能在牢狱中受些折磨了。

其实，比蹲监狱的老马更加憋屈和冒火的，是越南西贡"永兴戏院"老板茶泰荣。

茶老板实在是气炸了！

他现在倒是真有要"暴动"的动力和胆子。正所谓"怒从心头起，恶向胆边生"。

一想到，今次码头盛大欢迎仪式就这样白白泡汤，白白破费，而竞争对手"中国戏院"又这般歹毒，如此险恶，他就想去买些炸药包和轻重机枪，去捣毁其大本营。

但茶泰荣终归是个精明商人，他转念一想，即刻转怒为喜，而且喜上眉梢。

——何不顺势而为？

好在老马这棵摇钱树完好无损，他能借机扩大宣传影响，比此前的乐队、牌楼、万人空巷的欢迎还要带劲儿！何不赶快找记者，去报社，把中国名伶马师曾的传奇遭遇，作为头号新闻发表，让粤剧演出市场一下子红火起来？

——这就是成功商人的思维，懂得借力打力，借势起势，将计就计，反败为胜。

茶泰荣经营的"永兴戏院"来头不小，它是越南皇姑"安南"的物业。

茶老板直接给驸马"太平"挂了个电话，说明原委。

有了驸马出面调停，当局怎敢怠慢。

很快，老马就获得了自由。只是在他离开看守所时，千般不舍、万分无奈的是那些喜爱粤剧的囚徒。他们眼巴巴隔着铁窗与老马告别，有的还遗憾地说：

"想听听老马唱《山东响马》，这回也听不到了！"

——这句话倒是提醒了老马，让他记起了早已盘算好的一件事。他找到法国水警队长说：

"这里有一位广东籍的囚犯，名字叫'谢天一'。他是因打架被关进来的，我们俩是老乡。我愿意出钱保释他出去，需要多少钱，我老马就掏多少钱，一切按照你们法国人的规矩办……"

法警知道老马身为粤剧名伶，却是一位通天的大人物，就连越南的驸马

"太平"大人都亲自点名放人，也就乐意给老马一个面子，顺水推舟地说：

"这个好说，好说！您老马是社会名流，公众人物，我们信得过！您要是愿意，现在就可以把人带走，至于赎金，可以事后商量，事后商量……"

老马混迹江湖有年，社会上的五行八作，以及官场台前幕后的那点儿事情什么没有经历，没有见过，马上听出了法警的那点儿意思。当即慷慨解囊，把法警拉至一个僻静处，点给他1000法郎。那是他临行前以备万一，怕遭劫持，为自己赎命的钱。这回，派上了用场。

囚犯"谢天一"被打开手铐、脚镣，就这么痛快地放了出来。

法警不忘记告诉他，谁是他的大恩人。

见到老马，"谢天一"自己也不再是"谢天一"了，他内心对恩人老马千恩万谢，却又拙于表达，干脆扑通一声，来了个双膝跪地。

老马赶忙上前搀扶，对他说：

"老弟，我不知道你多大，看上去一定比我小。你看，你的命运就转了吧，命转还不好？！以后，你就跟着我老马，荣华富贵不敢保证，吃饱喝足我包了！"

金嗓子"谢天一"挣脱开老马的双臂，扑通一声，又一次跪下了。

老马再度上前搀扶，用力抱紧他在怀里，对他又说：

"怎么又跪下了？一个大男人，怎么还哭上了？！要我说啊，你虽然姓谢，也只能姓谢，但是，你要听我，听大哥老马的！你一不用谢天，二不用谢地，三不用谢我老马。你就谢谢你的老妈老爸就成了，谁让他们给了你一副好嗓子，金嗓子呀！"

老马一不留神，"谢天一"躲闪一旁，扑通一声，他第三次跪下了。

——这就是粤剧界后来广泛流传的故事，老马让"谢天一"三次叩首，终生仰慕。

老板茶泰荣，一是为顺利解救老马而高兴；二是想耍耍威风，气气对手——仇人冤家"中国戏院"，就用好几辆大卡车把码头的原班人马——乐队、歌舞队、秧歌队等全都运至移民局的看守所大门口，鼓号齐鸣，烟花怒放，载歌载舞，乐曲悠扬……

——就像过节一样地迎接老马出狱。

## 第十五章 赴西贡陷囹圄

这真是盛况空前,观者如云。

从古至今,恐怕还没有任何一个梨园囚徒,曾经获得如此尊贵的礼遇,而老马一人却尽情享受了,他也值得享受……

这件中国名伶西贡被捕的咄咄怪事,经过坊间的口口相传,再加上媒体渲染报道,在当地华侨社会引起很大震动。

人们都知道了马师曾的大名。

——也知道,他在戏里戏外,都是一位行侠仗义的"余侠魂",乐于为人排忧解难。

当地观众都说:

"这回非要看看他的戏不可。"

老马不费吹灰之力,未唱先红,善演"义丐"的正印丑生在此名闻遐迩。

原本,"中国戏院"是想着毁了"永兴戏院"的大事,同时坏了马师曾的好事,没承想,却促成了"永兴"老板茶泰荣与粤剧名伶老马的大好事。

正是:

乾坤多见荒谬,世事不乏蹊跷。

想看人家热闹,却送福气不小。

马师曾在西贡"永兴戏院"演出的首本戏,是他拿手的粤剧《佳偶兵戎》。

锣鼓一响,红伶亮相,唱腔独特,风流倜傥。

观众从四面八方赶来,剧场盛况空前,人们看过还想再看,美誉口口相传,连续不断地夜夜顶桅。

老马知道,当初自己在"大罗天剧团"所演的旺台戏,每一出,都让观众难以忘怀、津津乐道,何不照方抓药?

他接连推出的还是那些剧目——《呆佬拜寿》《花蝴蝶》《天网》《赢得青楼薄幸名》《情觉情霜》等。

茶泰荣老板,看到每一出戏都观众爆满,戏院日进斗金,就爽快地拍板,将原定的半个月演出合同,延长为两个月。

相比之下,"中国戏院"那边门庭冷落,日渐亏本,大有一蹶不振的迹象。

其经营者眼见在老马为"永兴戏院"演出期间,自己这里观众流失,损失惨重，不得不托人找到广东会馆的权威人士，央求他们出面说项，向老马示好，希望和解。

他们央求茶老板和马老大，让老马不要总在这里"坐庄"，也去外埠走走，不要"顶死"他们可怜的"中国戏院"。

当时的越南，凡是华侨众多（尤其粤籍华眷较多）的城市，粤剧戏迷必多，粤剧剧院易火。西贡市有"永兴戏院""中国戏院"，堤岸市有"大同戏院""同庆戏院""竞南戏院"，河内市、海防市也都有几家戏院。

——应该说，粤剧的演出市场生存空间不小，戏班也就颇有回旋余地。

是时，越南一些地方正逢严重水灾，大水冲垮了堤坝，也损毁了家园，灾民扶老携幼，颠沛流离，哀鸿遍野，饿殍满地……

令人闻之凄恻，惨不忍睹，政府救济则杯水车薪，而财政支出也捉襟见肘。

老马何人？

——仗义之人！

他入斯邦而睹斯人，见斯情而感斯难，能忍乎？能无助乎？

适逢西贡有善长仁翁，发起募捐赈灾，马师曾第一个自告奋勇，卖力地连续义演数日，将所得款项分文不留，全部捐出作为救灾之用。

义演第一晚，戏码为《关公送嫂》。最昂贵的票价达到1000元，被称为"荣誉票"，顷刻间销售一空。

马师曾举行义演赈济救灾的新闻，经当地华侨报纸、法文报纸，相继于重要版面醒目刊登，马上在社会上引起轰动效应。

老马和他组建的临时粤剧戏班，在西贡和堤岸足足愉快地逗留、演出了两个月后，应各地华侨领袖们的盛情邀请，开始赴越南的其他城市进行巡回演出。

每到一地，观众欢迎的程度都超过预期，原本预定演出一周时间，因为人们购票踊跃、供不应求，不得不增加演出场次，延长至两周。

一路下来，竟然将广东粤剧从越南西贡，演到了柬埔寨的首府金边。

有趣的是，当时越南各地都在销售一种时髦的帽子，名叫——"马师曾毡帽"。

商家逐利，却有仁心。无论华侨还是越南人开办的装饰品公司、衣帽制作

## 第十五章　赴西贡陷囹圄

与销售厂家，皆念老马义演赈灾的情谊。他们专门制作了一款帽子，并与老马接洽，想求得他的署名权，并商议产品流通利润分成的问题。

老马一听用自己的名字做商标，觉得好玩。那时候还没有"熊猫牌洗衣粉""天鹅牌沐浴液"，所以，选用一个动物（人类不过是高级动物）的名字来兜售商品就更感到新鲜。

正印丑生具有足够的幽默感，也懂得商人精于算计，不会做亏本买卖，也就爽快地答应签约。至于分成约定，分得一两成已经是奢望。马师曾做事，何曾把钱放在第一位？

要说，还是商人懂得经营，善于推销。

——这一点需要艺人学习，借鉴。

人家就能凭借市场上所积累的经验，敏锐地发现商机，知道老马的名字——"马师曾"三个字，就是一个热销的大卖点。

这是多么机敏、聪明、巧妙，既省力又赚钱的思路和做法？

从商家来说，没有任何成本，成本就是一句问话——"（对老马）能不能用你的名字做商标？"

其时，越南繁华街市上常见的"马师曾毡帽""马师曾头水"，就是这么来的。

越南巡演，时近一年。

老马回到香港时，堪称载誉而归。

马师曾已成为一代红伶，香港小报记者岂能放过打探他的私生活。

纵然是你的千年往事也会被挖掘出来。

听闻老马戏剧人生中的"乞讨门""丢尸门""离婚门""招妓门""偷情门""炸弹门""枪击门""入狱门""救囚门""赈灾门"等，如此这般有褒有贬的各色"门"的传奇经历，不仅有新闻记者终日追踪，戏迷追捧，社会各界人士也在茶余饭后谈论，更有许多好事者、崇拜者慕名求见。

其中，就有新加坡的福建籍华侨富商——李金发。

李金发的妻子，艺名"谭剑秋"。她善演女小武，也是一位梨园中人。

谭剑秋在星岛一家粤剧团供职，主演过一些电影如《蜘蛛党》《黄天霸招亲》等。

　　老马一见李金发，就想起他自己在南洋的经历，那时，他是李金发、谭剑秋夫妻的好友，家中座上宾。

　　两位老友重逢，格外亲切。

　　一番寒暄过后，李金发说明来意。

　　近年来，久闻马师曾伶人声名显赫，粤剧舞台精彩绝伦，戏班红火，鼎盛于省港，誉满海内海外。作为星洲戏行知名的李大老板，不可能对此无动于衷，何况二人早有交谊在先。此番抵港，是有备而来，专门为邀请老友马师曾去南洋巡演。

　　西方谚语说："好朋友，清算账。"

　　二人商定，甲乙签约：双方酌定，关聘先暂时定为三个月。

　　倘若行情如预计一样见好，不妨再追增、延长三个月。

　　由乙方（马师曾）临时组建的戏班来往交通、食宿费用，演出场地租金等剧务方面琐细支出，全部由邀请方——甲方（李金发）承担。

　　市场演出盈利分成方式，按照甲方（李金发）七成，乙方（马师曾）三成计算。

　　无须赘述，老马此番率领一干粤剧同人出行格外顺利，二度远赴南洋巡回演出风光无限。

　　半年演出，一路走红。

　　戏班上演剧目，都是轻车熟路的"大罗天剧团"旺台戏，打磨多年，滚瓜烂熟，配合默契，自然出彩。

　　戏班中，人人都赚得一笔不菲佣金，老马本人独得6万元进项。

　　老马别人不思不想，最念当年梨园故旧"小生全"的情谊。

　　只不过几年过去，他和"小生全"同在的"庆维新剧团"已经今非昔比。戏行买卖也难以为继，同行四散，沦落八方。

　　如今的"小生全"在马来西亚的第四大城市——怡保，经营着自己的一家咖啡店，日子过得还算可以。他在自己的家中款待老马，举酒话旧，不觉数载暌离，犹似当年初见。说起往事，不胜唏嘘。

　　当初，二人情同手足，不分彼此。

## 第十五章　赴西贡陷囹圄

马师曾帮他写情书，令他抱得美人归；"小生全"赠老马赎身费用，外加一路盘缠。

兄弟一场，语言问候不多，心里各自有数，不在无事搭伴，只看遇事鼎力相帮。或许，一年不问音信，或许，几载不见踪影。然而，自古高山流水，心志相通；落月屋梁，何时不想？

老马的侠义之情，体现在南洋散金。

他的戏班所到之处，总有无数应酬。昔日"庆维新剧团""尧天彩剧团""平天彩剧团"等戏行故旧相识，闻讯而至，寒暄而来。老马一直在江湖上混，属场面中人，对此并不见怪。反倒是，旧友新朋但有来访，不分远近亲疏，相识与不相识，熟络与不熟络，凡有所求，必有回应，花销不计，破费无算。

幸亏他现在依然是单身汉子，一个人吃饱，全家不饿，所以对身外之物，全不在乎。

——这就是活出个神仙模样。

自中国香港远道而来的粤剧大佬马师曾，在此星洲、马来，至少有半个衣锦还乡之意。

说是半个，盖因南洋属于粤剧第二故乡，也同时是老马人生的第二故乡。当年，一个小伙儿，蜷缩于货船"猪崽舱"而来，又以"偷渡客"身份逃离；如今呢，一位名伶，乘坐气派豪华的法国邮轮而至，巡演各埠皆被拥为泰斗，待如上宾。此乃今非昔比，物是人非。

古人"十年寒窗苦读，一朝榜上登科"，也不过如此。

昔日无名丑生今次扬名，难免会显露出踌躇满志、睥睨群伦之态。

那么，老马作为大老倌中的大老倌，请客吃饭，就不用说了，借酒席上喧闹、推杯换盏的机会，抒发豪情壮志。

老马心里也确实是这样想的，这样暗自骄傲和自豪：

"老子终于打下一片江山了！"

人逢喜事精神爽，咸鱼翻生"大碌藕"。

马师曾作为戏班班主的这趟南洋之行，被人们称为"散账队长"。

——多少年过后，老南洋的广东粤剧戏迷，一说起马师曾的二度巡演，依然眼睛放光，着魔一般。

三十而立，日当正午。

这一年，马师曾思索百岁人生，为自己填词一首，想图个吉利，故题为《黄金缕》（又名《蝶恋花》）——三十初度自题小照：

　　荏苒韶光三十岁，
　　游戏人间，
　　遍历沧桑事。
　　阮籍狂歌聊玩世，
　　几回顾影情何寄。

　　傲骨嶙峋惭附骥，
　　也许元龙，
　　湖海增豪气。
　　舞彩年年心窃慰，
　　椿庭萱草长青翠。

### 马鼎盛·旁述

马师曾坐牢，不止一次，人离乡贱，何况当时的中国是半殖民地。好在华侨是粤剧的第二故乡，南洋更是马师曾登上舞台的福地。粤剧插班生拜到名师靓元亨。大起大落遭遇丰富。他的艺术人生，爱国主义的基础一层层夯实。

马师曾漂泊异国他乡"坐鬼监"，饱尝人间地狱的苦楚。在绝望的铁窗下，年轻的马师曾会不会联想到十八层地狱？有朝一日登上舞台，要向观众倾诉世间的不平。华人在海外没有强大的祖国做靠山，只能把"犯强汉者，虽远必诛"的豪言壮语埋在心里。马师曾有幸拜到名师靓元亨门下，连学习带偷师，快速打熬出一身过硬本领，日后在香港大红大紫十余年，平步青云的转折点就在遇贵人——小武王靓元亨。

1977年我全靠国家恢复高考，才有机会跳出粤北山区，恢复现代化大都市居民的身份。母亲红线女听说我高考的分数大大超过一般录取线，更比中山大

## 第十五章 赴西贡陷图圈

学的录取线高,担心我因为她被审查的身份问题不被录取。她鼓励我向省级部门申诉,写信给广东省革委会副主任、科教办党委书记杨康华。妈妈特地嘱咐我在申诉信件注明,马鼎盛是已故广东省粤剧院院长、省政协常委马师曾之子。父亲当年同杨康华有直属的行政关系。杨康华看过我的申诉信后,即写信给中山大学副校长黄焕秋,让我连同申诉信一起面交。看看我摆脱"工字不出头"的命运遇上多少贵人,关键的贵人是父亲马师曾。

2003年,马鼎盛在香港采访美国航空母舰"卡尔·文森"号,10天后该舰轰炸伊拉克。美军航母除了舰载机群,更囊括全球战略要津的军事基地及设施200余处

215

# 第十六章 滞留旧金山

1930年末，马师曾从南洋返回香港。

在码头恭候，大摆酒宴为老马接风洗尘的，是知名的富商陈雨田。

陈是谦益隆金山庄的大老板。他表示，愿以自己的山庄做抵押，出资聘请马师曾去美国旧金山进行商业演出，签订一年合同。粤剧演出所得利润，按照三七开来分成，老马得三成，他得七成。

无疑，这对于粤剧名伶马师曾来说，是一个巨大的刺激和诱惑。

他正值而立之年，如日中天，何曾不想以世界为舞台，让全人类做观众，效仿梅兰芳，也登上大洋彼岸一展柠檬喉。如将军拿破仑，似乐坛贝多芬，像银幕卓别林那样——大名垂宇宙。

临行之前，或许是有意参照梅兰芳散发出版物的做法，亲朋好友专门为马师曾编辑、印制一本小册子，标题气魄不小，名曰《千里壮游集》以壮行色。

文集中，收录了老马本人的两篇小传——《马师曾传略》《马氏春秋》，也集录他所创作、表演粤剧的相关资料，图文并茂，包括《精选曲词》《戏剧文论》《舞台剧照》《书法作品》《友人题词》等栏目。

其中，老马的短文《我之希望中美亲善谈》，颇有"民间大使"风范，具有前瞻味道。今日读来，依然发人深省，颇有现实意义：

"客问于余曰：子是次赴美演剧之目的能见告否？曰，予之希望，惟愿中美之亲善而已。……故予是次赴美，将吾国优美之道德教化、善良之风俗习惯，尽量于戏剧表演。俾彼邦人民，生其向往心，表其同情心。自是则人民日益亲善；邦交则日益巩固。而树立永久亲善之基础焉。子以为然否？客曰：善！"

马师曾在他的《我游美演剧之宗旨》一文中，说得明白：

"我中国能立国数千年，号称世界文明最古者，以我自有其特有之道德文化也。……虽历史上兴衰治乱，更变无常，而此特有之道德文化，屹然存在，永不灭不磨。匪特不灭不磨而已，最近更引起欧美学者之注意，于东方道德文化，而加以研究焉。然则吾人正宜发扬而光大之，使传播于欧美，以宏我中邦之德化也……今兹游美演剧，亦不揣鄙陋，本此宗旨，以与我侨胞相见于公余之暇，稍慰我侨胞不忘国粹之心；兼使彼都人士，知我道德文化之优美，固自有其可贵者焉。区区之愚，悉在于是。我侨胞诸君，不弃鄙陋，进而教之，幸甚幸甚！"

——谁知，正是这本小册子，在马师曾乘坐的轮船抵达旧金山海岸时，给

## 第十六章　滞留旧金山

他带来了一个不小的麻烦。

此时的美国西海岸已经是春色妖娆，而他的心里却只感受到冬天刺骨的寒冷。

前面说过，临行前他的朋友帮忙，热心为其印制了几千本宣传小册子，名曰《千里壮游集》，塞满了二十多个箱子。可就是这些箱子惹眼、生事儿，被美国的海关视为"危险品"，连人带箱子一并被拒绝入境。

初来乍到他就被当作一个"不受欢迎的人"，甚至被警方关押起来，怎么能不感到自己是在北极冰窟窿里游泳——透心凉？！

马师曾希望通过《千里壮游集》在美国弘扬中华文化，展示粤剧艺术魅力，一解侨胞思乡之渴

在马师曾的一生中，有一个有趣而又奇怪的现象。

他总是被异域他乡的海岸所拒绝，总是无辜受罪、无端蒙辱，一再栽在边境警察的手里，就像是一个倒霉孩子。

或许，真正的原因是老马的长相和做派。

他长得既像"窃贼"扮演者范朋克，又酷似"海盗"饰演者约翰尼·德普，而行止不拘、风流倜傥的特质，愈显得标新立异，与众不同。

回头看吧，凡遇他国海岸关口，老马必因各种缘由被虐待。在星洲、在越南、在旧金山……或被扒光搜身、检疫、冲凉；或被直接逮捕、戴上手铐，关进小牢，屡屡走背字，回回认倒霉。

但是，他钻进货船的货舱偷渡，却能安安稳稳，保持尊严，不会被边防警察们发现和追究问罪。譬如，二十五六岁时，只身从南洋假扮押运船员返回中国。

这次，轮到谁来搭救他呢？

马师曾无辜涉案，愤懑不平。

海关拘押他的警员却认认真真，振振有词：

"此系企图入境的一位危险分子，随身携带政治宣传品20箱之多。可见其组织庞大，有备而来，为美利坚合众国社会之潜在威胁。"

人逢大难想至亲，同姓不远血缘深。

闻讯而来，出手解救老马的，是当地马氏宗亲。

马氏族长出面，向政府的移民局交涉，呈交所有马氏华侨联合签名的担保书，保释并无政治倾向和使命的粤剧名伶。

偏巧，当地姓马的人最多，属于大姓。10个人中就有9个姓马，这难道还不神奇？

长话短说。被保释出狱后，老马与他的戏班成员编剧卢有荣、丑生"半日安"、花旦"上海妹""蟾宫女""谭玉兰"等会合，紧锣密鼓地准备登陆美国港城旧金山的首场戏。他们人人都怀着大干一场、让粤剧艺术的迷人魅力征服整个新大陆的豪情壮志。

第一晚上演的开台戏，是老马最火爆、最叫座、百唱不衰的古装粤剧《佳偶兵戎》。

剧中，既有缠绵词曲，低吟浅唱；亦有豪迈诗章，高歌引吭。

两个月内，马师曾的戏班一连推出多部粤剧。

除了上面介绍的首台戏《佳偶兵戎》，还有《赵子龙》《呆佬拜寿》《贼王子》《红玫瑰》《天网》《欲魔》等。

其中既包括传统古装粤剧，也涵盖新编时尚粤剧；既有本土题材的挖掘，也有异国作品的改编。

连日来，中央戏院的票房收益甚好，盛况空前，观众为一部部新戏而痴迷，场场满座。

旧金山的戏，好唱，也不好唱。

台上的事情一切顺利，台下的事情就不妙了。

## 第十六章　滞留旧金山

事先，甲乙双方，即老马的戏班一方和邀约戏班演出的陈老板一方，彼此签订了合同。

合同一年，戏演365场，本该月月连续演出才对。

其间适当休整可以，休息几天没问题。但不能一歇一两个月。否则，作为乙方的马师曾就没法交代了，戏剧演出场次不够，就等于没有履行合同，而违约可是一件不得了的事，法律是不允许的。

但是，刚刚演出两个月，中央戏院忽然通知老马，戏班停演一个月。

更有甚者，当老马去找老板陈敦朴当面交涉，问明原委时，却遭到了威胁，那是只有黑社会才会有的威胁口吻：

"你从香港来到这里，不太明白这边的行市！这里是旧金山，整个'金都'都是陈老板的地盘。停戏，可是中央戏院的规矩。陈老板邀请的演出团体太多，一年到头，演出日程表排得满满的，根本就安排不过来。你——老马，就不错了！你连续演了两个多月，收入也不少，比别的戏班强多了。寻常戏班，顶多演上一个月，就马上歇了。陈老板已经是大大地优待你了！你就领情吧！什么也别去问，什么也别说了！陈老板不喜欢被别人问这问那……谁敢？谁那么不长眼？老板腰里总别着一把枪，三句话不对路，他就赏给人家子弹吃！那玩意儿，我们叫作'蜜弹糖'，算是咱粤菜特色——偏甜口！怎么样，我看老马先生，总不会想尝尝吧？"

——还记得当初在越南西贡的拘留所里，老马花重金为之赎身的囚犯谢天一吧。

谢天一自从拜老马为师，一直跟随师父左右，尽心尽力服侍，真乃一日为师，终身为父也。

此时，老马被前来的"说客"一番威胁，谢天一全听个仔细，不由得火冒三丈，睚眦尽裂。他二话不说，破门而出，转眼间，不见踪影……

老马最了解徒弟谢天一。

他草草打发走了中央戏院的"说客"，马上招呼戏班的人，分头去找刚烈鲁莽的谢天一，生怕他惹出什么乱子来。

尽管老马本人也气血上涌，有那么一股子大闹天宫的冲动。但是，毕竟自己经历的事情多一些，不至于"匹夫见辱，拔剑而起"。拼他个你死我活倒是很容易,而真把一筹莫展、万般无奈、困难至极的事情处理好,却需要更大的勇气、智慧和能力。

还好,谢天一不愧是老马的徒弟,人挺机灵悟性也很好。

小谢气不忿地跑出去,并没有鲁莽行事的意思。

他走遍了附近的大街小巷,在一家出售枪械的地下小黑店,购买了两把手枪。他知道师父在旧金山算是遇到土匪强盗了,他作为徒弟要保护好师父的人身安全,要做一个合格的贴身保镖。没有两把像样、好使的手枪怎么行呢?!

谢天一不无得意地对老马说:

"师父,咱的腰里也不能空着呀!您快看看,我这里也有枪,不是一把,而是两把!要说吃'蜜弹糖',去他娘!哪天我高兴了,就让我好好喂喂这帮乌龟王八蛋!根本不用师父您动一个小手指头!不用!"

老马知道徒弟的心思。

知道谢天一一方面是真要持枪保护自己;二是想让自己高兴、出口恶气。

一看谢天一这副油头粉面、一口浑话、与街头小流氓别无二致的口条和样子,老马早已经忍不住大笑起来……

有这样善解人意、侠肝义胆的一个徒弟,师父早忘了什么戏班停演不停演,什么一个月还是两个月的麻烦事。

这一日,金色阳光,照耀着细沙平铺的黄金海岸。

太平洋的海风把阁楼的窗帘吹起,呼啦啦地山响,像是要有贵人来访似的。

马师曾、红线女上广州为抗美援朝义演

## 第十六章　滞留旧金山

老马正在旧金山的临时住所里，闲极无聊。

但他心情大好，嘴里一边轻松地哼着家乡小曲，一边笑容可掬地逗弄一只乖巧的雪色猫咪。

不经意间，老马猛一抬头，面前竟然出现了一位如花似玉的美人。难道是真的美丽公主驾到？

这样一位不速之客，让他惊喜不止、兴奋不已……

假如，你仔细地读了前面的第九章，就知道现在站在老马面前的是——红棉。

她是老马中学时代的女友、南洋闯荡时的情人红棉，是老马无论走到哪里都不会忘记的红颜知己红棉。

此时，宋代词人晏几道写的《鹧鸪天·彩袖殷勤捧玉钟》，最能表达两个人的心情：

彩袖殷勤捧玉钟，当年拼却醉颜红。舞低杨柳楼前月，歌尽桃花扇底风。
从别后，忆相逢，几回魂梦与君同。今宵剩把银釭照，犹恐相逢是梦中。

老马戏班，原定一年的演出时间，被零零碎碎地切割。

这个月演演，下个月停停。

刚好，让老马有足够充裕的时间，可以和红棉一起到处逛逛，看看美国人是怎么生活，也了解一下他们的演艺圈和戏剧人在做什么……

当然，那时候的中国人走在美国大街上，常会遇到不愉快的事情。

马师曾从踏上美国西海岸的那天开始，就一直不顺。

除了遇到红棉让他惊喜，剩下的似乎全是惊吓，不是黑帮"蜜弹糖"的威胁，就是凶神恶煞一般的音乐厅门卫。

这次，当老马和红棉正要走进一家高档音乐厅时，门前侍者拦住去路，指了指墙上的一张告示：

黑人与中国人禁止进入。

更让老马恼火的是，门卫还问他是日本人还是中国人。

老马不堪忍受，想上前理论，被身边的红棉一把拽住，劝他说：

"有日本人进去，咱们还不愿意进去呢！"

——红棉说的有理。

这一年，即1931年，正是九一八事变的年份。日本军队以中国军队炸毁日本修筑的南满铁路为借口，占领了沈阳。

但是，当时日本国力强大，经济和军事发达，福泽谕吉的"脱亚入欧"的战略方针得以实现，国际地位迅速蹿升。它也参与了1900年八国联军侵略中国，并分得一杯羹，与西方世界列强平起平坐。

——因此，美国人才会尊重日本人而歧视中国人。

这样的情形，10年后才彻底转变了。

1941年12月7日珍珠港事件后，不仅中国人和日本人在美国人心中的地位颠倒过来，就连整个世界的格局都改变了。

老马不忘和美国影星道格拉斯·范朋克的"香港之约"，手持他的亲笔信，前往洛杉矶好莱坞其府邸拜访。

不巧，范朋克去了法国巴黎。

他的儿子——22岁的小道格拉斯·范朋克热情招待了中国客人。

这小范朋克也不简单，15岁就拍了一部电影《史蒂芬失足记》，那是会赚钱的制片人看中他老爸的名气，才找他参演。

虽然有年龄差，但老马与小范朋克谈得挺投机。

小主人说，他自己最想做一个美学家。认为戏剧人和电影人都应该是美学专家。为此，读诗、作画就是必需的，也要多参加一些高雅的聚会。果不其然，日后他真成为演员、制片人和编剧，其1937年的影片《赞达的囚徒》一炮走红。

老马也对他说"电影好玩"。

因为电影演员不像戏剧演员那样受约束，总被拴在舞台上，可以到露天的任何地方，可看高山大海，可到无边的旷野里去撒欢儿……那才是一匹马该干的事，甭管老马还是小马！而一出舞台戏呢，会遇到很多限制。你演得再好，也就千把人到剧场观看；一部电影不然，就会有十倍、百倍，甚至千倍、万倍人去电影院观赏！

——十几年以后，马师曾真就涉足影坛，创立"全球电影公司"，拍摄了数十部影片，成为一位叱咤风云的舞台、银幕"双栖"巨星。

对老马来说，他在美国所经历的最惊心动魄的一幕，发生在爱迪生逝世后的第三天，即1931年10月21日。

发明了"感恩节"的山姆大叔，为了纪念这位电灯的发明家，决定全国在这一晚熄灯，就连自由女神像也将高举的火把熄灭了。

有人用黑夜纪念爱迪生，有人利用黑夜来做营生。

这一夜，黑暗中的旧金山，被不知从哪里飘来的海雾所弥漫，像是涂了一脸锅烟子，一片朦胧，一片死寂。

老马的住宅，是一座花园别墅式的二层小楼，一层客厅比较宽敞，二楼书房和卧室也算舒适。

只不过现在只有他和红棉两个人住，房子显得太空旷了一些。

徒弟谢天一执意要借用花园里的一间储藏室，自己把它收拾得干干净净、整整齐齐，说是和师父挨得近些，心里踏实。

毕竟，处在经济大萧条时期的美国，各大城市的犯罪率都很高，尤其是"金州"（加州），淘金热使人口激增，为各州之最，治安事件层出不穷。

早早熄灯后，老马与惯常迥异，难以入睡。

他在床上翻过来掉过去，总感到哪儿不舒服，也下意识地感到有些恐怖。

突然——

他听到后窗户发出一阵轻微的响动，一个身影倏忽之间闪过。

犹如幽灵，仿佛梦魇……

那细如发丝折断、轻纱撕裂的"沙沙沙""沙沙沙""沙沙沙"的声音，不断地传来，好像是有人在用什么东西划破窗玻璃。

一开始，老马还以为外面落雨，向外一望，根本不见雨点……

类似的情形，相同的声音……

曾在大马的大霹雳埠殡仪馆停尸间发生过，只是当时老马醉酒后倒头就睡,什么也没有听到,乃至一具尸体"被人偷走"都毫无察觉。

可是现在不一样,他不仅听到了,还看到了一个黑黢黢的人影,人影幢幢……

接着就一阵"丁零咣当"的大动静。

显然是有什么人把客厅里的柜子撞倒了,从震动的声响来看,那是只有彪形大汉才能做到的……

老马没有惊动床上仍然在打鼾的红棉,她白天逛街走得太累了,睡得昏天黑地。而是径自蹑手蹑脚地摸索到楼下的客厅里,只见一个蒙面大盗正在往背包里填塞金银器皿和细软。

学过些拳脚的老马,也不惊动盗贼,只从他背后猛地使出一个扫堂腿,就把面前这个高大魁梧的身躯放倒在地。

盗贼起身很快,一拳击中老马面门。老马一时晕眩,几无还手之力。

这时,盗贼从腰间拔出一把利刃,用双手攥紧,高高地举起,用足了泰山压顶的死力刺了下来……

只听一声凄厉的尖叫声——划破夜空……

足足有200斤重的壮汉应声倒下,老马缓缓地起身,仍在眼冒金星。

马鼎盛在"忆述马师曾与红线女爱国情操和艺术人生"的现场会演讲

他恍惚中，看到一个熟悉的人影在晃动，知道那是自己的徒弟谢天一。

正是谢天一救了师父。

他从盗贼破窗而入时就先去了厨房，顺手抄起一把铮亮的剔骨刀，再迅速赶至客厅，正遇盗贼手起刀落，千钧一发之际，他只比刺向师父的匕首快了百分之一秒。

就是这百分之一秒的出刀速度，让一个生命倒下，另一个生命站起。阴阳两隔，生死一瞬。

这是谢天一一生之中，最感到自豪和安慰的一件事。他终于报答了师父把自己从监狱里赎救出来的恩情。


黑夜过去，天地光明。

赴美两年，老马受挫于粤剧商业演出，几乎是零收入。

他的最大收获是观光旅游，增长见闻，当然，还有与红棉共度的美妙时光。他去了洛杉矶的好莱坞，也到了纽约的第五大道，看了芝加哥的摩天大楼，也参观了墨西哥古城堡，目睹了巴拿马运河……

1933年初春，马师曾离开旧金山，回到了久别的中国香港。

老马虽然屡屡受挫，依旧雄风不减，他伫立甲板，眺望故土，尖沙咀的清风如故、涛声依旧……

船靠九龙仓码头时，迎接他的人们并未苍老，他们仍然容光焕发，还是像他出发时一样手捧鲜花，祝福声声……

一切尽在不言中，又见亲朋知交，不觉热泪盈眶……

## 马鼎盛·旁述

中国戏剧与西方文化交流是马师曾的夙愿，"千里壮游"其志可嘉，拘禁受骗其情可悯。马师曾一直富有探索的冒险精神。

而立之年的马师曾意气风发，远渡重洋去新大陆谋求宏图大展。他在《千里壮游集》中寄托将道德文化传播于欧美的远大志向，被美国海关视为宣传品扣押。马师曾深切体会"在此电影和舞台戏竞争剧烈之中"，死守"成法""老例"绝不能自称艺术,"必然一败涂地"。老马识途的真知灼见,在百年后的今天,仍然有切中时弊的现实意义。

马师曾早在赴美的几年前,已经将莎士比亚十大喜剧之一《威尼斯商人》改编为粤剧《女状师》,在大革命热潮下的广州大受欢迎,马师曾、陈非侬等根据外国电影《八达城大盗》改编《贼王子》大戏,莎翁四大悲剧之一《王子复仇记》由老马改编为《神经公爵》,借剧中人哈姆雷特之口针砭时弊:"你看通天下,枪声啪啪响,如果做生意,被人抽重税,四乡的盗贼,周围收行水,不如做鬼更好。"那已经是大革命失败,军阀混战的乱世。

马师曾危中求机,去美国学习拍电影,同时吸取电影新元素改革粤剧。所谓物离乡贵,人离乡贱。豪情满怀的老马在"番邦"两眼一抹黑,根本看不懂演出合约的陷阱,英文合约写演出一年,他就以为一年为期。岂料戏院老板陈敦朴强词夺理,愣说合约规定演出365天!中国人在美国本来就没理可讲,加上为虎作伥的奸商扣住护照勒索,马师曾只得倾家荡产交出20 000美元的学费。

在他乡吃苦头,我也有点儿天分。20世纪80年代,香港的亲戚建议我拿个香港身份证,我表示无可无不可,拖拖拉拉两年才批准,不巧碰上1989年8月的新政策,不再允许双重户籍。我必须取消广州的职业、户口,才能回到香港定居。当时没有三思而后行,拿上几千元港币的退职金,哥哥招呼我到他的岳父家当"厅长"。找到报社工作后搬到一间唐楼的"板间房",10平方米,一面砖墙,三面是三合板"墙",天花板两米二高,也是三合板,老鼠大白天唰唰地来回跑,我下班回房间,床铺照例是老鼠屎。厕所欠奉,公厕不远,但是人满为患,好在有洗澡的水龙头,有时还有热水供应。不过从此养成游泳习惯,看中公共游泳池一年四季都有热水洗澡。香港有电视台记者不明白我放着广州华侨新村的花园洋房不住,为何跑到没有厕所的"板间房"与鼠辈同居三年。我1989年入职《明报》,其后在《大公报》《天天日报》《星岛日报》《苹果日报》《文汇报》和香港电台、华语电视台、凤凰卫视工作,其间在《新报》《东方日报》等报刊写专栏,在亚洲电视台做我个人冠名节目的主编和主持人。

# 第十七章 迎娶『马迷』少女

1933年，马师曾亲手组建第二个粤剧戏班，命名为"太平剧团"。

最初，"太平剧团"的名称很是新潮，名叫"太平歌剧社"。其意在于改革创新，想让粤剧的这坛陈年老酒，换一个时尚款式的新瓶。

而当时，老马也以粤剧革新为己任，将自己在南洋和北美游历所形成的"国际视野""现代意识"，运用在粤剧剧本创作和舞台表演的实践中，被新闻媒体称为"新派粤剧泰斗导演兼主演艺术巨子"。

那时候的剧团成立也简单，太平戏院的老板源杏翘一拍板，让老马牵头组织就是了。

两个人的分账方式按照一般惯例：三七开。

老马三成；源老板七成。

人事权和业务管理权都在老马手里，尽可以甩开膀子干。

投资人源老板只是挂个班主的名而已。好在老板懂得，戏剧艺术有其自身规律，他们商人既然是外行，就不用指手画脚，那叫作"碍事"。不像现在的

马淑明（左）、马鼎盛（抱坐）、外公邝亦渔（坐）、外婆谭银（抱孙）、马淑逑（中）、马鼎昌（右）

## 第十七章 迎娶"马迷"少女

戏剧团体,剧团团长不是厅局级领导,也是处级干部,参与管理的意识很强,也很愿意事无巨细地操劳。

老马麾下的精兵强将不少,如花旦——陈非侬,丑生——半日安,武生——梁冠南,小生——冯侠魂、冯醒铮、赵惊魂,男花旦——李艳秋、袁是我等;开戏师爷卢有容、冯显洲、黄金台等。

香港第18任总督威廉姆斯·倍尔爵士制定了一项开明政策,取消了以往粤剧戏班不允许男女同班的禁令。

直接受益者老马,马上聘用了原来粤剧女子戏班的台柱谭兰卿和"上海妹",以及后来陆续加盟的麦颦卿、卫少芳、区倩明、区倩坤、楚岫云、凤凰女、罗丽娟、甘艳鸣、红线女等。她们担任花旦,可以解脱男花旦而成为小生、丑生或老旦。显然,这让老马手里可打的牌更多了。而众多美艳红伶的加入,与一个个风流倜傥的男角儿搭配,更让现代粤剧平添绚丽色彩,使观众观剧的兴趣大增。

可以想象,这是一个怎样繁忙的年度,一个戏班一年推出几十部戏剧作品,剧目内容丰富,琳琅满目,观众陶醉在这些舞台故事里,留下一生美好的记忆。

他们忘不了《龙城飞将》的杀声震天的阵势;《斗气姑爷》诙谐幽默的词曲;《情泛梵皇宫》的滑稽、夸张的表演;《恶人自有恶人磨》的生活逻辑……还有那些说不尽人间爱恨情仇、恩恩怨怨的《国色天香》《丫环怜县宰》《野花香》《大乡里》,更有一说名字你就想一窥究竟的《十三妹大闹能仁寺》《不是冤家不聚头》《乱世忠臣》和《欲焰情潮》……

历时两年的美国之行,也没白交学费。

老马带回了电影拍摄手法,并将其运用到粤剧舞台上。

从导演调度灵活到紧凑排演,从舞美布置的讲究到舞台灯光的调试,全都更加科学、有序,使传统粤剧的演出面貌焕然一新。

电影的每一个画面、每一句台词都有讲究,每三四分钟就必须出现故事情节的小转折或小高潮,而整部作品自始至终都不允许有半点拖沓和累赘,节奏的把握就显得必要,而没有必要的动作和台词就要忍痛割爱。所有这些现代声

马师曾和香港太平戏院老板源杏翘（右）

像艺术的先进理念和手法，都是对古老的戏剧的刺激和启迪。

当时的香港影院，一天可以演四五场电影，而且场场将门票卖光。但是，粤剧剧场就显得冷清多了，即使一天只演两场，也还是只有四五成的上座率。唯有老马的"太平剧团"因为阵容齐整、名角优异而能与影院抗衡，观众踊跃，未有淡季。尽管暂时能和影院打个平手，老马也还是忧心忡忡，居安思危。

他知道要加倍地强大自己，才能挑战这个现代化"梦工厂"制造出的"怪兽"。作为古老戏剧的"麦田守望者"，你可以称抢夺观众、分流受众的电影是"魔鬼"或"天使"，但你却不得不承认它的魅力。

长时间里，老马的"太平剧团"誉满岭南，却都总有一个强悍的竞争对手，一个让你神经绷紧、不敢懈怠的对立面，那就是同样享有粤剧大名的薛觉先的"觉先声剧团"。该剧团成立于1929年，前身是"大罗天"戏班。

唱对台戏的双方，是对手，也是朋友，唯独不是敌人。

更进一步说，和你唱对台戏的人，是你的贵人。

粤剧历史上的"马薛之争"，应作如是观。

## 第十七章　迎娶"马迷"少女

马师曾与薛觉先，年岁相仿，顺德同乡。
正是：
这边"马腔"，那边"薛腔"。
梨园二圣；红船两桨。
一为"虎步"，一为"龙骧"。
一曰"鹿鸣"，一曰"鹰扬"。
共放异彩，美名同彰。

中国粤剧和电影有缘；华夏电影与香港有缘。
香港电影，是中国电影或曰华语影片的先驱。
马师曾又是香港电影的开拓者之一，可谓中国的先驱之先驱。

不做则已，一做就做大的。
——这才符合老马的性格。
1933年，他和"金山"华侨朱基汝合股，创办了一家名称大得吓人的电影公司——"全球电影公司"。

两年前，在旧金山，老马曾被华商陈敦朴说动，投入一年演戏辛苦挣来的5000美元，与一位犹太商人合股创建"明星电影公司"，做了个挂名股东。结果上当受骗，电影梦破灭，钱打水漂儿，心有不甘。

在那个电影开口说话的年代，1927年10月6日，美国华纳公司拍摄的《爵士歌王》的出现，结束了默片的时代。不光是老马，作为表演艺术家，谁不想触一触"电"呢？就像电视出现，人们愿意在屏幕露脸；网络来了，人们又开始羡慕"网红"。在这历史上第一部有声故事片中，原本是舞台喜剧演员的乔尔森说："等一下，等一下，你们还什么也没听到呢！"

也正是从20世纪30年代起，借助声音和图像的翅膀，戏剧电影开始进入观众视野，成为舞台剧的延伸和普及，也让经典戏剧作品和天才演员的表演，通过音像资料的形式得以永久保存。

今日重来，老马底气十足。

233

马师曾同长女马淑逑、次女马淑明、长子马鼎昌

  他的"全球电影公司"片场设在香港仔,凭借"太平剧团"的连年巨额盈利,花费数万元置办电影生产设备、器材、道具等,还聘请当时的知名导演苏怡为总导演。

  老马利用戏班每年三个月的"散班假期"来拍电影,一口气拍摄了多部风

## 第十七章　迎娶"马迷"少女

靡港澳以及整个东南亚的影片——《野花香》《妇人心》《纨绔子弟》《龙城飞将》等，都是由粤剧改编而成的戏剧故事片。

一时间，在当时暴力、色情、神怪影片充斥电影市场的时候，粤剧故事片如同一股清风吹来，很受观众喜爱。马师曾和谭兰卿联手主演影片的电影海报，张贴在繁华闹市，撬动了电影票房，一路飘红。

值得一书的是，1938年初，正是抗日战争的焦灼时期，老马在自编自演了以抗日爱国为主题的影片《龙城飞将》后，又参与拍摄了抗战筹资影片《最后关头》。

鼓舞全国军民抗战的《最后关头》一片，由老马的"全球电影公司""南粤影片公司""南洋影片公司""启明影业公司"和"大观声片有限公司"代表华南电影节联合制作，由港沪数百名演艺界名流共同参演，全体演职员自愿、义务拍摄。

这部战争片，讲述一群大学生出于爱国热忱，动员各界人士共赴抗日前线的故事。其演员阵容强大，"影剧两栖"艺术家居多，有马师曾、薛觉先、伊秋水、唐雪卿、谭兰卿、吴楚帆、陈云裳、卢敦、严梦等；导演也是名流云集，有陈皮、赵树燊、苏怡、李清芝、南海十三郎和高梨痕等。而特邀演员的级别更高，个个都是国家要人，有蒋介石、汪精卫，也有香港富商、社会活动家何甘棠等。

3月2日，影片上映成为轰动事件。当剧中人高呼"一定要把侵略者驱逐出去"，现场观众群情激奋，掌声雷动。除去影片必要支出，票房收入全部捐献国民政府，用于抗战，而海外版权费也一并购买救国公债。

回望中国电影史，马师曾是一个不可忽略的人物。

他最早提出了中外电影市场竞争的问题，考虑到民族电影的生存与发展，发现国际电影进出口贸易逆差，言辞恳切，忧心忡忡：

"电影在中国，虽然有二十年之历史，然而仍未得有与时间俱长的进步，这是件憾事。就中国现存的制片公司而论，资本额最巨的，实际上亦仅得二十万至三十万而已。外国制片公司，挟其多量的资本，精良的器械，美备的人才，年中制输巨额的出品，以临我国。我国则资本、器械、人才三者，均远落人后。一旦相形之下，我国电影被压踏于外片巨蹄之下，真是翻身无地了。

"近两年来，美国制片家见到他们的危机，日深一日了。这危机就是美片来华之数量日减，与我国人趋向国片之心日炽……"

说到老马所拍摄的影片，一定创造了一个戏剧界的奇迹。

我们恐怕再找不到一个伶人能够像他一样，参与公司创办、制片、编剧、导演，并主演了那么多部叫座的电影。

今天的中国电影人，应该向马师曾这样的早期创业者、筚路蓝缕的开拓者，脱帽致敬！

三十二三岁，年轻的马师曾开始以"双栖"表演艺术家的身份，为海内外人士所瞩目。

其时，粤剧界、电影界的跨界大咖马师曾，被业界人士尊敬地称为"马老

马师曾（左二）改编日剧《蝴蝶夫人》为粤剧，同薛觉先（右一）、红线女（右二）1953年上演　（红线女艺术中心供图）

大""马大哥""马老倌"。人们对他的敬意和喜爱,缘于他对同行兄弟姐妹的关照和付出。

几年下来,老马的"太平剧团"经营不错,积累了一定的资金,他为了让演员的生活安定、舒适一些,租用了太平戏院后面的几栋楼房,用作戏班的演员和职工宿舍,被戏行人称为"外馆"。

——这可是几百年以来戏班历史上未有的一个创举。

此前,跑江湖的伶人,到哪里去找自己的安稳住处?

他们不是在哪个破庙里借宿,就是在街头骑楼底下蜷缩,或在简陋的戏棚露宿,或是在戏院舞台上下搭铺……平时吃不好,睡不好,过着一种流浪汉一般的生活,漂泊不定,居无定所,被社会排挤,被世人蔑视。这一切苦难与心酸,老马都曾在南洋诸岛亲身经历,他不想让这样的情景再在他的眼前出现,于是,他宁可拿出大笔款项,也要改善戏班人员的生活处境和待遇。

如今有了"外馆",戏班人再不用为自己在哪里过夜而忐忑、操心。他们出入现代楼宇式的宅第,昂首挺胸,再不会觉得自己比谁矮一头。每当散班休假,下一年的合同签订后就会有一笔预付款,演员因此衣食无愁。"我唱戏,有所得,且有人格",那样的一种感觉多好!

马师曾这一创举,被其他戏班纷纷效仿。

马师曾的第二次婚姻,他的二入洞房,就发生在他主持"太平剧团"期间。

老马的"太平剧团",相当于太平戏院的驻院剧团。

而太平戏院则是香港历史上第一家戏院。

它位于九龙半岛的石塘咀,始建于19世纪,最迟也要追溯到1890年以前,足足可以容纳1000多人,3层座席,8大包厢,晶莹剔透,富丽堂皇。

处在最上层的超等席位,票价最为昂贵,只能满足200人的需求。

整个建筑设施为观众考虑周到,正门大厅的墙壁上悬挂着玻璃橱窗,镶嵌着五颜六色的电影和戏剧海报。二层入口处,可见巨大的西洋壁画,希腊神话中的裸女丰腴健硕,天使则一脸稚气,笑容绽放,天鹅宁静而又安详。每一排座椅的边上有"位仔"专座,是免费的一把小铁椅子,供带孩子的看客使用。

该戏院最初是专为上演粤剧而营建，但是，若从建筑外观上看却完全是西式楼宇。唯有大舞台两边立柱上的对联，可以看出中国传统戏园子的规制。楹联的内容颇有学问，尽显文采，非朝廷三甲进士不能为也。

上联：太古衣冠做出戏假情真借此堪作人惩劝；

下联：平台歌舞动谓曲高和寡无非欲骇俗见闻。

我们从1909年的一张黑白照片上看，此规模宏大、气魄雄伟的太平戏院，即便放在帝都北京也是屈指可数。

1934年，马师曾在香港办了两件大事：

一是创办了"全球电影公司"。

二是营建了自己的爱巢，与15岁的梁婉娟喜结连理，婚礼场面盛大。

1937年10月8日，长女马淑述出生。

老马遵循"女诗经，男楚辞"的起名趣向，取《诗经·关雎》诗句"窈窕淑女，君子好逑"之意，为千金取名——"淑述"。

宝贝女儿满月时，亲朋好友以及省港澳同行与缙绅纷纷道贺，老马秉承母命揖告曰：

"如今国难方殷，不敢为小女弥月言贺。若蒙错爱，敢请将贺仪径交国家抗日当局，以表抗日救国之决心。"

## 马鼎盛·旁述

二战前的香港有烈火烹油、鲜花着锦之盛。马师曾如鱼得水，放手革新粤剧，开男女同班之先河，大胆用西洋乐器伴奏，更引进电影概念，干脆自己开电影公司，"薛马争雄"是省港文化双赢。老马演艺生涯的巅峰10年，也正是日寇侵华、国难当头的时期，他带领同人编演爱国戏，痛骂汉奸卖国贼，捐抗日义款，十年如一日。马鼎盛继承父辈抗日传统，40年来一以贯之。

余生也晚，20世纪30年代令省港戏迷如痴如醉的"薛马争雄"盛况，马鼎盛只能从历史文献浮光掠影。俗话说文无第一，武无第二，戏台可没有什么第一第二，在商业社会，赢家花团锦簇，输家如弃敝屣。我看当年在同行敌国之

## 第十七章　迎娶"马迷"少女

中争取生存空间，马师曾抱着你死我活的心态迎战薛觉先，可想而知薛老渣也是人同此心，心同此理。最大的赢家自然是观众，不但香港的马迷大饱眼福，连广州和珠三角的粤剧发烧友也拥到香港参与盛会。同"播种龙种，收获跳蚤"恰恰相反，两位粤剧大老倌唱对台戏的初心未必那么高尚，结果却是斗出一页文化盛宴的历史。薛、马二人都是广东顺德人，扬名立万在二三十年代，日寇侵占香港时，马师曾毁家纾难，冒险偷越封锁线回归祖国怀抱，薛觉先委曲求全之后还是离开日寇铁蹄下的香港。1954年薛觉先从香港回内地，任广州粤剧团艺术委员会主任，比马师曾早了一步，但是两年后就去世，年仅52岁。同辈艺人都很惋惜"薛老渣"的结发爱妻唐雪卿英年早逝，只有四十多岁；多年来有老婆贴身照顾，特别是每天晚上陪薛觉先打坐两个钟头，保证他的精气神不至于外泄。唐雪卿急病死后，"薛老渣"迎娶护士，不久赴黄泉重逢老妻。马师曾亲书一副挽联："当年角逐艺坛，犹忆促膝谈心，笑旁人称瑜亮；今日栽培学业，独怀并肩同事，悲后辈失萧曹。"马师曾晚年再娶二十多岁的上海女伶，同辈艺人担心在私生活方面薛、马同途。

# 第十八章
## 圣诞夜红线女

1941年12月19日，日本军队入侵香港。

"二战"的战火燃烧至此，香岛168万人口饱受战乱煎熬，许多难民背井离乡，景象凄惨。

老马一家，狼狈至极。

先是老马的轿车被英国军队征用，再无代步工具。

问题是，他还指望用这四个轱辘，带领包括父母在内的11口人逃难。

老马与父母同住的般含道寓所，位于太平山山顶及中环之间的半山区，居住者多是外来移民，小区环境甚佳，植被丰富，可以眺望维多利亚港的景色。

日寇的飞机舰炮一通狂轰滥炸，已是硝烟弥漫，楼塌地陷，弹片纷飞，人命不保，怎能栖身？

无奈，为了躲避炮轰，老马只得赶快搬迁。

匆匆忙忙，躲到马会马地的朋友家借住。不想也遭到炮火袭击，于是再搬家，来到干德道。选择干德道，是因为旧日本领事馆设在此地，有"膏药旗"的地方总该安全吧。不然。这里照样挨炮打，而且炮弹更加密集，原因是英国驻港警察总部和老马想到一起，也跑到这里避难，被日本情报人员发现了。

最后，老马带家人，躲避到香港岛北岸"水坑口"地区的舅舅家，才算安全。

1941年12月25日，香港沦陷。偏巧，这一天是圣诞节。因而，日本"膏药旗"代替英国"米字旗"的受降日，被称为"黑色圣诞日"。

香港被日军占领的第三天，在港粤剧艺人们接到占领军报道部的通知，隔日在德辅道大同酒家二楼聚齐，有事相告。

艺人名单，由一位日本"中国通"禾久田幸助提供。

禾久田幸助，自称岭南大学毕业生，是广东语专家，也是战时日军任命的"艺能班"班长。

三年前，他曾经在一家酒店，警觉地发现一位戴白手套的中年男子饮茶，觉得香港四季不寒，戴手套可疑，上前询问，发现梅兰芳隐遁在港。

他也记住了，男青衣，对于手必须妥为保护。

多年后，老马与梅兰芳相遇北京，还谈起这段历史……

现在，在日本占领军的威逼胁迫之下，老马只能和其他伶人一道，前往大同酒家，听听当局口风，见机行事。

## 第十八章 圣诞夜红线女

平时香港"八和会馆"的老大——老马,此时一人安静地躲避在角落里,不抬眼,也不作声。

日本人要求所有粤剧伶人,配合日本帝国"大东亚共荣"的政策,全都出来演戏,恢复歌舞升平气象,辅助大和民族的"圣战"。如此行事,必有大大的奖励。

日本军方报道部官员,点名让马师曾发言,老马铁青着脸只是摇头,一言不发。

禾久田幸助尚不罢休,追踪而至,来到"水坑口"老马借宿的舅舅家。

这位日本文化官员,一再想说服老马,他知道老马是粤剧伶人的"头马",软硬兼施地要他带头回到"太平戏院",歌颂太君,歌唱太平。

——这怎么可能?

老马心想:

"上有中华民族的列祖列宗,下有亿万同胞百姓,生身父母在堂,兄弟姐妹在旁,面对掠我国土、毁我家园、欺我良民、辱我社稷的日寇强盗,我老马怎么可能出来唱戏,那岂不是对不住——我这堂堂男人的七尺之躯?也对不住我华夏大美之万里山河!休想!休想!"

——老马心里所念,中华文化所系,唯我千年古国,生此肝胆魂魄。

老马称病,闭门不出。

总这样托病不出,不登台演戏,没有钱挣,饭从何来?

左思右想,走为上。

老马独自闷坐,托着腮,盘算着往哪里跑,并要设计一条稳妥一点儿的出逃路线。

他想,返回内地是不可能的,广州在1938年就已经被日寇侵占;向海外漂泊也没有出路,马六甲海峡全都是日本军舰……

想来想去,也只有就近去澳门躲避战祸了。

可怎走呢?你瞧这一大家子人——父亲、母亲、二弟、二弟媳、四弟、四弟媳、表妹、老女佣,再加上老马自己和妻子、女儿。

——这么大一群人,老的老,小的小,一走动目标不小,要在日本占领军的眼皮底下跑出香港，谈何容易。再说，路上的盗匪如狼似虎。更麻烦的，是路上的盘缠问题。

般含道的老宅，已经被日本军人和盗匪洗劫一空。

家中值钱的金银宝物和大部分积蓄，存储在东亚银行。但其银行账目被冻结，根本取不出来。

老马只能按照"非常时期"的原则行事，将家眷叫到一起，把各自身上所有钱款，包括零钱都拿出来，凑成一个整数。他将仅能收集的一些美钞、港币、零碎珠宝、金银元宝之类，分散缝缀在每个人的衬衣里、棉被里、帽檐里、鞋窠里……

每逢丧乱见死友，一遇危难逢义士。

这时的香港在日本侵略军的铁蹄践踏之下，满目疮痍，一片狼藉，可谓鬼魅横行，人间地狱。

尤其是那些高门大户和富贵人家，无不被大发国难财的地痞流氓所骚扰，动辄财产被劫掠，家人受迫害。老马目睹街市上发生的一切，正在为全家人的命运担忧、惶惶不安、心急如焚的时候，他的死党、徒弟谢天一，仿佛是神明派遣一般，再度出现。

谢天一，曾在越南西贡监狱里结识过一些黑帮人物。有的还算仗义，也认他做朋友。其中，就包括此时趁火打劫的歹徒首领之一，一个外号叫作"橘子皮"的东莞人。只因他皮肤泛黄而且不甚平整，才得此外号。

谢天一和"橘子皮"一商量，就在老马舅舅家的大门上张贴了一则告示。

说是告示，不过三个歪歪斜斜的大字——"橘皮府"。

黑社会的人，一看"橘皮"两字，就知道这是咱家老大的特别关照。于是，绝对不敢造次。

谢天一知道师父老马要去澳门，还帮助师父找到了一条偷渡的水路。

偷渡船，也事先联系好了。

只是需破费一些，每人付500元港币，且为一口价。

老马此时求之不得，哪里还有讨价还价的道理。

虽然，谁也不能保证偷渡船主的信誉，一路上也风云莫测，甚至有生命危

## 第十八章　圣诞夜红线女

险,但是,为了逃出虎口,就是把自己喂了狼,也只能认命。

凌晨4点。老马一家老小,趁夜色朦胧,从"水坑口"出发,向着香港南部的海岸行进,个个面色仓皇,心惊肉跳,生怕被日本占领军发现,扣留,那可就惨了。

他们或手牵着手,或相互搀扶,埋头不语,迤逦而行。道路晦暗,地形不熟,趔趄、颠仆时而有之。那情景让人看了不忍。

走着走着,就发现类似老马这样的"家庭旅行团"还有不少。

人们或熟识或陌生,全都互不搭讪,无心攀谈,只管默默前行,因为心事重重,都知道偷渡不是好玩的。

沿途总会遇到强人拦路,收取"买路钱";也有"剥光猪"等在渡船岸边,掠夺财物,甚至扒光衣服。

一伙亡命之徒认出了老马,知道这是有钱人。

他们不伤害人,只将老马家人衣物抢夺,并要求每人脱下皮鞋。

老马说:"打劫就打劫,该给的也给了,这可太过啦!"

一个劫匪头头说:"马师曾你扯啦,磅的水先都好我啊。"

老马到底也是跑过码头的人,对付这些人还是有些办法。他拍了拍匪头的胳膊,笑哈哈地说道:"老哥,我如果有把子力气,我都会跟埋你一起捞世界嘅。但你知啦,我演戏嘅,在台上我亦演过山东响马。山水有相逢,衫领都畀你地割咗,留番双皮鞋走路都好嘛。"

江湖人,听得进江湖话,也就放老马一马。

正是那句黑话——"山水有相逢",说动了这伙儿人。

一路磕磕绊绊,好不容易,一家人才来到海边。

老老少少,登上了一艘静候的小艇。

小艇上的难民,全都安安静静,蜷缩在一起,船舷几乎紧贴着海岸,缓缓地驶向香港仔。

老马和家人,转乘一只大号渔船。

人们拥挤、叠压在一起,如同沙丁鱼罐装在一道。

245

空间狭小,密不透风,人人大气难出,饥渴难耐。

老马一想,这可比自己当年前往南洋的"猪崽舱"差多了,目下是猪狗不如,还有性命危险。

这艘逃难的渔船行驶不远,就被一只日本海军的巡逻艇拦截。

日本军人上船又把难民身上的财物洗劫一遍,好在放行,算是万幸。

扯帆的渔船,就怕海上风平浪静,好好的桅帆变成了摆设。船夫只能用双手费劲地摇橹,航行速度太慢。

几个时辰过去,才勉强来到珠江口外的大屿山岛。

——这是香港最大的岛屿,位于其西部海域,岛上的凤凰山海拔935米。若在平时,这里是旅游观光之地,可现在谁也无心观景。

忽然,迎面驶来一艘渔船,也是运送偷渡难民去澳门的。

两船相错时,那船上的艄公大喊:

"快往回返吧,切莫向前去啊,前面海上有海盗,谋财害命!"

老马这只船上的人一听,全都吓坏了!只见人群骚动,难民们议论纷纷,有的争得面红耳赤,有的干脆号啕大哭,是进是退,莫衷一是。

这时,老马站了出来。

他找到几位年岁大的难民,临时组成一个难民船"领导小组"。

他们前去和船主协商进退问题,船主显然是惧怕的。他已经事先拿到了钱,不愿意冒险前往。万一有个好歹,那可就太不值得了。

老马提出加付船主1000元,且担保,倘若真的出了什么事,自己必挺身站在船主前,要死第一个去死。

——话都说到这个份儿上,船主也不好推辞了。

毕竟,大家都是有血性的广东人,风里浪里也都经过,还说什么呢,痛快答应就是了!

——船主哭丧着小脸儿,对着老马说了两个字:"得啦(行啦)!"

刚刚把船主说服,船舱里又有人闹事。

一些乘客，大声嚷嚷着要求船主掉头返回。

有个戴眼镜的人带头大喊："生命比什么都重要，绝对不去冒险。"

老马怒了，提高了嗓子，呵斥了几句，船舱里马上鸦雀无声：

"谁不听话，不跟着船走，就把他捆起来，扔到海里喂鲨鱼！"

——说来也真是神奇，老马断喝一声，不但船上顿时变得安安静静，天地山川也为之变色。

一阵阵狂飙席卷而来，艄公满帆，迎风疾驶。

船内的难民们见状，全都抑制不住惊喜，欢呼了起来……

1942年1月1日。

凌晨时分，满载着难民的渔船停靠在澳门的码头。

逃离香港日本占领区的港民笑容灿烂，登上岸后，每个人都像孩子一样欢蹦乱跳……

老马携家眷冒风险从香港出逃至澳门，并非为安全隐居于后方。

他悲愤于神州陆沉，外寇临门，一向狂放不羁的名伶，哪能忍受做一个亡国奴的悲摧？

澳门属于中立区，相对来说比较安乐。

这里未曾遭受战火蹂躏，直到二战结束，日本军队始终止步于城下。

然而，老马岂是贪图安逸、逍遥之辈？

最终，他率领一干粤剧伶人跋山涉水，穿越不毛，披肝沥胆，共赴国难，诚哉斯人，国士风存！

老马婉拒了当地戏院商人的聘请，拒绝了让他和谭兰卿组班，定期演出粤剧半年的邀约。只是稍作喘息和停留，就通过雷州半岛的广州湾（湛江），赶往内地广西、广东……

他和伶人们一起，加入国军第四战区编制，穿上军装做抗战劳军义演，参加"西南第一届戏剧展览会"，为号召同胞奋起救国而不遗余力地鼓与呼……

今天的湛江市，当时叫广州湾，别称"港城"。

对外贸易使得这座粤西最大的城市率先繁荣，一些西洋建筑格外惹眼。1903年建成的霞山天主教堂最为醒目，双塔高耸，大厅可以容纳千人祷告。

在这座哥特式教堂的花园里，从南美移植而来的十字架树，紫色花朵，灿若云霞，花果直接生于树干和枝条乃为奇观。教徒们见之，必在胸前画"十字"。

人生路上，那些得益于亲朋好友帮衬的事情，如同你偶尔彩票中奖一样，可遇不可求。

老马弟弟——马师赞的同学李建鉴，偏巧在广州湾经营一家戏院。

李建鉴做事周到，派人接老马到自己的地界组班，还将老马遗留在香港"太平戏班"的戏服戏箱，辗转澳门，托运过来。这还要感谢戏班的"杂箱"麦牛、覃申二位仁兄。

战时的广州湾，仿佛一个桥头堡。

它是抗日大后方与军事沦陷区之间的交通要道。

此时，这里地方不大，却聚集了省、港、澳三地的许多电影、粤剧演员，他们临时组建的粤剧班、话剧团三五成群。老马未到时，已经有业界名流吴楚帆、欧阳俭、何芙莲以及尚未成名的戏班第四花旦邝健廉（即红线女）等，在这里驻场演戏，很受欢迎。

尤其让人意外和惊喜的是，见到了多年前的好友靓少凤。

他俩在马来西亚的西海岸城市——新埠相遇，于"平天彩剧团"同舟共济的情形历历在目。

正是靓少凤，曾经手把手地教红线女唱曲，将自己最拿手的剧目《花落春归去》《西厢记》中的表演技巧，包括一举手、一投足、一送目的绝活儿，毫无保留地悉数传授，并把她招收到"金星剧团"的旗下。

中华大地炮火硝烟，又是一年阳春三月。

即使是无比残酷的战争，也阻挡不住爱情生根发芽。

假如没有遇到红线女，马师曾的生命里就没有春天。

马、红二人，即将一见钟情，情如珠江，浩荡深沉，一发而不可收。

## 第十八章　圣诞夜红线女

老马一到，马上与欧阳俭等人组织戏班，沿用"太平剧团"的名称。

一开锣就爆棚，场场如是。

只是戏班清苦，场场都是"劳军义演""难民救济募捐义演""募集寒衣义演"等，进项无多，伶人们只能勉强糊口。

但在战争时期，国难当头，没有前线的枪林弹雨，只有舞台的丝竹管弦，能得温饱，免却饥寒，这已经相当不错了，让人没有二话。

此时的红线女，还叫原名——邝健廉。

她跟随自己的舅妈兼师父何芙莲，入聘了老马的戏班。

日本人占领广州，邝健廉辍学。那时，她只有13岁。

小小年纪投身戏行。

临行前，她没敢向父亲辞行，老爸不愿她学戏。

妈妈送女儿出门时，曾经一字一句地叮嘱：

"你到戏班，用心机学，做人争气，不要被人睇小（小看）！"

——一生一世，她心里总想着："不要被人睇小。"

于是，她就格外好强，而且极度争胜。

她天资过人，性格倔强，做事追求完美和极致，极端到不能见一个"小"字。

于是，她到哪里都把自己的年龄说大，至少说大两三岁，看谁还"睇小"。

先前，舅妈何芙莲给她起过一个艺名，有点儿俗，叫作"小燕红"。

她不喜欢，倒不是觉得俗，只恨一个"小"字。

最初，在舅舅靓少凤家组建的"胜寿年剧团"，行头只有简单的两套"梅香（粤剧行当名称，小角色之谓）"衫裤、几粒头石碎花，她却信心满满。

但是，一看到大海报上的伶人名单，把自己排在倒数第一，就感到不快。认为是"小燕红"的"小"字惹的祸，让人家把你认作老末。

况且，她还是庶妻所生，内心就更添一份要强。

当时省港澳的戏行有一句口头禅：

"粤剧班，多少家；要出头，找老马。"

这是一个阳光明媚的上午。

邝健廉，路经前面说过的教堂——霞山天主教堂时，巧遇一位神父。

她只是对神父嫣然一笑，神父就随手摘了两片十字架树上的叶子，送给了她，并很有耐心地对她说了好长一段话："今天，是你的好日子！"

她很感动。

小时候，她常和同学去广州的石室圣心大教堂，不会错过任何一个圣诞节。圣诞节夜晚的蜡烛显得格外明亮，管风琴演奏的曲调更加迷人，关于上帝的赞美诗甚至能让人流下泪来……

那是因为圣诞日——12月25日，恰恰也是她本人的生日。

17岁的邝健廉来到排戏现场，马师曾刚好从楼梯上走下来。

"哇！马师曾！"

她忍不住尖声叫着，她终于见到了心目中的偶像，记得小时候，在留声机里听过王人美的歌曲和千里驹、马师曾演唱的粤剧；长大一点和妈妈在海珠大戏院看过马师曾演戏；也去电影院看过他和谭兰卿主演的影片《野花香》《妇人心》《斗气姑爷》……

在她眼里，老马虽然已是42岁，却依然显出24岁的英气。

他有点不修边幅，一派天然，风流倜傥，放浪不羁。好像没有看到一个小姑娘在脸红，只是朗声笑着对戏班的人喊道：

"各位辛苦了！"

邝健廉并不觉得自己被忽视，相反，她心里有准儿，她有办法让老马注意她，不"睇小"她，欣赏她，重用她，喜欢她，并且需要她，然后爱上她，永远离不开她……

邝健廉具有顶级的聪慧和悟性，她上街买来当地最有特色的红橙、菠萝、波罗蜜、柠檬……几乎花光了兜里的零钱。

她将这些水果捣碎，制成了冰镇杂拌儿，一看到老马排戏紧张，一头汗、嗓子哑的时候，就递上一瓯润喉的果汁，还不忘说：

"'柠檬喉'快吃点柠檬吧！"

## 第十八章　圣诞夜红线女

老马看到邝家小姐这么乖巧、伶俐，懂得看个眉眼高低，还这么会体贴人，就让她随便唱个曲子，想看看她潜力如何，是不是一块好材料。

第四花旦，原本是没有什么机会在老马面前唱曲的。

这回好了，展示自己才艺的"平台"，是她自己搭的。

她当然不客气，选了《刁蛮公主戆驸马》中的一段，一人装扮驸马、公主男女二人开口唱道：

娇妻快俾我入来（驸马孟飞雄）。
要叩响头认错，
否则枉你白费心机（凤霞公主）。
我如今知错啦，
虔诚跪倒跪倒在门楣（驸马孟飞雄）。
重有一个新法规，
要当我十足系皇帝。
你一行与一动，
一愁与一乐，

右起何芙莲、马鼎昌、马鼎盛、红线女

251

都要顺从哀家旨意（凤霞公主）。
你有没有想仔细，
我岂不变成没脑筋一个瓦公仔。
找个夫婿又蒙又呆，
你也唔愿对佢一世（驸马孟飞雄）。
你，你太不识趣，
道理层层做辩词。
休再想我会让你入来，
你自己延误了佳期（凤霞公主）。

——对于老马这样的粤剧行家、泰斗，只要你一开口，唱他三两句就知道有没有……

老马见多识广，什么伶人没有见过，却还是惊诧不已。

就像当年欧阳修读了苏东坡的文章后，赞赏不已，对他的孩儿说："三十年后，人们不知有我欧阳修，但知一个苏轼！"

红线女的金嗓子一开口，南北通吃。

出于好奇，老马又问：

"你听我唱戏，有何感受？人家都说'薛马之争'，你怎么看呢？"

对这样一个难题，邝健廉的回答，继续令老马对这个小姑娘刮目相看。她气定神闲，不紧不慢地说道：

"您的声线，雄壮明亮，且极咬线落棚，而音韵奇特，与普遍老倌声线迥然不同……马之成名，系马腔得力不少，马之歌喉，可算霹雳一声，前无古人，后无来者！换句话说，名之为创新平喉，亦无不可也。抑扬有进者，马伶唱曲不肯苟且，每唱必用正丹田之力，故其声能无远悠顿挫，合院可闻，有时虽立在院外，亦可闻之，其声之雄，有如是者……现在虽然有许多人学他的歌喉，但得其精髓者极少，正如麒麟之于走兽，凤凰之于飞鸟而已。"

——除了仰天大笑以外，你说老马还能说什么？

邝健廉要的就是这种效果，而她平时也的确用心学习。

## 第十八章 圣诞夜红线女

无论走到哪里，总是随身携带一个小本子。

老马指导排戏时，说到关键、根节处，她就详细记录下来。

两三个月，也听老马说了几十部戏，才艺大长，唱功精进。

有没有走背字或走麦城的时候？

哪能没有。

你没有经历过嘘声，又怎么能成角儿？

这次，她得到老马的破格提拔，从第四花旦提升为第二花旦，从扮演宫女改为饰演皇后，成为《佳偶兵戎》一剧中的主角，戏份也相当重。

当时唱戏，由导演说说大致剧情，演员可以根据现场情绪和观众反应，即兴编词、演唱，有自由发挥的空间。只要你给"棚面（乐队）"打个手势，就可以按照"爆肚（即兴表演）"的词曲，即兴演唱。

戏一开场，扮演陆氏皇后的邝健廉，扮相格外艳丽，非常养眼。

红线女反串《搜书院》谢宝（中）表演马派艺术，马鼎昌（右）、马鼎盛（左）贺演出成功

她的嗓音高亢，柔美动听，观众很是受用。

但唱到情节高潮处，她因经验不足，渐渐与唱对手戏的老倌欧阳俭（演道宗皇帝）出现错位。

她自己唱得兴起，唱到不可收拾，也忘记收腔交回给对方。

欧阳俭用袖子捂住唇口，小声提醒：

"收啦，收啦。"

可她听不到呀，观众都看出来啦，两边"虎度门（上下场口）"也有人头攒动，嘘声渐起，看热闹的人则交头接耳……

——唉，这台漫长的戏，总算演完了。

老马倒是不觉得邝健廉有什么难堪，反倒觉得正常。

因为他到过南洋，少年恣意登台，也因曲词不熟，戏码弄混，不仅遭到观众的嘘声，还领教了喝倒彩。

可一向严厉的舅妈兼师父何芙莲，不依不饶。她感到太没面子，于是一点儿不客气，大巴掌就劈头盖脸地扇了过来。邝健廉只能委屈地痛哭流涕，泪下如雨，脂粉凌乱，一塌糊涂……

多么娇滴滴的一个小美人，变成这个样子，让人看了能不伤心？

我们在关于老马的许多文字资料中，都会看到这样一首"朦胧诗"。

老马喜欢吟诗作赋。一般来说，和他写的粤剧戏词一样，通俗易懂，老妪能解，唯独下面几行似李商隐风格晦涩、隐喻的诗句，使人费解。

老马此次赋诗，一反惯常的坦率、直白、流丽、潇洒，而是格外深沉、含蓄，怜香惜玉之情跃然纸上。且读《竹林听雨》一诗，作者这样温情脉脉地咏叹：

银线络流萤，凭栏听雨声。
可怜翠袖湿，风舞泪痕轻。

——至今，许多马师曾和粤剧"马腔"艺术的研究家，没有人对这首小诗留意，也没有人对其做出像样的解释，好像这五言四句的五古根本不存在似的。

## 第十八章　圣诞夜红线女

现在，我们到了解开这个谜语的时候。

此诗，是专为只有17岁的红线女而作。老马看到这个小姑娘被打了一记耳光，羞愧难当，泪坠扑簌……心里实在不是个滋味，为了安慰这个稚嫩的花旦，就即兴吟哦，使红线女破涕为笑。

——这是一个无比美妙的瞬间，柔情蜜意的时刻。

转瞬，到了月季盛开的5月。

广州湾地方不大，却云集了太多戏剧艺人、太多大老倌。

老马感到浅水蛟龙不好扑腾，正想着挪一挪地方，马上就接到了广西郁林郡一位李姓商人的邀请。

一个月演戏，四六分成。

于是，老马作为班主兼演员，组建了一个"抗战粤剧团"欣然前往。

戏班成员有正印花旦罗丽娟、第二花旦邝健廉，武生梁冠南，小生兼丑生马师述，女小生兼花旦甘燕鸣等，加上演员、杂箱和鼓乐手，共计60余人，算上家属100多人。除了固定工资，戏班还负责食宿，并且破例允许家属随行，堪称一个剧团加亲属团。

郁林郡，郡府在布山。

从广州湾到郁林郡，260多公里路程，乘火车需要三个半小时，徒步走至少要十天半月，因为其中不少是山路。

老马的"抗战粤剧团"，一个相当于军队加强连的阵容，在公路上行进，几十个戏箱装满道具，每个人大包小件，穿着各式各样，让人们感到十分好奇。

戏班走上几十里路，来到一个村镇，就停歇下来，演一两场戏，挣一点儿旅费，再度起程。

走走停停，停停演演，演演走走……

沿途，诸多狼狈不堪之事，不必赘述。伶人们足底水疱，身上蚊虫叮咬，白日太阳烈焰灼烤，夜间宵小窃取财物，强人拦路打劫，恶霸戏棚盘剥亏本蚀利……

然而，老马和他的戏班没有退路，只能拼命向前。

凡是徒步旅行过的人都知道，宁走百里平原路，不在十里山地行。翻山越岭所消耗的体力巨大，非一马平川可以同日而语。

老马和他的戏班，不幸撞上了横亘在合浦郡和郁林郡之间的十万大山。

尽管老马一行人，一路坎坷，身心疲惫，痛苦难言，也还是被水色山光，被眼前的一切所震撼。

世间，唯有大自然可以医治人们的心灵创痛，她的四时美景变幻莫测，初春花木葱郁而繁茂，盛夏岩泉光滑而流响，深秋雾霭湿润而朦胧，严冬冰雪洁白而凛冽。

而此时，正逢夏季，当晚的星空格外明亮，老马和邝健廉并肩在林间散步，隐约听得山谷瀑布的轰鸣……

自从被老马提拔为第二花旦，扮演皇后被观众一通奚落之后，邝健廉就学乖了。

她终日缠着赏识自己的贵人、粤剧界的顶级大佬，让老马教她唱曲背词。

这就等于一位大导演，花费大把大把的时间，只给一个小演员说戏。

老马的肚子里至少有一百出粤剧，大多是他自己编写，一天两天怎么能说得完呢，那就天天说呗。

只听"扑棱棱""扑棱棱"……几只小鸟振翅腾空的响动，划破山林的寂静，吓了邝健廉一跳。

她下意识地依偎在老马的怀中，声音细微、战栗地说：

"吓死我了！吓死我了！"

可她内心，真的非常感谢这些善解人意的飞鸟。

要不是它们折腾出这样的动静，自己——一个17岁的姑娘，又怎么好意思向一个42岁的中年男人投怀送抱？

"有我在呢！有我在呢！"

——老马颤抖着宽阔的胸膛，似乎是喘着粗气在说话。

一个大男人怎么经得住这般美丽动人的小女子的亲昵举动，而且还娇滴滴的……

他也和邝健廉一样的心情，非常感激这地球上最可人心意的飞禽。

## 第十八章　圣诞夜红线女

不然，即使像十万大山那样有十万个高耸的热望和欲求，一个不惑之年的男人又怎么可能向一位17岁的少女悍然发动爱情攻势？

——可是，这一切都自自然然地发生了，实实在在地出现了，鸟儿似乎知道了它们自己想要的结果，欢快地鸣叫示意；星星们也好像窥见了人类的秘密，相隔着亿万光年依然顽皮地眨动眼睛……

二人欢会，有诗为证（七律《十万大山行》）：

十万大山千丈海，七夕银汉五更天。
花斑一马遇沟壑，红线双蝶采蜜甜。
粤剧声腔惊日月，港片影像动河川。
百年过后几人想，今此流芳亿兆间。

——马、红青史留名，自不待言。然而，那是后话。

老马的"抗战粤剧团"，自雷州半岛的广州湾出发，经过遂溪、廉江、石角、陆川……千辛万苦，终于到达郁林（今玉林市）。

此时，老马和戏班的当务之急是找到一个保护伞。

一些地方官僚猛于虎，不少城乡恶霸狠于狼。

这郁林不算很大，却自古享有"岭南都会"的大名，城中几家戏院经营得不错，也有些"过山班"（广东方言，称山乡戏班）在此唱戏。

他们向老马透露实情，委屈地小声嘀咕：

此地生意不太好做，衙门设宴召妓也就罢了，还要戏班漂亮的女演员陪酒。貌美女伶总是先被点名，受尽侮辱、调戏，尚不如娼妓，枪刺之下，极少幸免，人人都敢怒而不敢言。

老马一听，心惊肉跳，毛骨悚然。

马上想到身边仙女下凡一般的邝健廉，更万万想不到所谓"抗战模范省"，竟然是这个样子。一时间不知如何是好，焦躁不安。

果不其然，戏班进城第二天，邀请老马的李姓商人就提出要求，而且振振有词："入乡要随俗，进庙须拜神。"

并且直说："你们'抗战粤剧团'初到此地，要按规矩办事！

"宴请各个衙门的'大神''小鬼'，不得怠慢。如果席间，有什么军长、师座、县长之类，一高兴，看中了戏班哪位女子，想招她去陪陪酒，可不能不开眼地推辞，那样会惹出麻烦，不好收场。"

——好在老马事先了解到这些情况，才不至于立刻火冒三丈。

但心里仍然很不是滋味，这叫什么事？

就连香港沦陷，召集伶人谈话，那些日本鬼子，也不曾这样威胁我老马和戏班呀。

还是那句话，人在屋檐下，哪能不低头，只能忍着。

光忍不行，总得想个办法。

老马拿定主意，大摆宴席。根据李姓商人开列的名单，请来了整个郁林城百十号大大小小的文武官员，就连一个科长也不敢落下。

场面盛大，美酒佳肴，宾主尽欢的情景，轰动一座古老边城。

席间，老马特意向桂系老将、战时军管区司令兼军长黎行恕敬酒。

黎司令是广西阳朔人，只比老马大6岁。将军英气勃勃，一身儒雅，毕业于保定军校和陆军大学，参加过北伐战争。

彼此一聊，相当投机。

老马立时倡议，就地捐款给广西黎司令所属第四战区的全体官兵，愿他们继续英勇抗战，驱逐日寇于国门之外。

他吩咐"杂箱"把自己的行李箱拿来，开箱将用作盘缠的现款、细软等一并奉献劳军。

17岁的邝健廉既无拿得出手的现金，也没有自己的香奁首饰，睁着一双大眼睛不知该做什么。老马看在眼里，当众宣布：

"我所捐赠，算作'马红'捐赠！"

——众人不解，都问"马红"是谁。

## 第十八章　圣诞夜红线女

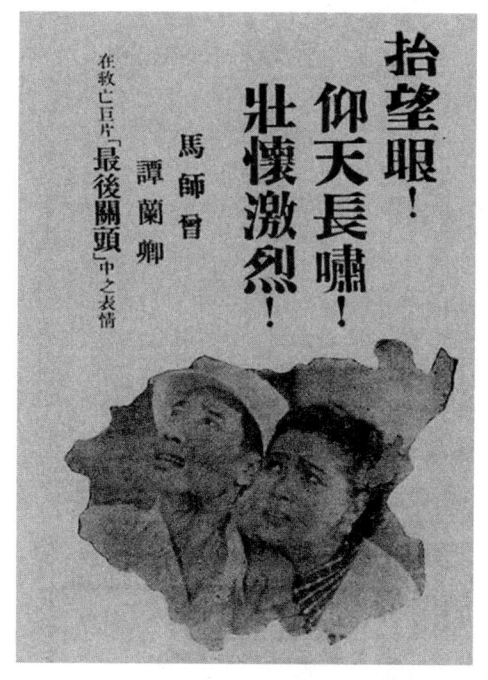

马师曾1938年在香港拍摄电影《最后关头》为抗战筹款,港沪数百演艺界名流总动员,还有薛觉先、唐雪卿、谭兰卿、吴楚帆、伊秋水等主演　（马鼎昌供图）

谁是"马红"？——老马应声说道：

"'马'，是我老马，马师曾也；'红'是红线女，邝健廉也。你们都听清楚了，'马红'就是我俩！"

——众人，尤其是戏班演员，又是一阵热烈掌声。

戏班人一见班主马大哥动了真的，也都纷纷解囊，谁也不甘落后，国家是大家的国家，民族是自己的民族，那还有什么说！

这时，黎司令也被老马和戏班的伶人所感动，当即宣布：

"马师曾的'抗战粤剧团'正式纳入中国军队第四战区政治部编制，身着正规军军装，作为部队文艺团体执行演出任务。"

万万想不到，这郁林城内一席盛宴，变成了以戏班唱主角的抗战劳军捐款大会，也变成了"抗战粤剧团"集体入伍仪式。

老马和红线女的爱情，诞生在抗日战争的炮火硝烟中，而"红线女"的艺名，也在"抗战粤剧团"的巡演过程中开始使用。

现在，我们有必要详细地介绍一下红线女。

马师曾六十四载生命中，超过三分之一的时间，与红线女在一起度过。

红线女，原名邝健廉，出生于广州西关地区昌善北街2号，是家里16个孩子中最小的一个，十姐妹中的老幺。

父亲邝亦渔开办中药铺——"邝广济同仁堂"，一妻二妾；母亲谭银，因家贫14岁出嫁，是丈夫的二妾之一，只生下三个女儿，整天烧水、做饭、洗衣，地位甚至不如丫鬟。因此，儿女从小在家中感到无形的压抑，她深切懂得母亲的苦衷。

但是，母亲高寿，活了104岁。她始终坚强、开朗、乐观，能够笑对苦难。这一点深刻影响了小女儿。

那时，母女俩最大的乐趣就是观看广东粤剧，常常光顾"太平戏院""乐善戏院"和"海珠戏院"，闲来母亲哼唱，女儿跟随，从中获得无以言表的大快慰。

童年记忆，岂能忘怀？

是以，红线女一生钟情于粤剧艺术，并留下名言："我的生命属于艺术，我的艺术属于人民。"

——生前，她曾获得首届"中国戏剧终身成就奖"。

1938年，13岁的红线女，读到初中一年级因日军侵华而失学。

她随母亲经过澳门，赴香港，拜舅母何芙莲为师，正式学唱粤剧，取艺名"小燕红"。

1940年，随舅母何芙莲搭班于靓少凤剧团"金星剧团"演出。1941年在上海演出，16岁即为第四花旦。1942年，随马师曾主持的"抗战粤剧团"在广西、广东巡演……

## 马鼎盛·旁述

马师曾同日寇不共戴天。毁家纾难、颠沛流离的3年零8个月，一息尚存不忘宣传抗战。我8岁上北京读书之后，难得有机会聆听父亲教诲，三年困难时期，我向爸爸诉苦说在学校第一次尝到饥寒交迫的滋味。一天7两粮食，分开两

## 第十八章　圣诞夜红线女

顿饭吃,真正是"朝三暮四",主要是粗粮,棒子面算是好的,水煮白薯吃得胃酸反呕,一把苏打片嚼碎咽下,肚子里酸碱中和咝咝作响。宿舍火炉的煤不够烧到半夜,滴水成冰的寒夜,"布衾多年冷似铁",我把棉大衣棉裤全部盖上,熬到天亮双脚还是冰凉。父亲望着我说"千金难买少年贫",年轻人吃一点苦,才不会忘记中华民族几乎亡国灭种。马师曾回顾抗日战争时期在广西走难时,日寇轰炸剧团停演,赊借无门,几乎饿死;幸有善心戏迷送来几斗米,剧团几十人及家属才喝上照得见人影的稀粥。有时无钱住店,男女老少露宿农家屋檐下。衣食住行,"路贫贫杀人",剧团走水路,戏箱占了大部分船舱,眷属和女演员蜷缩在船篷下,强充壮丁的马师曾蹲在船头风餐露宿,病得吐血不止。国恨家仇令父亲抗战到底的意志更坚强,一有机会就唱抗日戏,一有钱就抗日捐款。我听得义愤填膺,问"小日本怎么能欺负几万万中国人"。父亲深入浅出分析说:日寇飞机大炮航空母舰轻易消灭英军,偷袭经济超强的美国;我们中国军队的舰船飞机很快就被打光,陆军数量不少但是坦克大炮差得远,听张发奎将军说连迫击炮和炮弹的钢铁质量也差得多,敌寇迫击炮弹能炸毁碉堡,弹片杀伤几丈方圆的人马,国军炮弹打不穿堡垒,弹片消灭不了几个鬼子。因为大片国土沦丧,中国的兵员和粮食缺乏,马师曾眼见国军也吃不饱饭,少年和老弱也被征兵,难怪日本鬼子拼刺刀以少胜多。

我在纪念马师曾冥寿的晚会献唱父亲抗日名曲《赛龙夺锦》:"男儿卫国家,齐心要为国。卫国、为国,为国家谋自振。应该要枪不怕,不退后才可自振。去啦、去啦,为国家谋自振。望人地咪(不要)侵犯,都应该决心共佢(他)相争;共佢(他)相争、共佢(他)相争,誓死、誓死我地难以被他侵!"并声明此曲是幼时常听爸爸唱,但是并非他教的。之所以把马派名曲唱得走板跑调因为我是粤剧外行,但是马师曾的爱国情怀,做儿子的不甘人后。

1986年,省、港、澳粤剧界纪念薛觉先逝世30周年演出活动期间,红线女听到有香港薛派人士贬低马师曾,说他身后"无声无息",痛感有必要还马派艺术一个公道。此后,在马师曾诞辰90周年、100周年和110周年,红线女都大力推动粤剧界纪念演出及研讨会等活动,让粤剧后辈及观众知道马师曾对粤剧以至中华文化的卓越贡献。

# 第十九章
## 抗战粤剧巡演

在郁林演出一个多月，老马的"抗战粤剧团"有了司令长官黎行恕的护持，日子过得安稳，衙门不好惹，地痞难对付，却没有人敢来欺负伶人。黎司令一调防，老马也不再久留，戏班巡演的下一站是容县。

你能想象吗？戏班一行人徒步出发，个个穿着浅黄色军装，站没个军人的站相，走没个士兵的走相，而且还是男女花插着行走，老少不居，那样子要多滑稽有多滑稽。

军官王候翔，负责给戏班分发军服。他是第四战区政治部主任秘书，黄埔军校毕业生，曾是柳州出版的报纸发行人，与老马也渐渐成了朋友。

到了容县，才发现，这里像杨贵妃一样的国色天香只出了一个，而那些叫不出名字的恶少倒是冒出来不少。

黄氏家族的"黄二少爷"，就是这座古老县城的一霸。

他把戏班接到自己的豪华宅第，安置在后花园的彩绘阁楼中。戏班人无缘无故地受此礼遇，心里很是忐忑。一打听，原来"黄二少爷"是当地一条色狼，凡是戏班漂亮花旦到此，都要被他占有、蹂躏。

这小地方的县城，可不比大城市，尽显"天高皇帝远"的丛林法则。

老马可真是倒霉，他又被惊出一身冷汗。

这"抗战粤剧团"虽然名曰抗战，但是弱不禁风的花旦最多，个个如花似玉，进了一个"色狼窝"，那可怎么了得？

最让老马担心的，当然是红线女。

原因不用我说，红线女实在太美了。她刚到这容县地界，当地的人们就再不谈论杨贵妃了，都说戏班里有一个绝色佳人。

现在，在容县"黄二少爷"的后花园，色眯眯的恶少已经虎视眈眈，红线女和戏班其他花旦都处在危险边缘。

闻听"黄二少爷"要给老母祝寿，老马先封了一份厚礼，再多方询问来宾身份，想从中疏通一二。

适逢广西省民政厅厅长朱朝森由桂林赶来祝寿，老马及时与之攀谈，说明自己戏班的难处和担忧，表示万望法官大人做主，保护几位花旦不受欺凌。

未想，高高在上的法官也无可奈何，无法管束恶少的行为，只能设釜底抽薪之策，提供交通工具"送客"。

# 第十九章 抗战粤剧巡演

马师曾给幼子马鼎盛讲故事。既有中华传统的"孔融让梨""曹冲称象",也有西方的"国王的新衣"和"白雪公主"。父亲讲得生动活泼,要求儿子们能讲给祖母听

——这已经是好大的面子和恩德。

老马立刻将红线女和几位女演员硬生生地塞进一辆小轿车，由弟弟马师赞护送，连忙向柳州逃离，免遭一劫。

第二天，开锣之时，台上皆须眉，不见一粉黛。

"黄二少爷"怒火攻心，想发作，无奈老母大寿喜庆第一，他再蛮横无理，也还要讲究个孝道，只好假意逢迎，满脸堆笑。

老马与戏班几位女花旦会合于壶城，暂时居住在阵中日报社的厂棚里，比较安全。

这家阵中日报社，来头不小，是李宗仁指挥的第五战区主办的一家抗战报纸。其副刊上发表过老舍、臧克家、姚雪垠、艾芜、安娥等作家的文学作品。剧作家、诗人、记者安娥，是一位传奇女子，她丈夫是《义勇军进行曲》词作者田汉。

而田汉马上就将在桂林成为老马的朋友。

老马的"抗战粤剧团"，在这里住了一个多月。

演员们常睡地铺，生活简朴，除了会唱戏，与躲避战乱的难民别无二致。好在演戏还有观众，当地粤籍人士居多。

柳江岸边有座广东酒楼，最适合宴请四方宾客。

老马在与当地官员应酬中，认识了第四战区司令长官张发奎。他曾经是北伐战争中攻占武昌的"铁军"——第四军的军长，也是一位抗日名将。遗憾的是，与诗人田汉擦肩而过。在老马停留前后，田汉多次到此为共产党领导的抗战文艺演剧队（话剧团体）筹划工作，安排后勤等。1939年造访，与时任五十四军军长陈烈交际，同游古城，诗酒唱和；1944年召集龙城文化界包括各个演剧队开会，发表演说，勉励战时同人"再为中原著一鞭"。

战争让这座偏远城池吸引来一干中国文化人。

与老马前脚后脚到来的，就有小说家巴金、画家徐悲鸿、戏剧家夏衍、音乐家马思聪、科学家李约瑟……

其中，徐悲鸿即兴挥毫，画出一幅期盼和平的《松鹤图》；马思聪则在喀斯特岩溶地貌的大龙潭边，为难民演奏了世界钢琴名曲《圣母颂》和他自己创

## 第十九章　抗战粤剧巡演

作的乐曲《绥远组曲》。

同样，老马的戏班上演的抗战粤剧名作《洪承畴》也得到强烈的反响。

剧情高潮，在于演员唱道：

忠臣义士，虽死犹生，
热血头颅唤起同胞千百万，
你来看，四方好汉，奋起抵抗，
组建师旅保河山。
我官威猛，我军威猛，哪个哪个敢冒犯？
父老乡亲呼声震天，要严惩那贼汉奸……

——每每听到激昂的时候，观众起立高呼：
"打倒汉奸卖国贼！"
"打倒汉奸卖国贼！"

马师曾本人抗战捐款的时间、次数、款项最多；
他为抗战筹款义演戏剧最多，所跨地域最大，持续时间最长；
他所组建的"抗战粤剧团"最具个人色彩、最独立支撑，也最艰难。

他没有在敌占区安逸度日，是真的冒着死亡的危险逃离沦陷地，赤子之心彪炳千秋。在只身无助的情况下组建"抗战粤剧团"，跋山涉水，历尽千辛万苦地奔走呼号，只图一个"还我河山"的神州梦圆！

他在抗日战争这个中华民族生死存亡的重大历史关头所做的一切，值得我们向他脱帽致敬、深深鞠躬！

马师曾和他的粤剧团到来的时候，战火还没有蔓延至此。

1944年2月15日至5月9日，田汉、欧阳予倩、熊佛西、瞿白音、丁西林等筹备、组织了"西南第一届戏剧展览会"。

这次戏剧展览会的规格很高，广西省政府主席黄旭初担任大会会长，国民党要员李济深、李宗仁、白崇禧、陈诚、蒋经国等被任命为大会的名誉会长和指导长。

红线女、马师曾、薛觉先"真善美剧团"开锣　（红线女艺术中心供图）

来自广东、广西、云南、湖南、江西等省的32个文艺团体，近千名戏剧人参与大会。整个剧展分为三个单元："戏剧演出展览""戏剧资料展览""戏剧工作者大会"。展演戏剧种类丰富，包括粤剧、桂剧、京剧、话剧、歌剧、活报剧、傀儡戏、独幕剧、杂技、马戏等，真让桂林人过足了戏瘾。

盛大的"西南剧展"开幕式，在桂林刚刚落成的广西省立艺术馆举行。

"桂林山水甲天下"，诗人心地甲桂林。

老马在这次"戏剧展会"中最大的收获，就是遇到一生的知己——诗人兼剧作家田汉。

马师曾与田汉，两位诗人契友、戏剧知音，不惑相交，一见如故。

田汉早在1928年就同欧阳予倩为推进"新戏剧运动"多次到南京、杭州和广州等地演出,只是与马师曾缘悭一面。但他知道粤剧名伶马师曾在省、港、澳的影响,影坛、剧坛大放异彩,知道他抛弃多年积蓄的万贯家产、洋房汽车、舒适优越的生活环境,一门心思以抗日演剧为先,历险偷渡澳门,决意穿过广州湾"寸金桥",率领"抗战粤剧团"跋涉廉江河与十万大山……他夸赞老马和他的戏班是粤剧伶人的"义勇军",也是"义勇军"所上演的广东大戏……老马得到田汉的赞许,比他得到第四战区的委任状和奖章要兴奋得多,可以说大受鼓舞。在此后的抗战岁月中,即便是日军飞机在桂林、柳州、梧州等城市不断投掷炸弹,老马戏班的戏棚也依然屹立不倒,头顶炮弹也没有惧色,躲进防空洞隐蔽一下,再出来继续演出……

二人都出席了天南地北文化人的"漓江雅集",一同吟诗唱和,填词作对,不亦乐乎。

田汉的词作《念奴娇》,记述了他在马师曾的家乡——羊城的亲身经历,读来亲切感人,令老马连连赞叹:

> 五羊城外,闹元宵,十里灯红酒美。寻到沙基桥畔路,姊妹相迟久矣。皓月不来,春风阵阵,吹皱珠江水。疍家船里,有人绰约无比。
>
> 待作长夜清游,乱愁和雨,波上纷纷起。双桨沙基桥下去,远远歌声未已。碧血川流,弹丸雷发,犹记当年耻。凝眸沙面,绿榕魅魅如鬼。

虽然老马对政治并不热心、敬而远之,而田汉对政治却介入得多些、较为关注,但是这一点儿也不妨碍他们之间的深挚友情。

因为,两个人的共同点实在太多,他们都是19世纪和20世纪之交生人,相差不过两岁,田汉稍长;他们都对古典文学情有独钟,好弄章句,喜欢吟诗作赋;他们也都是性情中人、寻花圣手,东方"大鼻子情圣",都曾觅得南洋大家闺秀,陷入爱河,巧得不能再巧的是,各自心上人居然还都是当地女老师;他们同样在私生活中风骚浪漫,不时出格,即便身处婚姻之中却依然与情人公开同居,如此这般,经年有日;他们在一生中同样经历了四次婚姻,也都曾办理协议离婚;他们也都曾被警方拘捕,锒铛入狱,成为阶下囚,田汉于1935年2月坐牢,马师曾也曾在1933年入监;他们都于1937年七七事变后,为国

粤剧《蝴蝶夫人》主要演员合影，马师曾（右），红线女（左）

家民族存亡而奋起，进行劳军演出，田汉创作了五幕话剧《卢沟桥》，马师曾则撰写了粤剧《洪承畴》；他们都勇赴国难，筹办战时戏剧团体，田汉和洪深一起组建了10支抗敌演剧队，马师曾也先后成立了"抗战粤剧团""胜利粤剧团"；他们都是中国电影事业的早期开拓者，田汉于1926年在上海与唐槐秋创办"南国电影剧社"；马师曾则于1934年在香港与朱基汝合股创建"全球电影公司"；他们也都以戏剧艺术为生命，浸染其间，忘我陶醉，乃至"王者"味道十足，田汉早年留学日本，曾经自诩为"中国未来的易卜生"；马师曾壮岁巡演美国，被誉为"中国的舞台的卓别林"。

古今中外，大凡文学家、艺术家总是个性突出，性格孤傲，彼此不屑、相互抵牾的情形常见，难得像马师曾和田汉这样幸运地一见而成莫逆之交，一世相重，披肝沥胆。

马、田桂林一别，再见面已经是11年之后。

20世纪40年代初，老马和他的抗战戏班巡演于粤桂两省，并于1944年10月28日至11月10日，亲眼见证了"保卫大桂林"的整个战役，尽管最终桂林陷落，但是粤剧伶人的爱国抗日义举却被载入史册。

此时，老马的戏班已经由早期的"抗战粤剧团"更名为"胜利粤剧团"，他们由广东肇庆来到广西这座美丽山城，演员阵容可观，除了大老倌老马，有了著名小生新细伦的加盟，再加上风头正盛的担纲花旦红线女，赢得了桂地观众的好评。

——"马调红腔"，已经远近闻名。

## 第十九章 抗战粤剧巡演

很快,桂林城头战云密布,日本军队兵临城下。

在人数和装备同处劣势,且没有坦克,没有空中支持的情况下,桂林守军打出了血性,巷战中,数千名敢死队队员身上绑着手榴弹和炸药包,决不后退,战至最后一人。中国军队以伤亡9000人的代价,使日军伤亡6000余人。这一战,被称为"最令日军胆寒的战役"。

战前,老马热血沸腾,一马当先。

他喊出"不惜千金,买献杀敌刀"口号,自告奋勇地登台义演献金,并与进步人士、爱国青年一起,在广场上召开市民大会,进行全城总动员,组织救护队、招募卫生员,大声疾呼:"团结抗战,保卫大桂林!"

就在桂林城陷落前两天,他还在演唱《斗气姑爷》和《野花香》,并与陆军上将、军委会桂林办公厅主任李济深同车游行,开展"良心献金救国一元运动",沿街劝捐。

值此敌军压境、城池难保的危难时刻,粤剧伶人表现出大无畏的英雄气概,直到日军进逼到城市郊区,距离市区不过几公里,炮声隆隆,震耳欲聋,老马和他的"胜利粤剧团"才迫不得已搬迁、撤离。

但是,为时已晚,河流的渡船早已经悉数满载、超额,即便持有桂林第一官员李济深亲笔批写的条子,上面写明"胜利粤剧团舟车优先"也还是无效,难以筹措到任何交通工具。而此刻,步枪和机关枪嗒嗒嗒的声音,也听得真真切切。

情急之下,老马只得使用"放血疗法",破费了8万元才勉强包租到三只小艇,用来装载全体演员和服装道具等一并开拔。

当钱已付,人也登船,忽然被告知超载,岸上余下20多个戏箱必须割舍。这让老马急得差点儿昏厥过去,他只好又掏出5万元追加钱款,才获准解缆放行。

这三艘小艇,满载百十号人,摇摇晃晃,欲倾将倾,就这样慢慢腾腾地行驶,向着一个叫作"平乐"的县城进发。只是船上的老马怎么也平静、乐和不起来。

甲板上,已经是人满为患,船体稍微一经晃动,就可能有人被挤到水里去。老马自恃年富力强、体格不错,选择了最靠边的位置,用一根粗粗的绳索将自己的身子和船舱捆绑在一起。这可是风吹不怕,船摇不怕,但长久这样一个姿势,人腰板再硬也受不了。且夜晚的江上湿气太重,马师曾上岸就出现严重症状,肺部感染,咳血不止,惊呆了随行的老母亲,也吓坏了姣美的红线女。

到了梧州,至少十天半月,老马一直面色苍白,卧床不起。

台柱子一塌,大戏难唱。戏班人一天不唱戏,财源就一天枯竭,眼看坐吃山空,群龙无首,主要演员中的女小生甘燕鸣、谢婉兰等脱班他投,自谋生计。大棚散架,各奔东西。唯有红线女殷勤呵护左右,形影不离。

马师曾珍藏私章"学而优",是他的连襟叶子修1944年赠送的

1944年10月,老马与第二任妻子梁婉嫔离婚。

他们当时所在的广西梧州八步镇的《八步日报》,刊登了离婚启事。

马、梁的婚姻维持了10年。

两人离婚原因只有一个,那就是妻子梁婉嫔,不能忍受自己的丈夫马师曾,和他的情人红线女住在一起。而且,这个情人已经临产,马上就要生出个小宝宝。

这是一个月内发生的两件大事:

月初,老马的妻子梁婉嫔愤而离开,独自回了香港,月底(30日),他的情人红线女就生下马淑明。

## 第十九章　抗战粤剧巡演

19岁的红线女,身体瘦弱,战乱漂泊,居无定所,饥一顿,饱一顿,戏班里的人,哪个不是形容枯槁,面容憔悴。为生这头胎宝贝女儿,红线女也是拼了,差点丢了性命。

她产后高烧,连续数日不见好转。

老马也不年轻了,还要跑山路,到十几里外去抓药。幸亏他雅好钻研古籍,读过些《黄帝内经》《备急千金药方》之类,还能知道点儿偏方。

他买了人参、当归等常用中药回来,再把猪腰子切成片,与糯米、葱白一起煮汤,一口一口地喂给情人。红线女烧得不省人事,说不出话,但是,怪了,只要老马一抱她起身,用小勺把中药和滋补羹汤送到她的嘴边,她的明眸一闪,尽是晶莹泪花。

最糟糕的是,红线女患了失忆症。

她会微笑,也会流泪,却偏偏不认人了。

这可急煞老马,在屋子里团团转,不知道怎么办才好。

要是在香港也好呀,有大医院,中医、西医都有,只要你肯花钱,不愁请不到高明的大夫。可这是在广西梧州,在湘、粤、桂三省区交界处,号称交通便利,但是,哪儿都不挨哪儿!而这八步镇呢,更是在山谷之间,闭塞不说,还穷困得缺医少药。

没辙,老马想了想,自己别的不会,就会唱戏,那就唱曲子给红妹妹听吧。说是红妹妹,可要论岁数,做人家爹都带拐弯。他比红线女整整大了25岁。

老马俯身在病床前,一天到晚什么也不干了,就干这一件事,轻声哼唱,唱的是他们两人的"定情剧"——粤剧《刁蛮公主戆驸马》。

老马知道一个人会忘记些什么,但是他不相信一个人会忘记爱。

一天又一天,老马总在红线女的耳边哼唱,那是戏剧故事中"刁蛮公主"和"戆驸马"之间的爱,也是现实生活里他和红线女之间的爱。

从古到今,人世间的一切事物都在变,唯一不变的宇宙法则和定律就是一个字——爱。

这些唱词对于红线女来说,不仅曾经熟记,而且刻骨铭心。其中,大段大

段都是老马专门为她而量身定做,而她的嗓音宛如其人——清、脆、骚、甜:

> 他新婚当晚竟误了春宵负气走出去,
> 他胆敢依势倔强不甘拜跪太不识趣。
> 他不过是个俗世臭男儿,
> 他居然说身为主帅,
> 他居然以夫君自视,
> 将我虐待冷落太不是,
> 要我伶仃孤苦守闺帷。
> 满腔恨怨向谁提,
> 银烛光辉空灿烂,
> 菱花空照美人儿,
> 冷落了鸳鸯被。
> 宫中个个当我是个仙姬,
> 他偏偏将我当侍婢任难为,
> 天呀天,
> 可知我身似凤鸟被困在藩篱。
> 天呀天,
> 你忍心……

——老马一人,把他和红线女两个人的对唱全都包了。

他接着以"戆驸马(即三关大元帅)"的口气,滑稽而又戏谑,调皮而又温厚地对"刁蛮公主"唱道:

> 我这个丈夫还不如你,
> 得一床单秋被,
> 一张折席在房前来伴你。
> 冷得直打乞儿喷嚏,
> 冻得我毛管全"洞企"。

可怜我张床兜正兜正北凤尾。

今晚娶亲本好事，

有谁情愿放弃。

说什么"白发齐眉""鱼水难离"，

什么"连枝连理""双宿双栖"，

我没这福气。

耳边更鼓却在催，

怕到漏时仍是挂名夫妻。

你再错过就误喜事两不相宜。

——人间确有奇迹，只是你要心诚！

老马的多日苦心和强烈信念，终于有了回报。

只见红线女的嘴唇轻轻嚅动，她轻轻地，微弱地，细细地，柔柔地叫了一声"老马"。

她问："我在哪儿？"

老马含着眼泪说："你在我这里，我们在八步！"

老马从头到尾，慢慢地把她生下女儿后高烧，昏迷，失忆，以及他天天唱戏想把她唤醒的过程，全都一五一十地说了一遍……

红线女边听边拭泪，一串串泪珠，掉落在枕边，那分明是爱的珍珠，一颗又一颗，玲珑剔透，在心灵里穿成了一条红线……

红线女用她那双青葱玉手，轻轻在老马的嘴唇上滑动，弄得老马的身子一阵激灵，感到痒痒的……只听好不容易醒来的"刁蛮公主"，半是自嘲，半是撒娇地对夫君说：

"人家怎么会总是失忆呢？你不觉得我是有意多失忆几天，为的是多享受你殷勤呵护我的感觉。哪里是一个公主呢，简直像皇后一样的感觉！你不知道，你这时是多么迷人，真是温柔极了，体贴极了。可不像你平时发起火来，那副张飞——张翼德怒吼，李逵——黑旋风诈尸的样子！再说，我也听不够你唱戏呀，专门为我一个人唱，我要你为我一个人唱一辈子！"

老马见到爱人醒来，欢天喜地得像个孩子，他得意忘形，无论这时候红线女对他说什么，他都会一口答应。于是，他连声说：

"那当然了，我一辈子只为你一个人唱！"

红线女梦里更生，意犹未尽，把她平时不便对老马说出的话，全都倾吐出来。毕竟，她的年龄比老马小了整整25周岁！

红线女，何尝不想与老马相伴终生，恩爱百年？

老马一生中阅人无数，想到这一点，红线女就进一步探问老马的心思：

"今生，无论我们将来怎样，我都会爱你，是你救了我的生命！现在，我好像懂了，怪不得你身边总是不缺女人，你不光会勾人，你还会疼人啊！你就告诉我吧，你有过多少个女人？都是什么样的？胖的，瘦的，高的，矮的，白的，黑的……我都想知道……"

老马，对于这样的问题，并不觉得陌生，问的人实在是太多啦！几乎每遇到一个新欢，都会问这样一个问题——"你有过多少女人？"

老马略加思索，无奈地自言自语，还用自己的手不住地比画：

"多少？多少？好啦，我知道你爸爸生了16个娃！6个小子，10个闺女！多福气，多气派呀！我老马，比不上啊！我费了很大劲，到现在，都往知天命数了，不也才落下两个梳小辫儿的，一个7岁，一个才生下，连一个接替我家香火的人都没有！你说说我，多少算多？多少算少呢？"

——老马，忽然间意识到自己说漏嘴，怎么表示出重男轻女呢？

他赶快修改"台词"："我现在不发愁了！"

红线女问："为什么？"

老马说："不愁咱家冷清了，一想啊！三个女人一台戏，我有了两个女儿，再加上一个刚刚睡醒的妈，不正好可以组一个戏班吗？！"

红线女幸福地笑了，笑得好开心，她早已经忘了刚才问了老马什么问题，到底也没有弄清老马的"粉丝女军团"编制如何，人数几何。她攥起一双白嫩光滑的小拳头，使劲儿地捶老马的前胸，如同戏班的锣鼓手，敲打起来决不惜力。

痛苦，总是来得很快；幸福，则会来得稍迟。


1945年，是中华民族元气复苏的一年。

8月15日，马师曾、红线女和他俩担纲的"胜利粤剧团"在广西八步，从电

## 第十九章 抗战粤剧巡演

台里听到了日本投降的消息。

与老马后来的命运息息相关的一件事,是母亲王文昱带着他和红线女去八步西街,拜访了广东佛山同乡、民主革命家、政治活动家何香凝。

1947年,是马师曾的妻子红线女的电影元年。

是年,马师曾、红线女作为台柱的"胜利剧团",在二战后的香港演出,但粤剧舞台的境况经过"沦陷时期"的萧条,已经大不如前。

对他们夫妻二人的利好,是电影市场的火爆。

8月27日,他们两人主演的影片《藕断丝连》公映,这是一部由老马编撰的粤剧改编的影片,可谓典型的夫唱妇随,也是红线女的银幕处女作。紧接着,同属马、红"夫妻店"模式的电影《我为卿狂》上演,同样引起轰动。

40年代的香港,演艺界有一个有趣的定律:"伶而优则影。"

其粤剧行影剧"两栖"的受惠者多多,最先是马师曾、薛觉先、谭兰卿、唐雪卿、伊秋水、子喉七、半日安、廖侠怀、邓碧云、叶弗弱、廖梦觉、刘克宣等,后来又有了独霸银幕的"花旦"红线女。

1997年,正当香港回归的喜庆欢歌中,香港市政局主办了"银幕艳影——红线女从影50周年纪念展",不幸的是,此时老马已经离世33年。古稀之年的红线女曾深情回顾,往事依依:

"我爱香港。香港是哺育我成长的摇篮,香港是我艺术的发祥地。几十年来,我常常为其魂牵梦绕——这颗东方明珠在我心中所占据的位置,没有任何东西可以代替。那里,深深地留着我人生路上的一行行轨迹……

"第一次拍电影,就同时拍《我为卿狂》和《藕断丝连》,两部戏又都是叫好又叫座的粤剧剧目改编的。在舞台、在银幕,都由马师曾大哥和我担纲主演。

"从此,我与电影结下不解之缘,成为舞台与银幕的两栖演员。

"从1947年至1955年,接连拍了过百部影片,其中给我印象较深的有《家家户户》《秋》《原野》《人道》《火》《我是一个女人》《五姊妹》《一代名花》《地久天长》《玉梨魂》《姐妹花》《胭脂虎》《慈母泪》……

"电影赋予我的绝不仅仅是名利,它最使我迷恋、珍惜的是,它就像一面镜子,忠实地记录下我的每一次表演,既可以看到何处有长进,又可以看到哪里有不足，敦促我向更美的境界进取。

"电影教会我把握体验和体现之间微妙的关系，潜移默化地滋润、丰富了我的舞台表演艺术。"

——红线女一生拍摄影片百部之多，从粤剧舞台到电影银幕之间的牵线人，是夫君马师曾。

1948年，是马师曾和红线女结缡之年。

同年，马、红两人的第二个孩子、第一个儿子马鼎昌，在香港的养和医院出生。

老马在香港西营盘石塘嘴的一家广州酒家设宴，既为儿子弥月志庆，亦为自己和红线女喜结连理而宴客。豪华酒家的整个三层楼，坐满了亲朋好友和各界名流，包括粤剧伶人和电影明星。马家上下几辈人，皆听从其母亲王文昱的训谕，大家都称呼老马的第三次婚姻中的妻子——红线女为"福少奶"。

——马、红二人，同居6年，生了一双儿女之后才正式宣告结婚。

这要不是两个同等浪漫、豁达、非常之人，是绝对做不到的事情，甚至连想都想不到。艺术家异于常人，其距离何止十万八千里。

爱情的果实，噼里啪啦地从树上掉下来。

长子马鼎昌落生刚过一年，11个月后，次子马鼎盛又呱呱坠地。

1949年3月12日，马、红爱子，如今已经大名鼎鼎的香港军事评论员、凤凰卫视主播、中国近代军事史学会会员、广东省社会科学院客座研究员——马鼎盛来到了世间。

你若问马鼎盛，父亲有何教诲？

他记得很清楚，父亲对他说：

"君子之泽，五世而斩；小人之泽，五世而斩。余未得为孔子徒也，予私淑诸人也（见《孟子·离娄章句下》）。"

马、红最小的儿子，中山大学历史系毕业的马鼎盛，深知"君子之泽，五世而斩"的含义。他不能让一个品德高尚、卓荦人间的君子的伟业，腰斩于后世不肖子孙。

# 第十九章　抗战粤剧巡演

> **马鼎盛**·旁述

1952年母亲拍摄电影《鸾凤和鸣》,她扮演乡下妹,反抗大都市"道德协会会长"逼婚,在隆重的婚礼上连唱带闹,终于同张瑛扮演的情人结婚。在满堂宾客中一个西服革履的小男孩坐在太师椅上,有两三个镜头扫过,本来以为这是我三岁的银幕处女作,最近才知道我早就和父母亲拍过电影,而且是名正言顺的男一号。

1949年4月12日,父亲母亲大排宴席,遍请香港的影星,顺手拍了电影《马师曾红线女公子弥月庆典》,也是借汤饼会联谊亲友的盛意。英文名称为 One-month-old Celebration of Emoji Ma Si-tsang and Hung Sin-nui's Baby 的片中尽见当日星光熠熠。据香港电影数据项934号介绍:该片首映日期1949年4月27日,刚满月的马鼎盛身边围绕的个个都是天王巨星,不能尽数;跟着粤剧丑生李海泉

广州纪念马师曾百岁诞辰研讨会,红线女(右二)、马鼎盛(中间),马鼎盛发言主题是爱国爱民文艺人马师曾,父亲的文人身份摆在艺人之前

随喜的儿子李小龙才八岁半。香港电影文件馆存有该影片的记录，可惜没有拷贝。母亲后来对我说，生你姐姐那时兵荒马乱没有汤饼会，趁你满月遍请高朋满座等于补办我们马红一场婚宴。确实，当年香港的大舞台、大银幕正是马师曾红线女纵横驰骋的小天地。

严父，父亲马师曾绝对是一个严父。7岁之前，我不记得父亲对我笑过。他给我的问题永远只有两个：一、功课做好了吗？二、今天做错什么了？我的回答多数是负面的。父亲怎么笑得出来？

1956年春节，大年初二，那是孩子们最放肆的节日，不用做功课，也不用怕长辈责骂。当然还有一封"利市"买五花八门的爆竹，最便宜最好玩的是"金钱炮"。小朋友互相投掷，疯狂地追逐打闹，得意忘形的我绕过楼梯底，用力摔出一颗金钱炮，正中父亲的裤裆。龙眼大小的金钱炮在笔挺的西裤纽扣处炸开，耀眼的火花爆出一团碎沙，在我眼中定格。

"衰仔，你唔想要细佬啊！"爸爸笑着说，他的眼里都是笑，神一般的父亲对我笑了，天下孩子都有一个亲爸爸。

# 第二十章
## 回广州定居

李小龙（1940年11月27日—1973年7月20日），原名李振藩，乃粤剧演员李海泉之子，师承武术家叶问，是中国武术技击家、国际武打巨星、截拳道创始人。他出生于美国加州旧金山，祖籍中国广东顺德市均安镇，曾获得香港电影金像奖终身成就奖——这其中就有马师曾的提携和帮助。

老马在李小龙尚且稚嫩时，就带着他和成年人一道拍电影。

14岁的李小龙，荣幸地和大他整整40岁的老前辈马师曾一起演戏，拍摄了黑白影片《爱》（上集），并于1955年1月1日首映。

老马在片中饰演一位武术家父亲，他一招一式地亲自教给扮演儿子的李小龙武艺。这么说来，马师曾还算是李小龙的功夫师父呢。

有人统计，李小龙一共拍摄了22部粤剧电影，包括《精武门》《猛龙过江》《龙争虎斗》等，被誉为世界"功夫电影"的至尊王者。然而，人们只知李小龙是东方传奇武打巨星，却不晓得他还是画家、诗人和智者。他自己独创了一种拳法——截拳道，并且提出了自己的功夫学说：以无法为有法，以无限为有限。

1955年3月2日，马师曾和红线女在香港中环的祖尧律师事务所协议离婚。

马、红离异，是一个永久之谜。

——像这样知名的一对艺术家夫妻分道扬镳，本该是多少新闻媒体，尤其是"狗仔队"追踪爆料的，但是，至今没有人能说清其中原委。

红线女热爱内地，她曾慨叹："我回来得太晚了！"

她参加了天安门国庆观礼，受到周恩来总理接见，与廖仲恺夫人何香凝共进晚宴，且有副总理陈毅、廖承志作陪……

一切都是高规格的礼遇。

关键是，她得到省长陶铸关于优厚待遇的许诺：

"回来后，生活待遇不变，政治待遇不低于薛觉先（即作为全国政协委员），从事粤剧，但每年可拍一部电影。"

——这让她决意投入共和国的温暖怀抱。

世界之大，无奇不有。

马师曾、红线女的传奇却亘古未见。

他们两人皆为天下名伶,已经让人称奇。更为奇绝的是,无论他们结缡解缡,依旧出双入对,尤其在戏剧舞台上,仍然合作得天衣无缝。这让人怀疑他们之间根本就没有裂痕,无论是感情上还是心理上,都是一直彼此倾慕、钦悦。

正像他们的爱情和婚姻,曾经让世人艳羡一样;他们的离婚和分手,也同样堪为经典的范例。——这是因为,他们始终互相敬重,非但彼此之间不出龃龉和恶语,而且尽是由衷的赞美和褒奖。一对高尚、优雅的离异者的风度和修养,堪为世人的楷模。

无论如何,令人倍感惊奇、万分诧异的是:

马、红两人离而不弃,分而常聚,出双入对,同台唱曲,携手创作,越发亲密。

3月刚刚离婚,5月就上映他们二人主演的影片《两地相思》(*The Woman Between*),9月他们又一同从广州出发,搭乘火车前往北京,参加10月1日举行的国庆六周年观礼活动。

此前,老马接到老友田汉的亲笔信,信函是由《大公报》社长费彝民转交的。

大意是希望他回归祖国内地怀抱,共同繁盛文艺事业,并称这是周恩来总理亲自过问的,点着名说"爱国艺人马师曾",是一位在特邀之列的嘉宾。

爱国艺人,确实不假,粤剧名伶马师曾对中华民族一颗赤子之心,经历过残酷战争的考验,精诚之至,苍天可鉴。

9月30日,正是首都北京秋高气爽的时节,周恩来总理在位于长安街的北京饭店宴请国庆观礼代表。老马与田汉重逢分外欢喜,同时还见到了夏衍、茅盾、欧阳予倩、梅兰芳、曹禺、程砚秋、马连良等诸多文化艺术界人士。广东省委书记、省长陶铸也和老马交谈,表示希望他回到自己的家乡广州,继续从事他一生热爱的粤剧事业。

12月,老马租赁广州市海珠北路仓前新街8号的两层楼房(二、三层),安顿好自己的家人。

岁末，老马和红线女一同在广州市岭南文化宫（今文化公园）中心台演唱，表演的是粤剧《昭君出塞》中《出塞》一折，时隔五六年，共计三万多观众再会一双粤剧名伶，家乡的新老戏迷为二人的风采叫好。

1956年，5月，马师曾和红线女率广东粤剧团进北京，上演《搜书院》《昭君出塞》（折子戏）等粤剧，刘少奇、周恩来等国家领导人观看了演出，中国剧协专门召开作品研讨会，夏衍、田汉、梅兰芳、欧阳予倩、阿甲、叶恭绰、伊兵、张真、何为、龚和德等首都文艺界知名人士四十多人出席。

在报刊撰文赞扬马、红主演《搜书院》艺术成就的作者，个个都是中国戏剧界领袖、泰斗。这在现代戏剧史上实属罕见，唯一合理的解释，就是马、红二人是整个古今梨园的经典级人物。

马师曾、红线女（左）回归祖国后，周恩来指示文化部艺术局周巍峙（右）照顾他们在北京的工作、生活。大家结为通家之好。马鼎盛（立）读中小学十余年常常麻烦周叔叔、王昆阿姨（中）

梅兰芳的文章题目是——《动人的喜剧〈搜书院〉》，他说：

"（29岁）红线女扮演的翠莲，表现出一个刚烈而又腼腆可爱的少女形

## 第二十章 回广州定居

象,在体现剧本所揭示人物思想矛盾的发展,更是深刻。她在柴房一场的独唱,表面上好像没有一个身段,其实处处是身段,时时有'脆头'。书房和最后一场两人'合扇'的身段都很优美精练。唱腔运用着正确的发音方法,并且也富有感情。"

欧阳予倩以《谈广东粤剧团演出的〈搜书院〉》为题;叶恭绰则直呼——《粤剧改革的新成就》;阿甲(京剧《红灯记》作者)写了《看广东粤剧团演出的〈搜书院〉》;伊兵赞叹《〈搜书院〉粤剧改革的里程碑》……

周恩来总理为广东粤剧团题词:

"批判性地接受民族文化遗产,创造性地发展地方戏曲音乐,使祖国的文化艺术放出新的光彩。"

年底,马、红还联袂演出了一部粤剧影片《搜书院》,在广东粤剧历史上值得大书特书。

1955年,马师曾拍电影《爱》(上集),当时14岁的李小龙(右)饰演儿子　(马鼎昌供图)

这部彩色舞台艺术片用粤语对白,由上海电影制片厂拍摄,公映后在国内大大提高了粤剧的声望。

故事情节诱人,取材于民间传说,讲的是重阳佳节时,琼台书院学生张逸民与镇台府丫鬟翠莲一见钟情。镇台夫人怒斥翠莲有了私情,但被羞怯的丫鬟矢口否认。得知道台要纳自己为妾,翠莲连夜逃出镇台府。幸亏琼台书院掌教谢宝,帮助翠莲来到书院与张逸民相会。镇台闻讯带兵包围书院,谢宝讲理讲法拒绝镇台搜查。最终,翠莲与张逸民在谢宝睿智的成全下,远走高飞。

片中,老马的表演潇洒飘逸,唱腔浑厚苍凉;红线女的身姿靓丽,声线异常清新柔美,简直迷倒了大江南北的芸芸众生,尤其北方人看了也如痴如醉。许多文艺界的名流,如诗人、戏剧家田汉,戏剧家欧阳予倩,京剧艺术家梅兰芳,书画家叶恭绰,戏剧教育家张庚,戏剧理论家刘厚生,戏剧评论家郭汉城,等等,撰文题词,不吝赞美。

马、红的好友田汉为之赋诗一首,主要是称颂红线女的演技,为已经掀起的一股"粤剧热"加温。此诗的标题是《看〈搜书院〉赠红线女》,情致殷殷,娓娓道来:

> 五羊城看搜书院,故事来从五指山。
> 暗把风筝寄漂泊,不因铁甲屈贞娴。
> 歌倾南国刘三妹,舞妙唐宫谢阿蛮。
> 争及摩登红线女,佳章一出动人寰。

——诗中,田汉特别提到历史上著名的两广民歌皇后刘三姐,也说到唐代宫廷舞蹈家、善于跳"凌波舞"的谢阿蛮,最后,诗人说"摩登红线女",比之胜出不知多少,感天动地。

1956年,对老马来说,最值得记忆的事情,就是在5月24日,国务院文化部和中国戏剧家协会组织召开的昆曲《十五贯》座谈会上,总理对他舞台艺术的充分肯定与评价。

## 第二十章 回广州定居

周恩来总理说：

"1954年我看了粤剧，演得比较好，有很大进步。现在行家马师曾回来了，气象就更不同了，更提高了。昆曲是'江南兰花'，粤剧是'南国红豆'。"

同年6月，老马和红线女一同率领广东粤剧团前往上海，演出粤剧《搜书院》。之后，又拍摄同名彩色粤剧艺术电影，由上海电影制片厂制作，徐韬导演。两个儿子——8岁的马鼎昌和7岁的马鼎盛，以及19岁的女儿马淑逑都到剧组探班，看望父母，一家人其乐融融。

## 马鼎盛·旁述

1957年暑假。外婆带我上北京，妈妈的两个姐姐扫榻以待。七姨丈是北京矿业学院副教授，地质系副主任，女儿5岁、儿子3岁；我进门就称大王，带着小小的表弟表妹在学院的玉米地大闹天宫。留学美国的好脾气姨丈受不了我这顽童加少爷。五姨丈是中国科学出版社的高级编辑、英文俄文翻译。姨妈是校对，他们是留学日本的同学。家里最小的表姐也是中学生，三表哥考高中，二表哥是北京四中高材生，大表哥上北京大学！我这个8岁小屁孩在四合院人地两生，乖乖夹着尾巴做小。

小有小的好处，逛北海、景山、故宫、颐和园半票，看电影早场才5分钱。客居总比家居管得宽松，妈妈问"北京好玩吗"，马上点头鸡啄米一般，轻轻一句顺应民意，我就开始12年的首都生活。入北京户口可不是一句话的事，哪怕是红线女、马师曾的面子。我不记得在这人生交叉点父亲有什么表示，虽然他们分开时，我是跟妈妈的。半年后放寒假回广州，去父亲家，一头扑进祖母怀里撒娇，一口装腔作势的北京话，逗得老太太乐不可支。爸爸也笑说：讲普通话，了不起啦。我在严父面前有点阳光就灿烂，吃饭时吹牛说能吃辣的才革命，拿起蒜瓣就嚼，硬着头皮吞下，父亲把整头蒜夹过来，我傻眼了，只好狂吞白饭三大碗，还是辣得满头大汗。

数十年来马师曾推出的剧目汗牛充栋，回广州后推陈出新。马师曾名剧《审死官》在中外各地大行其道，我在广州的省粤剧院看过父母亲的排练，红

2013年，韩国军方邀请马鼎盛军事学术交流，马鼎盛特地要求去坡州韩战无名军人坟场，拜祭志愿军烈士，其中一个墓穴掩埋45位中国军人骸骨

线女抱着娃娃当场抓住马师曾偷进女人卧室，"宋世杰"有口难辩的一副窘态可掬。排练休息期间，父亲深深吸一口烟，从衣袖摸出手绢抹去浓痰。怀叔捧上热茶，父亲润润嗓子。徒弟梁从风忙端凳子上前打扇，外人可能以为是"大老倌"的排场，其实马师曾的腿部被炸伤后，几十年来时有疼痛发作，一根手杖随身备用，直到遗体告别仪式始终伴随，并非道具。马师曾的休息时间同时现场教学，一班青年演员洗耳恭听。记得当年有些著名演员对马师曾的"豆沙喉"颇有腹诽，但是马大哥叹为观止的表演艺术令他们心服口服。文觉非的丑生自成流派，20世纪30年代扬名东南亚，40年代日寇占领时期在香港结戏缘，"文化大革命"时坠楼断腿。劫后重逢我欣赏"文七叔"的名剧《打铜锣》，问候他起居，打趣道：先父看见你就会说"文老七，乜你又学我笃支棍吖"，文觉非正色道："阿盛，马大哥的戏功，我们学不到的。"

20世纪90年代周星驰学足马师曾演绎《审死官》电影，那一场戏笑得我肚子疼。但是马、红在舞台上表演得再出神入化，在我眼里还是父亲母亲在拼命工作。做儿子的无论如何看不出来是戏。

# 第二十一章 田汉赏剧赠诗

1957年，全国发动了大规模反右派斗争，万幸的是，运动并没有波及老马。他在年初的早春二月，被增补为中国人民政治协商会议第二届全国委员会委员。

但是，在这样一个政治立场上"站队""表态"的非常时期，他也得到艺术事业管理局局长田汉的提醒和关照。

田汉，偏偏在这个时候题诗一首——《七律·赠马师曾》，其中暗含的苦心和深意，也只有他俩心照不宣。

诗云：

明月长堤直到今，卅年两接绕梁音。
赵云拔剑情怀烈，谢宝听潮感慨深。
词里惯驱佣保语，诗成先使老妪吟。
香山佳句师曾剧，一例能抓大众心。

文化部官员田汉《赠马师曾》一诗，似乎在告诉世人，老马是"站在"劳动人民群众一边的艺术家，并始终与工人、农民同呼吸，共命运，这个"调子"就这样定下来了，确保了粤剧名伶的人身安全，免得无辜挨整，或发配异地。

其时，大背景是这样的：

3月6日至13日，在北京，中共中央组织召开了由许多党外人士参加的全国宣传工作会议。大会闭幕的时候，毛泽东主席做了一个长篇报告，其主要的思想观点是8个字："百花齐放，百家争鸣。"

马师曾回内地后，一直非常低调，他在各种文艺研讨会上的表态，都是屈己扬人。他曾在前一年召开的广东省文化先进工作者会议上说：

"参加这个会议已经使我觉得很惭愧，现在又接到要我在本会发言的通知，我当时的狼狈情形正如广东俗语所形容的：真是'发其大茅''倒泻箩蟹'……

"讲到我本人从事舞台的工作，差不多40年了，在以往无可否认，我行了不少弯路，不少错路，由于我当时未曾认识清楚从事舞台艺术的工作者，是属于庞大的文化队伍当中的一支强有力的部队，对教育人民，是发挥很大作用的，我以往虽然有不少所谓创作，但是目的呢，大部分系为自己家庭生活着想，为自己养老着想，为自己享受着想，我虽然在抗战时期，曾经编演过《洪承畴》《秦桧》，反对国贼卖国求荣等爱国主义的剧本，又编演过针对风俗的《野花香》《斗气姑爷》《审死官》等等剧本，但终于为迁就旧社会的观众要求和为着票房收入，又常常粗制滥编，演过不少无聊的戏，现在回想起来，时时还内疚于心的。"

当然，他也不时发表一些意见和建议：

"目前我们粤剧还没有设立正规的训练班和学校，我个人感觉到不大满意……听说我们广东文化部门已经准备办一个戏曲学校了，我还希望快一些办起来，最好明年春天开始……

"戏剧为综合的艺术。艺术的本质是真，是善，是美。戏剧做到了真、善、美的境地，它就有前途；不然，就是灭亡。有人说：目前的粤剧，是开倒车。我却以为开倒车若是开到以往的道路里是不错的，以往的粤剧道路不是很可观吗？不是有过很长时间的兴盛吗？但可惜得很！今日的粤剧并不是开到以往的旧路，而是出了轨，翻了车，开到悲惨的道路。

"且看今日演出的多数粤剧，大家都不注重戏剧的综合艺术的完整性，使戏剧的艺术价值降低，既不真，也不善，亦不美。长此下去这样子的粤剧怎可能演得好呢？又怎可能有其前途呢？具体地说：组班者不以纯粹的艺术观点去组班，只图短暂的利之所在的立场而去组班，那么班里必然是拉杂成军的，陷于无组织无计划的状态。其次是剧本，多数的编剧家可以不求甚解地编纂历史故事，但求写出一个分幕分场的剧情去应付班政家做出噱头的东西，那些剧本多数是歪曲历史事实，把握不住人物的性格，更谈不上什么社会意义和人生意义了。再说到演员，因为时下很多的大小老倌没有师承，不肯虚心和用功去训练和学习，结果只有演成不伦不类，给观众看来没有好的印象。演员不去研究历史人物的特点和个性，自然无法去创造典型的演出。有些大老倌还有一个不好的习惯，就是不担纲做奸戏的角色，他们不知道有忠奸的对照才能反映出一个事件的斗争，显示出戏剧的主题……"

1958年11月28日至12月10日,中国共产党第八届中央委员会第六次全体会议,由毛泽东在湖北武昌主持召开。广东省粤剧院接到通知,马师曾和红线女受命为与会代表进行专场演出,剧目是根据田汉同名话剧改编的粤剧《关汉卿》。

是年,最先由法国、德国、意大利、波兰等发起成立的"世界和平理事会",将中国戏剧家关汉卿列为世界文化名人。有感于此,田汉创作了话剧《关汉卿》,

老马看到剧本后,非常欣赏,他太理解元代杂剧作家关汉卿的艰辛,也太知道《窦娥冤》中朱帘秀的苦楚,很快与粤剧同人将其改编成广东大戏。

长久以来,人们纷纷赞誉马师曾:戏剧舞台"活关汉卿";"开创粤剧通俗化的巨匠",又称他的舞台表演风格最具有平民化、通俗化的特点,最接地气。"他的唱腔,尤其是唱中板,自然活泼,滑稽突梯;他独创的'乞儿喉'半唱半白,新颖奇特,顿挫分明,送音悠远,成为深受观众欢迎的'马喉'。"

马师曾、红线女拍摄粤剧电影《关汉卿》剧照　（红线女艺术中心供图）

如今已经99岁高龄的粤剧家林榆,曾经聆听老马亲授,他说:

"老马在这部戏中完成了丑生向老生的过渡和飞跃,这对于演了几十年丑生的人来说,非常不易。只因他和关汉卿有着许多共同点,时隔700年,前后两人,一北一南,都是'梨园领袖''杂剧班头',所以表演起来神形兼备。关汉卿为民请命,替窦娥打抱不平;马师曾则保护女演员,不受恶霸欺凌。前者撰写杂剧,给市井的平民百姓看;后者演唱大戏,让那些贩夫走卒欢喜雀跃……关、马神交于旷渺时空,老马在舞台上挥洒自如,奉献给国内外的广大观众一场精神盛宴!"

诗人、剧作家田汉,看了三五遍马、红表演的粤剧《关汉卿》,他兴奋不已,一再赋诗填词,一阕《菩萨蛮》,可称玉质金相:

> 马红妙技真奇绝,恼人一曲双飞蝶。
> 顾曲尽周郎,周郎也断肠。
> 卢沟波浪咽,似送南行客,
> 何必惜分襟,千秋共此心。

## 马鼎盛·旁述

《关汉卿》是马师曾舞台艺术扛鼎之作,也是广东粤剧在共和国70年来的一座丰碑。在《关汉卿》剧中饰演元朝高官忽辛的关国华叔叔最近跟我说:你爸爸这么个大师,他的虚心无人能比。我跟他在上海拍《关汉卿》电影连排时,请周信芳、田汉来看戏,之后,主演京剧《宋世杰》的大师周信芳应该知道马师曾的粤剧、电影《审死官》别开生面的演绎。他就说你们的《关汉卿》整个戏都不错,后面很好,但是你前面不行,轻佻那一段,完全不是关汉卿这个人物,你可以自己考虑一下。我问:是说在阿合马府上,说"金银白璧皆不美,只美谢家堂上燕",以求亲营救被权臣衙内忽辛强抢民女这一段吗?关国华说:总之周信芳说上半段不行,你重新再考虑考虑。马师曾马上就改。

父亲书案立着一尊"石湾公仔",好像愁容满面。那是1962年初祖母过世百日之内,他老了很多。怎么不摆开开心心的东西呢?看到我欲言又止,父亲低声问:知道是谁?"屈原。"我脱口而出。"还有呢?"我难得现买现卖答道:"写《离骚》的爱国大诗人。"父亲嘴角微微一动,信口吟哦:"君不顾先王创业艰难,不辨贤愚忠奸,噬脐知晚。吾君是仁君应知返,为苍生应纳谏。"初一水平的我不懂装懂地点头,哪里知道马师曾在广州中山纪念堂第一届羊城音乐花会上演唱《天问》。不久他又为周恩来总理和贺龙、陈毅、聂荣臻等演出《屈原》一剧的"天问"一场,这是他四十多年登台的绝唱。屈原也

20世纪90年代,香港改编电影《审死官》,周星驰饰演宋世杰,模仿马师曾的语调节奏,照搬一些诙谐细节。为了表达对前辈的敬仰,"星仔"将马师曾像当作电影中宋世杰的神主图形,带着老婆(梅艳芳饰演)在神主前做一场好戏。封建社会老百姓的口碑,由宋世杰轻蔑吐出"官哦——嘻嘻——官哦";当宋世杰转身弯腰时,吓得大大小小四个官全都蹲了下去,十足马师曾《审死官》版本。1992年,《审死官》4990万元港币是周星驰90年代在香港的最高票房纪录,《审死官》在台湾也拿下1亿多元新台币票房。可见马师曾表演艺术在50年后强大的生命力。图为马师曾(左)、红线女(中)研讨电影《审死官》剧本  (马鼎昌供图)

是马师曾塑造角色的大轴。马师曾以广东音乐《雨打芭蕉》唱《天问》，风中散发，思起狂澜，悲愤沉郁，泪蓄胸间。

多年之后我才知道在1958年，马师曾根据郭沫若同名话剧，结合杨子静、莫汝城编的《屈原》版本，改编并演出粤剧《屈原》。马师曾饰演屈原，红线女饰演婵娟。

从1958年构思到1962年献演，那是中华大地风云变幻的一千个日日夜夜。我们身临其境的老人，不妨重温马师曾《天问》的唱词：

"风啊，风发吼声惹起愁来千万，心思起狂澜。惆怅不为荣誉，不因愁烦，惆怅国事如晦，似此夜漫漫。任尔风狂，狂时逆溯黄河，倒青山。阴霾迷殿宇，风狂吹不散。乌云满楚宫廷，真真堪浩叹。鹑之奔奔，鹊之疆疆，更掩袖工谗，叹江山不复挽。君不顾先王创业艰难，不辨贤愚忠奸，噬脐知晚。吾君是仁君应知返，为苍生应纳谏。

"大王，为苍生为社稷，你应该回心转意呀。忽然见电变天空闪，光明瞬息时何暂，光明不永大堪怜。叹君心，如闪电明，明而复暗，夫复何言。

"霹雳雷霆势万钧，黄河倒泻像天崩，雨箭风刀旋空舞，地惨天愁泣鬼神。

"我问苍天，更问鬼神，何故天愁地惨。莫非是，为我楚王蒙蔽，他听信奸谗，枉天发雷霆，振作天威，难使君心有忌惮。任你黄河倒泻，难洗宫廷污秽，只能摇撼江山。枉天公，有雨箭风刀，难将群奸尽斩。试问苍生何罪，社稷何罪，竟然受制于群奸。我屈原蒙冤是等闲，独惜苍生社稷谁救挽。

"空有心却无力，共挽狂澜，不听忠言徒力谏，从今国步渐艰难。信张仪，行反间，弃合纵，用连横。楚国山河原有限，难填秦壑欲平难。我悲愤填胸徒伤叹，呼天抢地，不禁热泪纵横。"

对于20世纪五六十年代的中国缺乏感觉的青少年和部分中年人，应该在这段悲怆的唱词中体会从屈原到马师曾爱国忧君的千年一叹。

戏剧评论家指出，马师曾成功塑造了粤剧历史上三个经典须生形象：善良睿智的书院老师谢宝、铁骨铮铮的剧作家关汉卿、激情澎湃的爱国诗人屈原。他从马派丑生向马派须生转型，终于功德圆满。

父亲在演员履历表的职业一栏，没有写"演员"，他一笔一画填上"剧作家"。马师曾一生编剧近300部，传世之作也有七八十部。但是在他生命最后10个年头,公演的剧目不过十几出。粤剧几百年流传过上千出,中华人民共和国成立后被批准上演的十中无一。马师曾、红线女从香港运回的行头真个是汗牛充栋,那种人拉肩扛跋山涉水钉钉铁页大木头箱,是马红半生艺术精华的凝聚,捐献给国家剧团的几十大箱高级戏服,大多因为装扮"帝王将相才子佳人"而蒙尘。林榆叔叔是马师曾老友,他的儿子回忆童年时见到马师曾琳琅满目的行头感觉好像童话世界。

# 第二十二章 《关汉卿》成绝唱

1961年1月16日，在广州，马师曾与王梅梦注册结婚。

这是老马走进他一生中的第四次婚姻，所娶娇妻按照顺序与他的年龄差越来越大，这次的新婚妻子比他小了整整30岁。

他的新娘有一个美丽的名字"梅梦"，原名王凤，1930年出生，上海人，毕业于中国戏曲学校，曾是香港凤凰影业公司的演员，在演艺界虽然不甚知名，却属"美凤夺鸾"般的一个大美人。

老马最终抱得美人归，是采取他一贯"速战速决"的做法。

当时，王梅梦（自述）的追求者多多，大牌人物不少，其中就包括梅兰芳的大公子——梅葆玖。说起来，这也非常自然，人性而已。天下尤物，谁不眷顾?

问题是，老马这边虽然"廉颇"未老，却也"耳顺"有余，已是名副其实的舞台"老生"，再难称潘安貌美，玉树临风。况且，他也承受着来自组织的巨大压力，组织方面一直希望老马和红线女复婚。

正是在这种紧张、焦灼的情势之下，老马害怕夜长梦多，便马上决定首先发动快速攻击，一举抢占"凤凰岭"山头的制高点。

于是，他在作为艺术总指导率领"中国粤剧团"出访越南之前，先把自己个人的大事办了，十分强势地将梅梦——尚在晕晕乎乎状态下的新人，硬从珠江电影制片厂忽悠到越秀区"广州第一高楼"——爱群大酒店，开房为"洞房"，一骑绝尘地幸福飞奔。之后，一刻都不耽误，立即拉着"新娘"去东山的农林街道派出所登记。日后，每每谈及此浪漫经历，梅梦都会笑容灿烂。

可叹，梅梦幻梦长在，欢梦无多，她与老马满打满算只过了3年零3个月的夫妻生活，耳顺夫君就撒手人寰，只剩下她可怜一人，孤独地度过余生。据说她于1982年回到香港定居，清寒寂寞无人知晓，窘迫以致做些杂工度日，一间单身公寓栖身，始终自食其力。梅香为人，凛冽而馥郁，喜欢人们称呼她"梅姨"。寒梅傲雪，真不虚也，她一生怀抱两件宝物，惜之如命，不离不弃，直至88岁辞世，一为结婚证书，二为夫君所赠签名的《千里壮游集》。老马的题文亦十分蕴藉、感人，含无尽意味于其中，且颇有味外之旨："这本东西是旧社会的产品，本是不可以在新社会存在的。但为了新旧社会的对比起见，因此还保留下来以供自己警惕和参证而已。"

是年，值得记忆的事情，还有金秋季节《羊城晚报》惠然求字。

## 第二十二章 《关汉卿》成绝唱

自从老马而立之年出道以来，数十年间，他与新闻界产生不解之缘。其中，包括1932年、1935年、1946年三度为《伶星》杂志题词，内容分别是——"纪载翔实""三闻主义，闻人新闻趣闻""愿以伶星之真消息给读者"；1959年为《戏剧研究》杂志撰写长文《我演谢宝和关汉卿》；1960年在《戏剧报》发表文章《关于戏曲艺术革新的发言》；1961年为《南方日报》撰写文章《从曲折的道路走上宽广的坦途》……

此番，老马在《赠〈羊城晚报〉》一诗中，记载了伶人与报人交往的一段佳话：

> 索书还索句，却之岂恭哉。
> 字无钟王妙，诗惭李杜才。
> 肠枯词必涩，腕弱气难魁。
> 一鼓冲天劲，淋漓纸上来。

艺术家，是世界上最贪玩的人。

当一个艺术家玩得高兴，忘了吃饭睡觉的时候，人们就说他刻苦。

事实上，只有压抑着天性、背叛着兴趣、被迫从事一种工作时，才称得上是辛苦劳累。这与马师曾这样的艺术家无关，大多数人不知道艺术女神赐予她的忠仆多少高出尘寰的幸福欢乐。

1961年，老马的四个孩子——两儿（马鼎昌、马鼎盛）两女（马淑逑、马淑明），都相继长大了。大女儿马淑逑，1937年出生，24岁，大学毕业回香港经商；就连最小的孩子、共和国同龄人——马鼎盛也已经12岁，就要上初中了。

此时，二女儿红虹（原名马淑明），刚刚17岁，参加了广东粤剧院青年演员培训班，她正在学习母亲红线女的"红腔"。老马看到爱女学唱粤剧，自然是欢喜不已，脱口说道："玩一首听听。"他没想到，二女儿红虹回答："唱（粤剧）不是玩。"老马先是一怔，马上对小女儿解释："我们中国汉语的'玩'，就是西方英语的'play'。'play'，是在说孩子们的游戏，同时，也有戏剧表演、器乐演奏的意思。比如，'to act in play（演戏）'；再比如，'play the violin（演奏小提琴）'。"

——不知道女儿红虹听懂了没有，"玩"，的确是一个浅显又高深的字词!想必她能够懂得,因其自幼随父母在香港习钢琴,跳芭蕾,又在北京和上海的戏曲学校读书……她是四个孩子中唯一"女承父业"的粤剧演员,"红派"传承人之一,曾主演《昭君出塞》《刁蛮公主戆驸马》《焚香记》和《山乡风云》等。晚年,旅居加拿大。

老马仔细听了女儿红虹唱的一曲《昭君出塞》后,告诉她一些最基本的演唱和表演的常识,包括运气和吐字的窍门,还问她:

"好玩吗?"

显然,马师曾是一个贪玩的范例和典型。

他一生"玩"心不改,"玩"得痴迷,"玩"得高级,"玩"得精致,"玩"到极致,他不仅为我们奉献了经典的艺术,也留下了经典的人生。

作为从业三十多年的记者,笔者见过许多才高八斗的人,身怀绝技的人,富有创造力的人,成就自己事业的人,你若问我他们是些什么样的人,我的回答是:他们无一不是贪玩的人。

人生,能经历几次花甲?

五十多岁的老马,又重新回到他生命的原点——广州。

比起他的前妻——红线女"幽居"的一幢别墅(三层小洋楼),他的住宅曾聚集了长女、两个侄女和管家的弟媳,可戏称为"蜗居"。

位于越秀区华侨新村友爱路20号的红线女的住宅,今为纪念馆性质的"红线女旧居",于2016年12月25日正式开放,供游人参观。

开馆仪式热烈、隆重,文化部原副部长王文章,中国戏剧家协会分党组书记、驻会副主席季国平,广州市前市长黎子流等剪彩,包括省、港、澳和东南亚的许多中外人士、嘉宾前来祝贺,马、红二子——马鼎昌、马鼎盛代父母尽地主之谊。

"红线女故居",是一座楼宇式庭院,但见月桂吐蕊,丁香馥郁,凤凰木一片火红……南国特有的奇葩异树摇曳多姿。宽敞的大客厅,装饰暗红色的地毯,角落里摆放着一架香港生产的莫里森牌钢琴,请来一位钢琴家,就可以在家中练唱;起居室内,一款体积不小的老式冰箱在当时属于"奢侈"的享受;

# 第二十二章 《关汉卿》成绝唱

红线女在生命最后半年同马鼎盛拍摄大型艺术人生访谈专题纪录片《永恒的舞台》。母子有过多次一起工作的经历；20世纪最后一年，马鼎盛在香港电台"普通话台"主持《大中华专访系列——杰出华人成长之路》，红线女是重头戏之一，75岁高龄的她端坐红线女艺术中心录音室，一口气讲足75分钟，突破微型录音机上限。问她几时退休，"不唱粤剧？"她厉声反问，"我活着干什么！"两年后马鼎盛在《文汇报》主编《读书人语》专版，走进母亲的书房，红线女对《红楼梦》回味无穷，她最欣赏林黛玉，"文化大革命"前夕排演《黛玉焚稿》折子戏，一句道白"宝玉，你好"字字千钧，其中两人的酸甜苦辣尽在不言中。红线女塑造黛玉的过程中不断与曹雪芹神交。有人说红线女文化程度不高，她读到初中一年级就被日寇中断。红线女终身看书学习，腹有诗书气（戏）自华。《风范大国民》是我在凤凰卫视主持、主编的心爱节目，红线女的心声"我的生命属于艺术，我的艺术属于人民"，大哉此言，她说到做到。毛泽东题白求恩为"高尚的人、纯粹的人、有道德的人、脱离了低级趣味的人、有益于人民的人"，也是风范大国民的标准。纪录片《永恒的舞台》则是他们母子心有灵犀的压轴戏。它告诉红线女的知音人，红线女70余年的粤剧生涯绝对不是坦途，"探索、失败、再探索、再失败……永远不放弃"，因为舞台艺术面对电影、电视、电脑、手机的冲击，且战且退是不可抗拒的历史发展规律，我们老年人、传统的艺术形式，必须正视现实，接受"长江后浪"，她相信有生命力的文化会被传承下去，君不见"打倒孔家店"百年后"孔子学院"春风吹又生？有心人会把握历史机遇

排练厅的一排衣橱华丽,日常生活常用服装和戏装300余套;书画室,则有广东籍画家关山月的字画;最是温馨的卧室中,墙壁玻璃镜框镶嵌毛泽东主席亲笔题词两幅,这是任何一个中国人的居室所不可能有的"国宝",而最耐人寻味的话,是主席一连说了三个"活着":"活着,再活着,更活着。"

行文至此,老马已经从一个1900年出生的世纪婴孩,变成了一位处于生命倒计时的老人。

他与红线女,诞下二儿一女(另有长女是与第二位妻子所生),却不知何故解缡。然而,这对名伶夫妻,即使离异,也堪称离异典范,一如他们二人首次合作演出的剧作《苦凤莺怜》,带给世人的唏嘘和美感丝毫不变。世事无常而人生有分,两人始终相互尊重,彼此帮衬,分而不分者粤剧创作,离而未离者表演舞台。

老马在生命的最后几年,与红线女共同主演了他们献给年轻的共和国的粤剧三部曲——《搜书院》《关汉卿》《屈原》。

老马和他的广东老乡——足球名宿李惠堂、首位乒乓球世界冠军容国团、第一个打破世界纪录的举重选手陈镜开一样,穿上了"国字号"队服,三位运动员代表国家参赛,他和红线女一起代表国家出国访问演出,先后于1959年和1961年率领"中国粤剧团"出演朝鲜和越南,分别受到金日成和胡志明的接见,履行了自己作为文化交流"使节"的使命。

1962年1月10日,耄耋之年的慈母王文昱突感不适,入医院抢救不治,驾鹤西归,享年83岁。多年陪伴、服侍母亲的长子马师曾,哀戚不已,元气大伤,原本饱经风霜的身体再受打击,从此一蹶不振。

1961年1月迎娶新娘;1962年1月母亲去世。
——一年之间强烈震撼的大喜大悲,恐怕是任何人也难以经受的"过山车"式的大起大落。

# 第二十二章 《关汉卿》成绝唱

## 马鼎盛·旁述

父亲事母纯孝,多年来巨万收入听老母安排家用,供3个弟弟留学、读香港名校,纳妾。父亲返内地享受超级工资待遇,但是接济境外亲属经济能力大不如前。20世纪60年代前后,祖母的娘家人常来吃饭,已经成为负担。1955年父亲回内地之前,先安顿父母(包括老父亲两个妾)和几个弟弟全家。父亲大半辈子没有置恒产,所有亲属在他离开香港后,才痛感香港澳门居大不易。其后父亲按照组织上"安居乐业"的政策,在广州华侨新村买了花园小洋楼,售价是1957年的25000元。虽然1200元月薪比梅兰芳高,但是方方面面开销,使老马没有像红线女那样跟随社会潮流一再自愿减薪,从回归内地之初的1000元月薪减低到800、600元;听说毛主席才拿600元,周总理只要400多元,红线女赶忙放弃特殊照顾,拿一级演员的工资,我帮她领过一次,刨去党费、工会费等大概是340元。父亲1961年迎娶香港年轻艺员王凤,前前后后是一笔开销。我在北京读书,经济条件比一般市民同学稍好,在五六十年代的大气候下,仍然难免冻饿之虞。组织上曾经希望马、红复合,他们在艺术方面依然心有灵犀,在现实生活就有太多的负面因素,只有我们三姐弟令父母有共同语言。姐姐红虹1961年学粤剧,得父母精心教育,哥哥鼎昌跟着父亲耳濡目染,我可以唱"越远越情浓,越近越朦胧",实际上父亲离我远去半个世纪后,才知道父子情深。

在我花甲之后,常有人对我说"你都几似马师曾",知道那是客气话,父亲浓眉大眼,我这儿子眯缝着单眼皮高度近视,哪怕有父亲三分的面相也心满意足。说到性格颇有父风,倒是有目共睹,头一条是"好犯上"。近年在广东各地登台学唱父亲名曲《步月抒怀》,"附势趋炎吾不惯,卑躬屈膝太无颜",实实在在是由衷之言,我们父子心心相印。

再一条是对于事业的执着,父亲一生致力于粤剧文化的坚持与发展,哪怕被国民党当局驱逐、被日寇破家流亡、被港英政府及走狗迫害,他至死是"响当当的铜豌豆"。我敬佩、学习的最核心一条是爱国为民。

父亲在北京接受放射性治疗,我经常探望,父亲鼓励我要立大志,读好书。父亲春节在中央电台向台湾同胞、港澳同胞、海外侨胞拜年,按照惯例唱粤曲,晚年病重实在难以开腔,他依然坚持以"题四句"口白表达心意。我充当现场观众,为父亲的敬业精神深深感动。

# 第二十三章 粤剧魂人千古

艺术家属于世界。

新华社发布消息：

"著名粤剧表演艺术家马师曾，二十一日上午在北京病逝，享年六十四岁。

"马师曾生前对粤剧艺术的发展做出了很大的贡献，他曾经被选为中国人民政治协商会议全国委员会委员、中国文学艺术界联合会全国委员会委员和中国戏剧家协会常务理事，并担任广东粤剧院院长。

"文化部副部长徐平羽、政协全国委员会副秘书长易礼容与辛志超、中国剧协主席田汉，以及在京的广东省副省长李嘉人、广州市副市长孙乐宜等有关方面负责人，今天去同仁医院向马师曾遗体告别，并向马师曾家属表示慰问。

"今天，向马师曾遗体告别的，还有他的生前好友和首都戏剧界人士连贯、廖梦醒、张庚、马彦祥、张东川、阿甲、张君秋、白云生、李桂云等。

"马师曾治丧委员会已由区梦觉、齐燕铭、徐冰、田汉等组成。马师曾遗体将在京火化后送回广州，并定于四月二十七日在广州举行公祭。"

马师曾遗体告别，马鼎盛肃立。现场是周恩来总理送的花圈

中国自有贴春联的习惯以来，少说也有千年历史。

千载文人骚客，不乏撰写楹联的高手。无论如何，老马自己题写的春联，可以横绝岁月时空，给人启迪，仅举三例：

其一："我作舞台傀儡；谁非天地浮游"。

其二："朝夕难克己；古今不让人"。

其三："讴歌能易俗；诗礼以传家"。

## 第二十三章　粤剧魂人千古

马师曾一篇遗文,可为演员座右铭。

他在《光明日报》(1962年4月17日)发表文章,题目是《古典文学与表演艺术》,文中特别谈到了戏曲艺术家的修养问题,句句中肯:

"中国有句老话:学而后知不足。这句话很好。我演了四十多年的戏了,年轻的时候,不学无术;有一个时期曾沾沾自喜,自以为有点小名气,已经很够了,不愿意再学什么。这种自满的心情,曾使我吃过不少苦头。

"对于一个戏曲表演艺术家来说……应该学习一点诗词歌赋和文史知识……只有某些表演技能,不能成为优秀的艺术家。

"……如果对关汉卿一无所知,就很难演好《窦娥冤》和《救风尘》,很难掌握窦娥和赵盼儿的性格,很难正确地通过舞台形象表现出关汉卿的独特艺术风格。如果对王实甫的《西厢记》毫无研究,那就会把老夫人演成一个比妓院老鸨还坏的老虔婆,把红娘演成一个扯皮条的坏女子,把张君瑞演成一个登徒浪子和色情狂的鄙夫。如果对汤显祖的《牡丹亭》缺乏深刻的理解,那就很难通过有机的优美的舞蹈动作,精确地表达出杜丽娘对待爱情生活的高洁的精

"文革"结束后,马师曾墓修复,马鼎盛沉思

神状态,很难完满地表现出《牡丹亭》的浪漫主义精神。如果把杜丽娘的'游园'演成一般的闺阁小姐游花园,那就索然无味了。如果对历史一知半解,连《三国志》或《三国演义》都未读过,那就很难演好《桃园结义》《三顾草庐》《长坂坡》《水淹七军》等戏。再说,如果对屈原的《离骚》和《天问》等作品一点儿也不了解,那就很难在舞台上表现出屈原的诗人气质了。最近我编写和演出了粤剧《屈原》,便感到熟读屈原的诗作的重要性……总之,我觉得要把戏演好,不丰富演员自己的文艺和历史知识的修养,不下苦功多读点文艺作品,是不行的。而学点诗词歌赋,对戏曲演员来说,尤为重要。戏曲是一门综合艺术,它综合了小说、诗歌、词曲、民谣、舞蹈、音乐、绘画、雕塑、杂技、武术等艺术的精华结构而成,因此,要做一个优秀的戏曲演员,各种兄弟艺术的修养都应该具备,知识要博,兴趣要广。如果对各种兄弟艺术都涉猎一下,使自己的艺术修养博大精深,则在舞台上自能得心应手,取之不竭,用

红线女在红线女艺术中心小舞台与马鼎盛合唱《苦凤莺怜》余侠魂之"庙遇"片段。儿子提议母亲任冯彩凤一角。演到"冯彩凤"拜谢"余侠魂"仗义执言时,马鼎盛紧接着唱:"吓得我,魂魄都唔齐,我焉能受得你咁大个礼!"马鼎盛极力表现马派特色,红线女也七情上脸,摄影师捕捉到母子同台的激情一刻

之无穷。梅兰芳、程砚秋、荀慧生、尚小云诸前辈，都喜爱绘画写字，盖叫天老先生爱养飞禽走兽，观其神态动静，作为设计舞蹈身段的启发，这是很有道理的。我也爱临帖练字，学习书法，这对我的艺术创造，有极大好处。我觉得从古代许多书法大家的碑帖里，能悟出不少道理来，苍劲、雄浑、沉郁、清秀、圆润、丰腴、洒脱、矫健等笔法，对我的表演艺术风格的创造，实有极大的启示和补益。至于诗词歌赋，与戏曲的关系尤深，作为戏曲演员，更不可不学。

"戏剧剧本，无论念白或唱词，应该都是能朗诵的韵文体，讲究诗的意境，讲究韵文的节奏，讲究声律的安排，讲究字句铿锵，上口合拍，要求曲中生情，因情会意，虚中见实，声情兼茂，始臻佳境。首先剧本文辞要好，才有创造的基础；其次演员要有诗词曲赋的修养，才能表达曲情。前人评论戏曲，甚为重视音律声腔演唱方面的艺术技巧，未始无因。清代梁廷枏在《曲话》中说道：'乐以诗为本，诗以声为用。'这两句话，含义甚深。戏曲剧本中如果有词无诗，不算佳词；虽有诗而无美声，不能上口，缺乏意境，不能达意，亦非佳作。至于戏曲演员如果不懂诗词，虽有佳句，但唱了出来，有声无情，有词无韵，亦属白费工夫。因此，戏曲演员应努力提高自己的诗词曲的修养，使自己懂得诗词曲的奥妙之处，虽不必要求每个人都能写诗填词度曲赋歌，但起码能深刻地通过自己的声音和演技表达剧中诗词的内容，引人进入诗词的意境，这就不能算是苛求了。

"……我国古代文学评论家刘勰曾在《文心雕龙》中《神思》篇里说过，一个作家应该要'积学以储宝，酌理以富才，研阅以穷照，驯致以绎辞'。这几句话较难懂，我觉得是否可以这样理解：一个作家，应该积蓄广博的学问和经验，以便用的时候左右逢源；应该注意培养正确的理解事物客观规律的能力，以资有效地发挥他的艺术才能；应该对自然和人生有深刻的研究和具有丰富的阅历，使自己可以充分发挥和运用艺术想象；应该熟练地运用语言艺术，取得自己的艺术表现形式。我想，我们作为一个戏曲演员，也应该有这样的学习决心，不断丰富自己各方面的修养……"

回顾中国电影史，马师曾又是最早提出"中国电影危机"的有识之士。
今存《中国电影危机》一文，原载1935年5月《伶星》杂志。

他呼吁:"我国政府尽力栽培和扶助电影事业,并网开三面,格外开恩,使其有成,使其长进。"

马师曾还是一位具有诗人气质的戏剧家、浪漫的粤剧名伶。存有一首带有自传性的诗作《和我生君》,可见其古典诗学素养:

> 忝生书香家,惜我未尝学。
> 读史论连横,亦知悲六国。
> 我在十龄时,侍祖游楚鄂。
> 旦夕授诗书,说论才初作。
> 老城凋谢后,家道遂中落。
> 孤身走南洋,往事忆如昨。
> 学业既无成,转而学弦索。
> 虽未负微名,抚躬犹自怍。
> 不能继书香,父母我怒莘。
> 长跪涕沾衣,始得亲稍诺。
> 犹言彭泽宰,五斗不屑搏。
> 菽水可承欢,多金心未获。
> 世人轻优伶,子今不我薄!
> 岂言六艺中,首要在礼乐?
> 何敢趋下流,端人自谔谔。

作为书法家,他为广东省粤剧院青年培训班题字:

"无逸"——《尚书》记载:"周公曰:'呜呼,君子所,其无逸。'"大概意思是说,君子不贪图安逸。

中国名伶马师曾仙逝,最伤心的是剧作家田汉。

戏剧家、诗人田汉的一生,写了一首国歌,还写了一首诗——献给马师曾。

## 第二十三章　粤剧魂人千古

这首挽歌《悼马师曾》，寄托了诗人的哀思，也是对戏剧家的盖棺论定：

> 留得梨园一代名，
> 海南天北遍歌声。
> 乘风破浪豪情在，
> 忍向卢沟送汉卿。

在诸位看官面前，不敢说自己见多识广，但记者一生阅人无数，却没有见过一个人能像传主——马师曾这样有趣！

老马浑身都是趣味，走到哪里就把趣味带到哪里。他所过的人生，真真印证了他的同乡梁启超所言"趣味人生"。同时，也属丰富多彩的"艺术人生""审美人生""学问人生"和"智慧人生"。

马师曾作为粤剧泰斗，创造了许多中国"第一"的历史纪录。屈指一数，先说六个：

第一项：

五千年古国伶人无数，他是第一个身体力行，将西方戏剧植入本土传统戏剧的开拓者，改编、主演时装粤剧《蝴蝶夫人》（根据意大利普契尼歌剧改编），为香港"真善美剧团"改编莎士比亚作品《威尼斯商人》的粤剧《一磅肉》，在粤剧《璇宫艳史》中用英语入曲，在粤剧舞台使用西洋乐器伴奏。

第二项：

20世纪30年代，传统戏班男女授受不亲的祖训被打破，他是第一个粤剧男女合班禁忌的破除者，也是粤剧异性演员同台演出的创始

周恩来为粤剧题词　（红线女艺术中心供图）

人，于1933年创建了帅哥、美女搭配的粤剧"太平剧团"。其时，谭兰卿、上海妹等一干靓女加盟，人称"美女剧团"。

第三项：

纵横东西，熔铸古今，他第一个以名伶的身份"触电"，作为股东开办全球电影公司，并通过制片、编剧、主演等方式，出产诸多畅销（包括粤剧艺术）影片。他出演的影片有《野花香》《妇人心》《斗气姑爷》《龙城飞将》《最后关头》等多达56部。

第四项：

千载梨园，爱国不甘人后，他是第一个以伶人身份，毁家纾难，组建抵御外侮的"战时剧团"——"抗战粤剧团"，千里跋涉，一路讴歌抗日英雄，募捐义演，劳军助威，冒着炮火硝烟而登台演唱，为民族国家自由、独立事业而舍生忘死的义士、俊杰。

第五项：

值得我们欣喜的是，专为皇帝唱"堂会"的时代结束了，他是1949年后第一个率领"国字号"粤剧戏班——"中国粤剧团"出访外国的文化艺术使者。他于1959年秋天，任粤剧团团长赴朝鲜演出《关汉卿》《搜书院》等；1961年春天，又前往越南访问演出长达45天。

第六项：

他是古往今来中国戏剧界唯一一位既是"文曲星"又是"大台柱"，既是"多产剧作家"又是"杰出表演艺术家"的奇人。元代剧作家关汉卿会写，不会演；当代戏剧家梅兰芳会演，不会写。其余，也大略如此。幸有一个马师曾，让我们得遇千载艺苑之奇崛，眼界大开。

我们因喜爱伶人马师曾而爱上粤剧，也因为爱上粤剧而钟情广东文化，又因为钟情文化而更加懂得中国幅员之广大，数千年文明历史宝藏之深邃、丰富，从而更加热爱我们自己的祖国！

正是：古往今来望梨园，千年一遇马师曾。

## 结束语

传记，写到快要结束的时候，很是不舍，不舍得与传主分手。

怎么会这样呢？

因为，回望五千年古国历史悠久，展读"二十四史"文字浩瀚，鲜见在其竭忠尽孝于家国、侠肝义胆于苍生的同时，一生本色不变、一世率真无伪之人，而此传主是也。

当时，在通信不甚发达的20世纪60年代中期，马师曾病逝，广府一千余人，包括许多粤剧戏迷自发地为老马送行，作最后的告别，那是一种惜别，我能够理解可爱的广东人的心情……

2019年9月23日于京华

附录

# 马师曾年表

## 马师曾红线女鼎盛相传

马腔声震粤剧坛，
师尊黎庶在人间。
曾仿挑夫柠檬喉，
红伶高蹈壮河山。
线条柔美歌嘹亮，
女子扫眉九重天。
鼎鼎大名唯伉俪，
盛世流芳醉梨园。
相逢缘分三生幸，
传奇撰就此诗篇。

1900年（光绪二十六年）4月2日，出生于广东省顺德。

1907年（光绪三十三年），随父母到湖北武昌，师从曾叔祖马桢榆。

1911年，辛亥革命，由武昌返回广州。

1913年，进入广州市清平路小学读书。

1916年，考入广州市业勤中学。

1917年，辍学，在香港安泰铜铁店当学徒。

1918年，起艺名"关始昌"，签署"头尾名（师徒契约）"，从广州赴南洋表演粤剧，在新加坡"庆维新剧团"初登戏台，扮演花旦。

1923年，到马来西亚，在"平天彩剧团"任第三小生，初获成功。

1924年，在马来西亚的新埠，拜靓元亨为师。

1925年，在广州"人寿年剧团"担任正印丑生，编演《苦凤莺怜》，创立"柠檬喉（又名'乞儿喉'）"唱法，一举成名；第一次婚姻，根据父母之命、媒妁之言，与王氏结合。

1926年，在其组建的"大罗天剧团"创建"编剧部"，每周上演一部新戏。

1927年，与第一任妻子王氏分手。

1928年，其创建的"大罗天剧团"连演四十多场，创造粤剧演出市场旺台纪录。

1929年，在广州海珠大戏院门前，因在"大举寨"结识风尘女子而遭遇歹徒炸弹袭击，脚受伤。

1930年，在香港"高升戏院"主演粤剧《贼王子》，结交美国电影明星道格拉斯·范朋克；在越南为其水灾受害者赈灾义演。作为粤剧、电影"双栖"明星每年进项10万大洋，足够侍奉母亲、供养二弟留学日本所需费用。

1931年，赴美国旧金山演出，所携书册《千里壮游集》被当作政治宣传品扣押，开办"明星电影公司"受骗被讹诈5000美元。

1932年，游历墨西哥、巴拿马运河等地，到好莱坞拜访美国影星范朋克不遇（远赴欧洲国家），遇小范朋克，参观片厂。

1933年，由美国旧金山回到香港，组建"太平剧团"，九一八事变后国难当头，建立"献金救国"制度，自己每月捐献500元港币，其他员工捐献工薪百分之一；建立历史上第一个男女合班粤戏班。

1934年,"太平剧团"与"觉先声剧团"竞争;与金山华侨朱基汝合股,创建"全球影片公司";第二次婚姻,迎娶15岁"马迷"梁婉嫃。

1935年,与谭兰卿主演的电影《野花香》(根据德国影片《蓝天使》改编)在香港公演;在《伶星》杂志5月号"四周年专刊",发文章《中国电影的危机》。

1936年,与谭兰卿主演、由苏怡导演、全球影片公司拍摄制作的电影《妇人心》上映。

1937年,在香港,为抗战军队捐款;编演抗战粤剧《爱国是侬夫》《汉奸的结果》《还我汉江山》等;与第二任妻子梁婉嫃生长女马淑逑。

1938年,南洋影片公司出品其根据《深闺梦里人》改编并主演的影片《龙城飞将》上映;为抗日救亡而捐款1万元港币。

1939年,主演并根据同名粤剧改编的电影《贼王子》公演。

1940年,主演的喜剧片《虎啸枇杷巷》上映。

1941年,香港于"黑色圣诞节"被日军占领,次年乘渔船偷渡至澳门;在广州湾(今湛江)义演,组建"抗战粤剧团",初逢红线女(原名邝健廉),坠入爱河。

1942年,率领"抗战粤剧团"一百多人,从广州湾开始跋涉,到郁林、容县、柳州等地演出,被列入第四战区政治部编制。

1943年,率领"抗战粤剧团"到广西梧州;与红线女同居。

1944年,参加桂林"西南第一届戏剧展览",结识田汉;与梁婉嫃离婚;与红线女所生二女儿马淑明出生。

1945年,率领"胜利剧团"返回广州演出。

1946年,春节,在广州海珠大戏院主演粤剧《还我汉江山》;出任广东省八和粤剧协进会理事长。

1947年,根据其撰写的粤剧改编,与红线女主演电影《藕断丝连》上演。

1948年,长子马鼎昌出生;第三次婚姻,在香港的广州酒家设宴,公告社会各界与红线女结缡。

1949年,二儿子马鼎盛出生。摆满月酒遍请粤剧、电影界好友,拍摄纪录片在香港各戏院公开放映。(香港电影馆存有记录)

1950年，与红线女率"红星剧团"赴广州演出；剧目有新编粤剧《天女散花》《珠江泪》；与红线女主演影片《野花香》《豪门荡妇》首映。

1951年，与红线女赴广州，参加"抗美援朝粤剧大集会会演"，向国家捐款10万元。

1952年，与红线女主演的电影《姊妹花》《红白牡丹花》《玉女凡心》等与观众见面；通过母亲王文昱拨款购买100套御寒棉被，发放给无家可归的街头流浪者。

1953年，与红线女主演其根据意大利同名歌剧改编而成的粤剧《蝴蝶夫人》；率"真善美剧团"赴越南堤岸演出《昭君怨》。

1954年，与红线女主演由"真善美剧团"推出的粤剧《一磅肉》（根据莎士比亚戏剧《威尼斯商人》改编）；与红线女主演的影片《双凤迎龙》《流水行云》上演。

1955年，与红线女协议离婚；参加国庆节天安门观礼；回广州定居。

1956年，任广东粤剧团团长，当选中国人民政治协商会议全国委员会委员、中国文联全国委员会委员；周恩来总理赞誉："现在，马师曾回来了，气象就更不同了，更提高了。"

1957年，反右派斗争前夕，文化部艺术事业管理局局长田汉赠诗一首，诗云"香山佳句师曾剧，一例能抓大众心"；《羊城晚报》（11月14日—12月3日），连载其长文《漫谈粤剧》。

1958年，任广东粤剧院院长，受命为中共八届六中全会专场表演，出演根据田汉话剧改编的粤剧《关汉卿》；田汉赋诗《观马、红〈关汉卿〉》赞曰："情种未妨兼侠种，柔肠真不愧刚肠。"

1959年，率中国粤剧团出访朝鲜，演出粤剧《关汉卿》，受到金日成接见；《戏剧研究》杂志（第4期），发表其长文《我演谢宝和关汉卿》（林涵表记录整理）。

1960年，应邀赴京担任"戏曲表演艺术研究班"授课教师，梅兰芳任班主任，同任教师还有荀慧生、俞振飞、萧长华、张庚等，学员有红线女、常香玉、袁雪芬、王秀兰、张伯华、彭俐侬等。

1961年，第四次婚姻，娶王梅梦；作为"中国粤剧团"艺术总指导访问越南,演出《关汉卿》《搜书院》等,胡志明主席观看。

1962年,母亲王文昱在广州病逝,享年84岁;在《光明日报》(4月17日)发表具有理论性和指导性的长篇文章《古典文学与表演艺术》;在广州为周恩来总理、陈毅副总理等演出粤剧《屈原》中"天问"一场,此为绝唱。

1963年,被诊断出咽喉癌,入广州中山医学院治疗。

1964年,因咽喉癌不治,在北京同仁医院仙逝。

# 爱国爱民文艺人

## （代跋）

马鼎盛

粤剧大师马师曾生于1900年，2000年是他百年冥寿。"马派"不容易学，所以"艺"字的纪念要排在后面，马师曾一生编剧数百种，不少作为戏宝保存下来，使梨园子弟感受到传统的文化气息。马师曾热爱人民，曾为在饿死边缘的农民向毛泽东上万言书。马师曾热爱祖国，在抗日和抗英斗争中表现出民族气节，所以本文题目包含几个内容，爱国、爱民、文艺人，排名绝对分先后。

无条件地爱国。在国难当头的战乱时代，老一辈平民百姓多是自觉自愿地有钱出钱，有力出力，对卫国战争无偿奉献，很少先想一想，国家对我如何，才决定是否为国出力。马师曾就是一个有传统爱国思想文化人中的一个。

1931年九一八事变后，马师曾积极投入抗日救国热潮，他带领"太平剧团"义演，献金，渐成为经常性活动，后来定为剧团的制度，每位成员收入的一部分都捐献给抗日军事所用，马师曾当年已经是三四十岁的中年人，拖家带口，并非一时半会儿的冲动，也不止一年半载的热情。更可贵的是，他多年在香港定居，却常怀赤子之心，虽然一再受日本总领事馆恐吓和港英当局警告，他10年坚持为抗日战争义演和献金，直至日寇侵占香港。

日寇侵占香港后，为了粉饰太平，掩盖侵略罪恶，文化特务禾久田威胁马师曾登台演出，马师曾拒绝后，率领全家老小十几人偷渡离港，经澳门、广州湾进入抗日大后方，宁愿冒生命危险，也不给日寇唱戏庆功，粉饰升平。在马师曾带动及写信劝说下，薛觉先等艺人也陆续离开香港，不再为敌寇所利用。

当时的国民党政府以"莫须有"罪名对马师曾实行长期封杀。自1930年初起，广州市禁止他登台演出，马师曾带来的几万港元献金，当局欣然笑纳，但是仍然不准他在内地上演爱国的剧目。充分表现"内战内行，外战外行"的劣根性。国民党政府对不住马师曾，马师曾并未稍减爱国热情，他熟读"二十四史"，深明民族大义，正是我们今天纪念马师曾的大道理。

1950年朝鲜战争爆发，中国派志愿军入朝参战，西方列强几乎全部投入战争，英国参战之余，也命令香港对内地实行禁运。马师曾一如既往，率剧团在广州参加抗美义演及游行，支持中国人打仗。港英当局因此传讯马师曾，审问他身在香港，为何无视港英政府立场，回内地支持抗美战争。马师曾当时对中国共产党的认识也谈不上有多深，但他的回答很简单："因为我是中国人。"表现出"应留正气在人间"的民族气节。

50年代后期，马师曾案头新添了一尊屈原塑像。他编剧及排演《屈原》，但是，当年只演了几场就匆匆落幕。不过，演不了几场无所谓，马师曾爱国爱民的精神一以贯之。他曾上万言书，为民请命，在现实生活中学习忧国忧民的屈原。在"大跃进"年代，上书中央是要有一腔正气的。1957年反右派斗争的现实，应该清楚地告诉马师曾，知识分子议论国政，批评时局的后果严重。虽然全国人民在经济困难时期缺衣少食，但是马师曾的生活水平，远比工农大众优越，他享受"食有鱼，出有车"的高级知识分子待遇。特殊的医疗保证和旅游休养，并没有使马师曾忘记劳苦大众，他像关汉卿一样"只有秃笔一支"，就尽了读书人最大的努力，"一封朝奏九重天"，把所见所闻的民间疾苦，向最高层反映，哪怕因此背上"右倾"的罪名。后来，是广东省委书记陶铸力保才免被扣上帽子。

## 自称剧作家

大家都知道马师曾是粤剧演员，客气一些就称为粤剧表演艺术家。

按封建传统是优伶一族。但是马师曾在履历中自填"剧作家"，他自制一块石印"学而优"。在老一辈粤剧艺人中，饱读四书五经才出来唱戏的确实不多见。马师曾肚子里有墨水，对角色的理解也深一些。马师曾自己编剧、自导、自演，几十年来，编过的剧目不胜枚举，保留至今的也有100余种。自从1928年，他改编《苦凤莺怜》起，马师曾已表现出要将粤剧大众化的改革方向，剧中人余侠魂有一名句，连贩夫走卒都朗朗上口的"我姓余，我个老豆又系姓余"，好像是大实话的丑生口吻，其中颇有时代深意。在封建社会父子同姓，说明起码不是私生子，也非随母改嫁的异姓父子，余魂侠虽做乞丐，也有自身一份尊严。

马师曾早年在广州改编西方电影为粤剧《贼王子》《璇宫艳史》，以莎士比亚名著为蓝本的《女状师》，后在香港10年演出中，自编剧主要有《龙城飞将》《斗气姑爷》《刁蛮公主戆驸马》《野花香》《审死官》《爱国是依夫》《汉奸的结果》《还我汉江山》等，20世纪50年代回广州后，马师曾编写了《屈原》并参加名剧《关汉卿》《搜书院》的改编。马师曾以他的古文功底，写出迎合社会大众的唱词，长期受到观众欢迎以及夏衍、曹禺等文学大师的赞许，田汉即有"香山诗句师曾剧，一例能抓大众心"的诗句。

## 善变的粤剧改革派

演员成功三个条件，声、色、艺，马师曾开始登上舞台时都没什么优势，他是有名的豆沙嗓，如果循科班出身，很可能连报名的资格都没有。马师曾两道浓眉，一张大嘴，一米六五的个子；一般演员青靓白净，高大威猛的外形，他通通欠奉。老一辈名艺人，多是"红裤子"出身，起码十岁八岁开始练功，唱、念、做、打的基础到十五六岁已经很扎实，马师曾是18岁才开始拜师学艺，他的成功关键在善于求变。历史逼迫粤剧变革求存，早在马师曾入行时已经开始，他在20世纪20年代已经感觉到，"粤剧在电影和舞台戏的剧烈竞争中，如不放胆打倒百年老例去创新，必然一败涂地"。几十年间，马师曾为粤剧引进西方的表演艺术形式，引进西洋乐器，起用女子做花旦，把平民百姓的俚语融入唱词，其中有成功的喜悦，也有失败的痛苦，但是马师曾坚持随时代前进而变化适应。到了晚年，由于《搜书院》的谢宝和《关汉卿》的关汉卿的需要，马师曾把几十年的"丑生"的戏路完全改为老生去演，唯其能顺潮流而变，他才能在舞台艺术上创出一个又一个新高峰。

## 桃李不言　下自成蹊

只把马师曾看作一个演员的人，会对"薛马争雄"的故事津津乐道。确实，在20世纪三四十年代，马师曾长居香港，薛觉先常在广州，各有市场，偶尔在香港唱对台戏，两人都会使出浑身解数，给观众惊喜，对两位艺人来说，这是良性竞争，互相鼓励，但是，有些传媒和戏迷不免夸大为"争雄"的现象。一直到今天，薛马二人早已作古三四十年，有人仍将"薛马争雄"的负面因素表现出来。比如香港出版的《六国大封相》介绍百年来的名演员，却没有马师曾的份。可能是20世纪50年代初"八和会馆"开除了马师曾的缘故。但是，当年"八和会馆"是因为马师曾在内地参加抗美援朝演出，指责他"赤化"才开除的，在香港回归之后，这段历史该有个公论吧？其实，薛马私交甚好，1942年薛觉先从香港逃回内地，马师曾亲自迎到柳州。1950年港英要驱逐马师曾出境，薛觉先夫妇出头作保，当年"薛马争雄"的过节早已在民族大义之下冰释。

一位香港知名人士，也是"薛派"戏迷的女士对我说过，马师曾有什么好纪念的？死了"无声无息"。她的话有深刻的一面，马师曾一代名优，收入不低，却不善理财，早在30年代已月入数万，在香港却一直租房子住，身后也没给孩子剩多少钱，以狭隘的市场经济角度看，马师曾算不上成功的父亲和家长。另外，在梨园一行，最重视传宗接代，但是"马腔马派"如今有多少人在演？我想，所谓"马腔"无声无息的原因有两个：一是马师曾以"声色"两缺的条件另辟蹊径是个异数，他靠个人努力，也靠种种机遇。别人照猫画虎，可能画虎不成反类犬。二是马师曾勇于创新跟随潮流，活到老、学到老的艺术精神，才是他对粤剧最大的贡献，这种粤剧的生命力，任何流派的后辈都可以学，都应该学，得道者演什么腔什么派，有何关系？国画一代宗师齐白石说："我的诗第一，印第二，画第三。"白石老人懂得"诗言志"。从事祖国传统文化艺术，立志最重要。我们今天纪念马师曾，把老一辈艺人爱国、爱民和勇于改革创新的优良传统发扬光大，具有现实意义。

（原载《中国戏剧》）